신약성경

올레길

김선배 지음

신약성경 올레길

2012년 3월 10일 · 제1판 1쇄 발행
2012년 7월 25일 · 제1판 3쇄 발행
2016년 8월 23일 · 개정판 1쇄 발행

지은이 | 김선배
펴낸이 | 이요섭
펴낸데 | 요단출판사
07238 서울특별시 영등포구 국회대로 76길 10
기 획 | (02)2643-9155
영 업 | (02)2643-7290~1 Fax (02)2643-1877
등 록 | 1973. 8. 23. 제13-10호

기획·편집 | 류정선
교정·교열 | 이성준
디자인 | 서경화
제 작 | 신상현
영 업 | 김창윤 정준용 이영은

값 14,000원
ISBN 978-89-350-1615-0 03230

요단인터넷서점 www.jordanbook.com

신약성경
올레길

김선배 지음

요단

추천의 글(초판)

저자는 신약성서 학자로서 신약성서 이해를 위한 기본적이면서도 중요한 요소들(사회, 문화, 신학, 제도 등)을 쉽고도 흥미롭게 제시한다. 저자는 신약성경 27권에 담겨있는 다양성과 통일성에 주목하면서 각 성경의 다양한 문화적이며 신학적인 특성을 제시하려고 노력한다. 저자는 특히 신약성서가 A.D. 1세기 사도시대에 지중해 세계에서 이루어졌던 성령의 역사의 산물인 것에 주목하면서 구전으로 전파되던 예수 그리스도의 복음이 기록되고 신학화되어나간 것을 토대로 복음전파와 신약교회 형성의 관계 속에서 신약성경을 이해하려고 시도한다. 이 책은 신약성경에 대한 전문적인 이해를 추구하는 신학생들에게 큰 도움을 줄 것은 물론, 성경에 대한 보다 더 깊은 이해를 추구하는 평신도들에게도 많은 도움을 줄 것으로 기대한다. 예수 그리스도의 복음을 다문화권의 사람들에게 전파하고 변증해야 하는 한국의 기독교인들에게 신약성경 이해의 좋은 길잡이가 될 것으로 기대한다.

김광수 박사 | 침례신학대학교 신약학 교수

김선배 교수께서 짧지만 참으로 보화가 가득 담긴 묵직한 책을 저술하셨다. 하나님의 말씀을 사랑하고 연구하려는 신학도들 그리고 성도들에게 이 책을 꼭 읽어보기를 권한다. 저자의 오랜 연구와 강의 경험이 이 책에 고스란히 녹아있다. 무엇보다도 저자의 뜨거운 말씀사랑, 교회사랑이 느껴진다. 오늘날 한국교회는 하나님의 말씀의 권위를 훼손하려는 격렬한 도전에 직면해 있다. 서구의 합리주의적 성경비판이 신학교를 위협하고 있는 상황 가운데 저자는 그 위험성을 신랄하게 비판하며 진리를 세우는데 진력하였다. 저자의 시도는 매우 독창적이며 바람직한 신약 연구의 방향을 제시하고 있다. 최근의 성경연구가 지나치게 세분화되어가는 경향이 있는데, 저자는 신약 전체를 이해하는 통전적 방식을 제공하고 있다. 무엇보다도 학자들에게 결여되기 쉬운 목회현장에 대한 깊은 이해, 성령체험의 중요성을 강조하고 있다. 저자의 견해와 일부 견해를 달리하는 사람도 이 책을 통해 큰 유익을 얻을 수 있을 것이다. 저자의 가슴으로 외치는 소리에 귀를 기울이자. "성령의 사람이 되라."

김추성 박사 | 합동신학대학원대학교 신약학 교수

함께 걸어봅시다! 신약성경의 올레길

성경을 어떤 관점에서 이해하고 해석하느냐 하는 것은 동서고금을 막론하고 신약학자들의 가장 큰 관심이 아닐 수 없다. 그들의 한줄기 외침은 신약성경의 산물인 교회의 본질이나 그 구성원들의 삶의 방식과 그대로 직결되기 때문이다. 이러한 책임감을 새롭게 통감하며, 김 교수는 신약성경과 그 배경 속에 있는 공동체가 당시의 다문화 환경 속에서 어떻게 하나님을 향하여 새롭게 일어서게 되었으며, 동일한 형태의 다문화 사회 속에서 살아가는 **지금 여기에 있는 그리스도인들**이 어떻게 살아가야 하는지를 주목하며 외치고 있다. 가장 중요한 원리, 그것은 그때나 지금이나 한결같이 성령의 역동적인 흐름에 우리 자신을 맡기면서 **변신**의 통찰력으로 끊임없이 재해석의 깨달음과 행동의 삶을 살아가는 것이라고 말한다. 김 교수는 이 점을 탁월하게 그리고 매우 흥미롭게 우리들에게 제시해주고 있다.

정종성 박사 | 백석대학교 신약학 교수

신학교육의 현장이 이론화되고 사변화되어가는 현실을 직시한 김 박사님의 이 저서는 신학과 신앙의 균형을 잡아주는 좋은 안내서이다. 기록된 성경말씀이 성령을 통해 개인경건과 교회를 위한 살아있는 신학이 되어야, 신학이 교회를 세우는 존재의 가치를 지닌다. 이 점의 중요성을 간파한 저자는 성령의 체험을 근거로 다양성과 통일성의 신약의 배경연구를 통해 오늘의 다문화시대를 사는 그리스도인들에게 풍성한 생명을 제시하고 있다. 평신도와 신학도들 모두가 반드시 읽어야 할 신약의 입문서로 이 책을 추천한다.

조갑진 박사 | 서울신학대학교 신약학 교수

성경은 절대자이신 하나님께서 상대적 존재인 인간에게 인간의 언어로 주신 하나님의 자기계시입니다. 그러므로 성경을 가르치는 선생은 하나님에 관한 지식과 인간문화에 대한 이해를 동시에 갖춘 사람이어야 합니다. 바로 이런 면에서 김선배 교수님은 최적임자라 할 수 있습니다. 김선배 교수님은 제가 시무했던 교회에서 약 3개월동안 평신도들을 대상으로 신약학과 성경을 가르치셨는데 많은 분들이 큰 깨달음과 은혜를 받았습니다. 이번에 김선배 박사님께서 안식년을 통하여 이것을 정리하여 책으로 출판한 것은 하나님의 뜻과 은혜라고 생각합니다. 김 박사님의 영성과 통찰력이 묻어난 귀한 이 책이, 비단 목회자나 신학도 뿐만이 아닌, 평신도들에게도 매우 유익한 책이기에 적극적으로 그리고 강력히 추천합니다.

홍성욱 박사 | 안양제일교회 담임목사

차 례

차 례

개정판 서문

우리는 세대 간의 차이뿐만 아니라 세대 속의 차이를 실감하는 다문화 사회에 살고 있다. 지금은 지리적 한계를 넘어, 같은 지역과 같은 공동체 속에서도 다양한 문화가 공존한다. 이러한 상황에서 우리의 현실을 반영하고 투영하는 신약성경은 시대의 등불처럼 우리 삶의 구석구석을 비추며 희망의 불꽃을 피워 올린다.

신약성경은 우리에게 무엇인가? 형형색색의 다양성과 통일성의 보고로 알려진 신약성경을 읽을 때, 우리는 그 다양성과 통일성으로 인해 신약성경의 깊은 광맥 속에 갇힐 수 있다. 예수님께서 활동하시던 주변의 세계는 다문화의 구조가 폭넓게 자리 잡은 상황이었다. 이스라엘은 지리적으로 고립된 문화의 울타리 안에 갇혀있던 것처럼 보이지만, 예수님이 활동하시던 시대는 문화적으로는 이미 헬라 문화가 유입된 상태였고, 정치적으로는 로마의 법률 체계가 영향을 끼치던 상황이었고, 종교적으로는 성전 중심에서 율법 중심으로 신앙생활의 축이 바뀌는 격변의 과정에 놓여 있었다.

우리의 현실도 신약성경 시대와 같이 다양한 문화를 경험하는 다문화의 상황이다. 오히려 우리는 신약시대에 형성된 다문화 현상보다 더 다양한 문화 현상 속에서 살고 있다. 신약교회 시대의 다신교나 종교혼합주의와 같은 종교다원주의 현란한 상황은 더 분명한 복음의 실체와 복음의 생명력을 염원하게 한다. 다문화 속의 그리스도인에게, 성령시대의 그리스도인에게 신약성경은 성령과 더불어 살아가는 삶의 원천이며 좌표이다. 교회를 위한 신학, 실천하는 신학, 영성에 뿌리내린 지성의 실천이라는 필자의 신학교육 목표를 가지고 신약개론서의 열거식과 신약신학서의 세분화 대신에 통합적 접근을 시도했고, 신약교회는 사도행전 교회이며 사도행전은 성령행전이라는 신앙의 기초와 성령체험 속에서 집필했다. 각 권의 성경은 신약성경의 전체 구조에서 각기 다른 기능을 수행하면서 통일성을 유지한다. 그래서 신약성경의 전체 흐름을 각 성경의 다양한 특성을 통해서 통일성 있게 파악하도록 각 성경의 특정한 주제나 핵심 요소들을 각 성경의 특징 속에서 해석하여 상호 연결하는 방향으로 그 틀을 유지했다. 이러한 균형은 일반적으로 폭넓게 받아들여지는 신학적인 통설을 전제로 했으며, 이를 위해 좋은 신학서적들의 도움을 받았지만, 무엇보다도 나 자신의 개인적인 성령체험과 신학의 현장이 전체적인 구성의 바탕이 되었다.

이 책은 신앙생활의 여정에서 신약성경을 체계적으로 이해하려는 일반 신앙인들뿐만 아니라 신학대학(원)생들을 대상으로 삼았다. 신약성경을 신앙적이며, 신학적으로 만날 수 있도록 신약성경 각 권의 다양성이 통일성 속에서, 통일성이 다양성 속에서 조화되도록 구성했다. 이 책의 여정 속에서 신약성경에 대한 새로운 통찰력이 열리며 장엄하게 펼쳐지는 신약성경의 세계를 체험할 것이다.

개정판의 제목을 「성령님과 함께 걷는 신약성경 올레길」에서 「신약성경 올레길」로 부분 변경했다. 개정판에서는 「복음과 실천」의 "네 복음서에 나타난 '복음'의 전개와 확장성"을 일부 수정하여 각 복음서의 내용 속에 삽입하는 방식으로 복음서 부분을 보완하여 네 복음서의 특징을 큰 구조에서 파악하도록 했다. 그리고 요한복음을 상징을 통해서 해석한 「상징으로 읽는 요한복음서」의 내용을 추가했고, 각 서신서의 내용도 일부 보완했다. 이 책의 출간을 도와준 여러분께 감사드린다. 아울러 이 책의 중국어판 「漫步新約」이 한국교회의 시대적인 사명을 일깨우면서 중국 그리스도인들의 건강한 신앙의 증진에 기여하기를 기대한다.

함께 걸어봅시다! 신약성경 올레길!
오직 성령으로!

2016. 8. 1.
김선배

1장

다양한 문화, 신약세계를 형성하다

1장 다양한 문화, 신약세계를 형성하다

다양성과 통일성이 공존하는 신약성경의 숲, 그 속의 올레길을 성령의 조명(Illumination)과 인도를 받으며 거닐기 위해 우선 신약성경 전체의 흐름을 살펴보고자 한다. 신약성경 27권은 각각 그 나름대로 독특성을 가지고 있다. 그 독특성은 구속사의 맥락과 복음의 우주적인 확장이라는 구조 속에서 성경을 모든 인종과 영역의 사람들에게 적합하게 한다.

신약성경은 대략 400년 동안 구전, 문서화, 신학화, 성문화, 정경화 과정을 거쳐 27권으로 확정되었다. 어떤 특정 단체나 교회가 27권이라고 강제하여 통일하지 않았다. 세월이 흐르는 가운데 다양한 상황의 교회들이 공통으로 받아들인 27권이 교회 공동체를 통해서 정경으로 추인되었다. 이런 배경의 신약성경은 그 내용에서 다양성과 통일성의 특징을 가진다. 그래서 비록 같은 한 권의 성경이라고 해도 그 속에 내포된 다양성을 신약성경의 전체적인 통일성 안에서 이해하지 않으면 때로는 방향을 잃고 신약성경의 깊은 광맥에 빠지게 된다. 통일성과 다양성의 조화에 대한 이해는 신약성경을 읽을 때 가져야 하는 필수적인 요소이다. 그러므로 신약성경을 읽을 때는 먼저 전체적인 구조와 각 권의 기능을 균형 있게 이해하는 가운데 다양성과 통일성의 조화를 파악해야 한다.

예수님이 출생하여 활동하던 당시의 이스라엘 사람들의 신앙생활 형태는 성전과 제사 중심에서 율법, 즉 기록된 말씀 중심으로 전환되던 시기였다. 따라서 예수님 당시는 제사장 계층의 영향력은 쇠락하고 율법사(서기관)의 영향력이 증대되던 분위기였다. 다른 한편, 알렉산더 대왕의 영향과 헬라화의 물결은 복음이 형성되는 신학 구조에 문화적으로 이바지하게 되었다. 그리고 당시의 주변 세계를 평정한 로마 제국의 구조는 정치 및 사회적으로 복음이 효율적으로 확장되는 토대가 되었다. 이로써 예수님 당시의 종교, 문화, 정치, 사회는 인종과 지역을 초월하여 땅 끝까지 복음이 전파되기 시작할 **때가 찬** 분위기였다.

복음서

마침내 **때가 찼고 하나님 나라가 가까이 왔으니** 이제는 복음을 믿어야 한다(막 1:15). 이 **복음**은 역사적, 신학적으로 예수가 그리스도가 되신 사건이다. 인간의 역사에서 전무후무한 이 사건은 네 복음서를 통해서 생생하게 온 인류에게, 지금의 우리에게도 선포된다. 마태복음, 마가복음, 누가복음, 요한복음은 각각 다른 관점인 동서남북에서 바라본 예수 그리스도를 입체적으로 선포함으로써 결과적으로 예수 그리스도를 신약성경 안에서 입체적으로 소개하고 있다. 네 복음서 기자가 다양한 관점에서 바라본 예수님은 어떤 위치에서도 누구든지 바라볼 수 있는 그리스도로 선포된다.

사도행전

복음이 지리적으로 확장되면서 **어떤** 예수가 **어떻게** 그리스도가 되는지 선포되기 시작한다. 사도행전은 바로 이 전파 과정을 보여주는 전형이며, 성령은 이 과정의 중요한 동인으로 등장한다. 사도행전의 시작은 지상 예수의 승천 장면 소개로 지상 예수의 부재를 확인시킴으로써 성령시대의 도래를 선포한다. 성령을 통한 사도행전의 교회 설립 과정은 교회 존립의 정당성과 지속성을 보증해준다. 지금의 교회는 어디에서 기원할까? 예수가 그리스도이신 사건이, 이 예수가 선포한 교회가 지금의 현대교회와 어떻게 관련될까? 교회의 설립과 영속성은 무엇으로 보증받을까? 바로 이에 대한 근거를 성령행전인 사도행전이 제시한다. 사도행전은 초대교회를 통해 모든 시대의 복음 전파와 교회 설립의 근거를 제공한다. 그러면서 우리 시대에도 복음이 전파되는 곳마다 구현해야 하는 신약교회의 모본을 보여준다. 복음 선포와 교회 설립의 과정에서 인격이신 성령의 역사와 나타나심이 과거와 현재와 미래의 교회를 같은 줄기로 이어준다.

로마서

복음은 전파되면서 이론으로 체계화되기 시작한다. **예수는 그리스도이시다**라는 원초적인 선포는, 나사렛 예수가 어떻게 율법의 마침이 되며 믿음으로 의롭게 되는 새로운 구원인지에 대한 이론 정립으로 발전한다. 바울은 로마서에서 어떤 민족까지 복음의 선포 대상인지, 구원은 이미 예정된 것인지, 아니면 모든 사람이 구원의 대상인지, 그 이론의 근거가 무엇인지에 대해 이방인과 유대인이라는 도식 속에서 분명하게 가르친다. 이와 함께 바울은 복음으로 의롭게 된 그리스도인들이 어떤 규범을 가지고 어떻게 살아야 하는지에 대해서도 정립해준다. 로마서는 복음을 이론적으로 체계화할 뿐만 아니라, 그 복음을 들어야 할 대상의 범위와 복음을 적용할 삶의 원리까지도 구체적으로 제시한다.

고린도전·후서, 갈라디아서

고린도서신과 갈라디아서는 복음이 선포되면서 발생하는 문화적 충돌과 복음의 상황화(contextualization) 사례를 보여준다. 복음의 선포 영역이 유대인에게서 이방인에게로 확장되면서 문화적인 문제가 발생하고, 아울러 교회가 정착되면서 특정한 상황의 문제 해결을 위한 신학적인 정리도 필요하게 된다. 선포된 복음이 생활에 적용될 때 문화 및 전통 윤리와의 충돌이 발생하며 심지어 토착 사상과의 전쟁도 벌어진다. 이러한 내용이 고린도전서에 잘 반영되어 있다. 이 서신은 복음이 고린도 지역의 윤리와 사상, 다신교, 혼합종교 등과 대립하면서 승리하는 것을 보여준다. 고린도후서는 바울이 자신의 체험을 소개하는 자서전과 간증의 성격을 가진다.

갈라디아서는 율법과 복음의 충돌인 초대교회와 유대교의 갈등을 설명한다. 갈라디아서는 구원받은 사람이 어떤 범위까지 율법을 지켜야 하는지에 대한 혼란 상황과 이를 해결하는 논리를 소개한다. 그러면서 당시에 유대교와 명확하게 구별되지 않던 기독교의 **정체성** 확립 과정을 보여준다. 심지어 이방인이 구원을 받기 위해서는 먼저 율법의 백성이 되어야 하는지에 대해서도 갈라디아서가 그 해법을 제시한다. 복음이 땅 끝까지 이르기 위해서는, 먼저 복음이 유대교의 울타리를 넘어서야 했다. 바로 갈라디아서가 견고한 유대교의 장벽을 넘어서는 기독교의 모습을 소개한다.

에베소서, 골로새서, 목회서신, 빌레몬서

그리스도인의 실제 생활과 복음은 분리할 수 없으므로 그리스도인의 삶에는 복음에 기초한 건전한 윤리가 필요하다. 그리스도와 교회를 중심으로 이루어지는 그리스도인의 삶을 위해 교회의 정체가 무엇인지, 그리스도와 그리스도인, 그리스도와 교회의 관계가 무엇인지를 에베소서와 골로새서가 설명해 준다. 또한, 복음이 전파되면서 교회가 정착되고 조직화된다. 이를 위한 목사(장로, 감독)와 집사의 자격, 구체적인 목회와 교회행정 원리가 목회서신(디모데전서, 디모데후서, 디도서)에 등장한다.

교회 공동체를 구성하는 그리스도인의 일상적인 삶은 사회적 환경에서 이루어진다. 바울 당시의 사회적, 인격적 불평등 문제는 심각했다. 그리스도인의 삶은 사회에서 이루어지기도 하지만, 동시에 그 삶이 교회로 유입되기 때문에 지역 교회 공동체의 울타리를 넘어서는 사회적 계층의 장벽을 극복하는 문제가 대두된 것이다. 사회적인 신분을 뛰어넘는 평등이 실천될 때, 그리스도인의 삶도 평화로울 수 있다. 빌레몬서는 이러한 사회적인 평등을 실천하는 모본을 제시한다.

데살로니가전·후서, 빌립보서, 히브리서, 야고보서, 베드로전·후서, 요한일·이·삼서, 유다서

그리스도인의 일상생활이 늘 평안한 것은 아니다. 환란이 오기도 하며 때로는 박해도 따른다. 데살로니가전후서는 그리스도인이 역경과 고난 속에서 다시 오실 재림 예수를 고대하게 한다. 이 기대가 그리스도인의 삶을 견인하면서 변치 않는 신앙생활의 지속성을 보증해 준다. 이러한 종말론은 그리스도인을 하나로 묶어주는 공통의 지향점으로서, 대부분의 다른 서신 속에도 고르게 퍼져있다. 빌립보서는 고난의 감옥에서 울려 퍼지는 감사와 기쁨의 송가이다. 이 감사와 기쁨의 근원은 "근본 하나님의 본체시나 하나님과 동등 됨을 취할 것으로 여기지 아니하시고 오히려 자기를 비워 종의 형체를 가지사 사람들과 같이 되셨고 사람의 모양으로 나타나사 자기를 낮추시고 죽기까지 복종"하신 예수님의 비우심이다(빌 2:6-8). 히브리서의 특징은 그리스도를 통해서 구약을 해석하면서 율법에 대한 그리스도의 우월성을 제시하고, 믿음의 사례를 보여주면서 변절의 위험을 경고한다. 헬라 철학의 이원론에 맞서는 믿음과 행함의 문제, 박해 속의 신앙생활, 이단의 침투에 대한 경계, 일상의 삶과 윤리 문제 등에 대한 가르침이 야고보서, 베드로전후서, 요한일서, 요한이서, 요한삼서, 유다서에 등장한다.

요한계시록

복음의 위력은 언제까지 지속하며 그리스도인의 신앙생활의 궁극은 어디에 있을까? 다시 오시겠다고 약속하신 주님 대신에 박해와 환난이 다가올 때, 그리스도인은 신앙생활의 목표를 어디에 맞추어 살아야 할까? 혹시라도 **신앙의 영속성이 제한되지는 않을까**라는 두려움과 궁금증이 A.D. 1세기의 그리스도인들에게 널리 퍼져있었다. 이때 그리스도인들에게 희망과 교훈을 주던 성경이 바로 요한계시록이다. 올라가신 주님은 반드시 승리의 주님으로 다시 오신다! 악은 패망하고 그리스도인들은 승리한다! **새 하늘과 새 땅**은 이 땅의 질서 속에 침투하여 반드시 그리스도인들에게 영광을 안겨준다는 강력한 메시지를 요한계시록이 전한다.

복음전파의 원심성과 구심성

신약성경은 복음의 원심성과 구심성의 흐름으로 펼쳐진다. 예루살렘을 기점으로 선포되던 복음은 북쪽의 항구 도시인 안디옥을 거쳐 서쪽의 로마를 향해 서진(西進)한다. '유대'라는 종교와 문화 속에서 예루살렘을 축으로 확장되던 복음이 그 틀을 벗어나서 '헬라–로마'라는 정치와 문화 속에서 로마를 축으로 펼쳐진다. '예수는 그리스도이시다'라는 선포는 열두 제자를 중심으로, 예수가 그리스도가 되신 **사건**(복음)의 선포는 불특정 제자들을 중심으로 이루어진다. 복음의 다양한 전파 과정이 사도행전을 통해서 생생하게 드러나며, 서신서들은 이 복음의 전파 과정에서 복음이 구체적으로 적용되는 사례를 보여준다. 그렇다면 복음을 받아들인 그리스도인의 신앙생활의 마지막 지향점은 어디일까? 신약성경의 제일 마지막에 기록되고, 그 배열에서도 제일 마지막에 있는 요한계시록은 우주 종말의 모습을 그려줌으로써 복음이 온 세계에 전파되어야 함을 반영한다. 이 구조에서 십자가의 복음은 땅 끝을 지향하는 원심성을 가지며, 동시에 이 원심성은 예수 그리스도의 복음과 그리스도의 재림에 대한 대망으로 돌아가는 구심성과의 긴장과 균형을 유지한다.

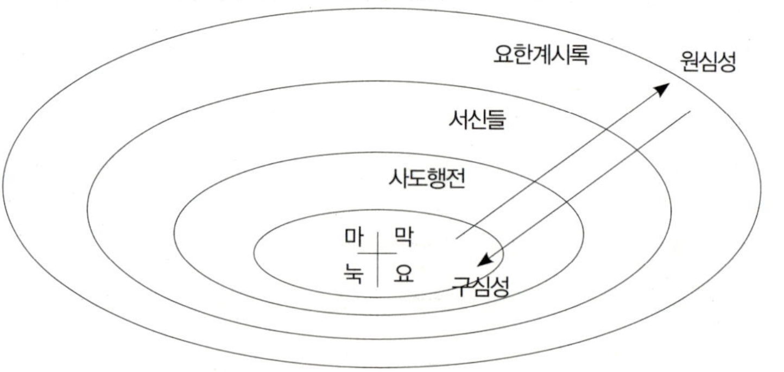

한 권의 성경, 27권의 성경

비록 우리에게 한 권으로 다가오는 신약성경이지만, 이 신약성경은 27권의 독특성을 반영하면서 전승된다. 각 성경은 각각의 시대 상황을 반영하면서 다른 관점으로 기록되었고, 그 목적도 다양하다. 예수가 그리스도가 되신 **때**(καιρός: 카이로스)가 차면서 복음이 입체적으로 전개된다. 이 복음을 통해서 교회가 설립되고 정착된다. **새 하늘과 새 땅**을 지향하는 공동체는 그 다양성에도 불구하고, 한 권의 신약성경 틀 속에 수렴되면서 통일성을 형성한다. 신약성경 27권은 복음의 선포에 뒤이은 복음과 토착사상과의 전쟁, 율법과 복음의 긴장관계, 현실생활에서 벌어지는 그리스도인들 간의 상호관계, 신앙생활과 거짓 가르침의 도전, 믿음에 굳게 서야 하는 박해 상황을 반영하면서, **세상 끝까지**라는 복음전파의 구조에서 형성된 것이다. 비록 율법 및 헬라-로마 문화의 상황 속에서 신약성경이 기록되고 전승되었다고 하더라도, 그 안에서 발생한 다양한 문화 환경은 신앙생활의 다양성을 반영한다. 그 **다양성**이 모든 시대의 모든(다) 문화 환경에서도 전승되는 신약성경의 생존력이다.

이제 **27권의 신약성경을 한 권**으로, **한 권의 신약성경을 27권**으로 이해하는 여정을 시작하겠다.

2장

복음, 다문화를 뚫고 가다

2장

복음, 다문화를 뚫고 가다

예수님이 활동하고, 복음이 전파되고, 신약성경이 기록되던 시대는 다문화의 진수를 보여주는 보고(寶庫)이다. 신약성경의 세계를 알기 위해서는 그 기본 텍스트인 신약성경 자체가 다문화의 산물이라는 것을 전제로 어떻게 예수님의 가르침이 다문화의 상황에서 성경으로 고착되었는지를 파악해야 한다. 전통적으로 단일민족 문화권이라는 기본 구조에서 살아가는 사람들에게 다문화는 매우 이질적일 수 있지만, 그러나 빠르게 다문화 사회로 진입하는 세계는 이미 많은 민족이 다문화 상황을 체험하게 만들고 있다. 지역과 인종 간의 구별마저도 뛰어넘는 세대 속의 문화 차이를 경험하는 지금의 그리스도인들은 다문화의 현실을 신약성경을 통해서 해석하고 활용하면서 복음에 적합한 그리스도인의 삶을 살아야 할 것이다.

1. 복음선포의 유연성(flexibility)과 다양성(variety)

예수는 그리스도이시다라는 복음은 신약성경 시대의 서로 다른 문화와 상황에서 다양한 방법으로 전파되었다. 신약성경은 하나의 거대한 그물(net)처럼 이스라엘 지역의 문화뿐 아니라 헬라-로마 문화와 초대교회 각 지역의 형편과 상황을 반영하고 아우른, 즉 다양한 문화와 상황을 틀(infrastructure)로 사용하여 그 속에 복음을 담고 있는 netfra(network + infrastructure) 상황의 전형을 보여준다.

27권이 한 묶음으로 신약성경을 구성하지만, 그러나 각 성경은 각기 다른 상황에서 다른 목적을 가지고 기록되었다. 예컨대, 네 복음서는 서로 다른 관점을 가진 기자들이 예수님의 모습을 다양하게 묘사함으로써 예수님을 입체적으로 보여준다. 복음전파의 초기 과정을 잘 보여주는 사도행전은 복음이 예수님과 열두 제자가 생활하던 이스라엘 지역을 벗어나 다른 문화권인 이방 세계로 확산되면서, 구약성경 문화에서 이해되던 **예수는 그리스도이시다**라는 기본 개념에 **어떤 예수가 어떻게 그리스도이신지**를 추가하여 소개한다. 바울은 각 지역의 교회들에게 신앙의 원리나 가르침을 획일화한 방법으로 전달하지 않았다. 그는 각기 다른 교회의 상황을 고려하여 그에 적합한 다양한 어휘와 개념을 선택하고 조합해서 그 안에 복음을 담는 서신을 작성해 보냈다.

이스라엘 지역의 문화권 밖에서 설립된 초대교회들은 다양성의 극치를 보여준다. 베드로와 바울을 비교할 때, 베드로가 단일문화(monoculture)에 익숙했다면 바울은 다문화(multiculture)에 익숙했다. 이를 확대하면, 유대교의 견고성은 이스라엘 지역이나 디아스포라 문화권 안에서 유지되었지만, 기독교(복음)는 다른 문화권에서도 그 위력을 발휘할 만큼 유연했다. 헬라 사상과 로마의 법률 등 당시의 세계를 주도하던 문화에 익숙했던 바울은 다른 사상과 문화를 배제하기보다는 다양한 문화와 상황의 공존을 현실로 인정하면서 각기 다른 상황에 적합한 유연한 표현들이나 제도들을 복음 전파의 수단으로 적절하게 활용하는 역량을 발휘했다. 이러한 바울의 상황 대처 방법은 단일문화 사역에서 다문화사역으로, 리더에서 조정자로(from mono-ministry to multi-ministry, from leader to coordinator)라는 '인식의 변화'(paradigm shift)라고 할 수 있다. 유연하고도 탄력적인 복음전파와 삶의 방법을 통해서 바울은 복음의 확장과 교회의 설립에 지대한 공헌을 했다.

이에 덧붙여, 바울이 개인적으로 경험했던 수많은 고난은 그를 더욱 유연한 사고의 소유자로 만들어 그가 다양한 지역에서 적절하게 복음의 초석을 다지는 데 쓰임 받도록 영향을 끼친 것으로 보인다(사십에 하나 감한 매 다섯 번, 채찍으로 세 번, 돌로 맞은 것 한 번, 세 번의 파선, 주리고, 목마르고, 추위에 떨고, 헐벗고 등의 위협: 고후 11:23-27). 결국, 바울은 이러한 일들을 통해서 어떤 문화나 상황에 직면하든지 자족할 줄 알며, 일체의 비결을 아는 사람이 되어(빌 4:12-13) 다문화의 현장에서 효율적으로 사명을 수행했다고 할 수 있다.

이처럼 예수 그리스도의 복음이 전파되는 과정과 이 복음의 문서화, 신학화 과정에서 다문화에 대한 이해가 반영되었다. 이렇게 형성된 신약성경의 유연성과 탄력성은 시간과 공간, 문화와 상황의 제약을 극복하면서 지구촌 구석구석에 복음이 전파되도록 공헌하고 있다. 동시에 다양성에도 불구하고 통일성은 그리스도께서 머리가 되시는 우주적인 교회의 틀을 유지해준다. 신약성경이 다양한 문화와 개념을 틀로 사용했어도, 그 신학은 통일성을 형성하고 있다. 다문화가 공존하는 현실에서도 복음전파는 상황을 반영하는 유연성을 가져야 한다. 신약에 나타난 예수님의 가르침이나 그 가르침의 방법을 토대로 한 유연한 전파는 모든 시대의 성경 해석과 그 실천에 대한 좌표이다. 교회가 유기적인 공동체로서 유연한 모습을 견지할 때, 그리스도인들 간의 탄력 있는 netfra를 통해 신약성경의 복음이 효과적으로 전달되고 적용될 것이다. 신약교회에 반영된 다문화 상황의 유연한 복음전파 과정은 오늘을 비추어 주는 거울이다.

2. 신약성경의 상황화

복음은 다문화의 환경에서 다양성과 통일성의 형태를 갖춘 27권의 **신약정경**으로 정형화되었다. 그러므로 신약성경의 틀인 그 당시의 상황화된 표현과 개념을 이해할 때 복음은 지금의 우리에게 더 가까이 다가온다. 성경에 반영된 상황화의 원리는 이 시대의 그리스도인들이 적용할 수 있는 복음전파 방법에 대한 새로운 통찰을 제공해 줄 것이다.

복음전파 방법의 유연성은 상황화로 귀결된다. 특정한 상황에서는 특정한 표현 방법과 전달 수단이 필요하다. 성경의 대표적인 **상황화된 사건**(contextualized event)은 요한복음 1장 14절에서 찾을 수 있다. 태초의(영원한) **말씀**(로고스) 자체가 상황화되어(육신이 되어), 우리 가운데 거하시매 우리가 그 영광을 보는 것이다. 복음을 선포하고 받아들일 때, 일반적으로 세 단계의 문화(culture & context) 구조에 대한 이해 과정을 거친다. 첫째, 복음이 선포되고 기록되던 당시의 삶. 둘째, 시대마다 복음의 전달자가 체득하여 사는 삶. 셋째, 복음을 전달받아야 할 대상자들의 삶이다. 따라서 그리스도인들은 복음이 선포되던 당시의 상황화된 표현이나 개념들을 이해하고 이를 토대로 각 시대와 상황에 맞는 또 다른 상황화된 표현이나 개념들을 전달 수단으로 개발하여 복음전파의 중요한 매개체를 확보해야 한다.

네 복음서는 서로 다른 상황에서 각기 다른 관점으로 기록되었다. 성경은 **예수 그리스도**라는 역사적 실존을 여러 다른 기자를 통해서 입체적으로 보여준다. 일례로, 십자가에 달린 예수님을 바라보는 마가복음의 백부장의 고백은 "이 사람은 진실로 하나님의 아들이었도다"인데(15:39), 이와 달리 누가복음의 백부장의 증언은 "이 사람은 정녕 의인이었도다"이다(23:47). 최후의 만찬 사건도 복음서 간에 차이를 보인다. 요한복음은 예수님의 십자가 죽음이 유월절 전에 일어난 것으로 분명하게 기록하며 그 구체적인 증거들을 제시한다(18:28; 19:14, 31, 36, 42). 그러나 공관복음은 최후의 만찬을 예수님이 십자가 죽음 전에 가졌던 유월절 식사라고 밝힌다(마 26:2, 17-19; 막 14:1, 12, 14, 16; 눅 22:1, 7-8, 11, 13, 15). 그 결과 요한복음에서는 예수님의 죽음의 순간이 유월절 양이 살해되는 때와 일치하여 예수님의 죽음과 유월절 양의 이미지가 겹친다. 반면에 공관복음에서는 예수님의 죽음 전에 이미 유월절이 시작되어서 예수님의 최후의 만찬은 유월절 만찬에 흡수되어 새로운 의미를 가진다.

종종 성경을 기록한 저자들의 사상적 배경에 대한 논란이 있다. 어떤 경우는 저자가 자신이 속했던 시대의 문화에서 영향받은 내용을 성경에 반영시켰다는 주장이다. 그렇지만 이러한 오해는 성경 기자가 자신에게 익숙한 문화나 사상체계나 개념을 복음의 전달 도구로 활용했기 때문에 발생한 것이다. 예컨대, 요한복음은 영지주의(Gnosticism, 靈智主義)와의 관련성으로 많은 주목을 받는다. 영지주의는 무엇인가? 영지주의는 초기 기독교를 위협하던 주요 이단 사상이다. 물론 이러한 영지주의적인 경향은 현대의 그리스도인에게서도 찾을 수 있다. 관념적인 신앙생활을 성숙의 신앙으로 오해하는 경우가 있을 정도로 영지주의 사상의 뿌리는 매우 깊다. 기독교에 스며든 영지주의는 믿음이 아니라 비밀스러운 특별한 영적 지식을 통해서 구원에 이를 수 있다고 보았다. 예수님은 이러한 지식을 전하기 위해 영으로 오신 분이라는 것이다. 이는 영지주의가 영은 선하고 육(물질)은 악하다는 이원론 사상에 기초해서 물질세계를 창조한 하나님은 악하다고 간주하기 때문이다. 그래서 영지주의는 예수 그리스도의 인성을 부정하는 거짓 가르침으로 교회를 혼란스럽게 했다. 이러한 영지주의의 영향을 요한복음이 받았다는 극단적인 주장은 타당하지 않다. 요한복음 기자는 이미 그 당시의 상황에서 잘 알려진 영지주의 개념을 일정 부분 활용해서 복음을 전파하는 수단으로 삼았을 뿐이다. 이는 복음전파를 위해 헬라-로마 문화를 적극적으로 활용한 바울의 입장과도 일치한다.

바울은 다문화의 상황에서 적절하게 복음을 전파하는 모본적인 방식을 보여준다. 로마의 노예 제도는 보편화된 일상생활이었으며, 로마 시민권은 황제의 보호를 받던 특별한 신분이었다. 바울은 이러한 로마 제국의 심장부에 살던 로마의 교인들에게 처음부터 자신이 **그리스도의 종**이라는 신분을 밝히면서 **황제의 시민**과 대조되는 독특한 표현으로 자신을 소개한다. 또한, 바울은 "각 사람은 위에 있는 권세들에게 복종하라… 조세를 받을 자에게 조세를 바치고, 관세 받을 자에게 관세를 바치고…"(롬 13:1, 7)라는 권고를 한다. 이는 바울이 로마의 문화와 상황을 충분히 이해하고 활용한 사례들이다. 바울은 로마 제국에 대한 그리스도인들의 일방적인 충성심을 유도한 것이 아니라, 상호 보완적인 가르침을 준 것이다. 이어지는 로마서의 구절에서도 알 수 있듯이, 그는 로마의 교인들에게 현실을 인정하도록 권하고 있다. 동시에 권력을 가진 자에게는 그 권력이 하나님께로부터 온 것임을 알고, 그 권력을 선을 위해 사용해야 하며, 선을 행하는 자들이 두려워하지 않도록 하나님의 사자로서 사명을 다 하라고 선언한다. 또한, 바울의 선언은 권세자가 세금을 거두어들이는 것도 이들이 하나님의 일꾼으로서 항상 선한 일에 힘쓰기 위한 것이기 때문에 권세자들이 세금을 정당하게 징수하고 집행해야 한다는 의미도 담고 있다.

바울은 해당 지역의 문화에서 적절한 어휘나 개념을 선택하고 활용하여 복음을 정확하게 전했다. 그는 영과 육을 분리하는 헬라 문화의 이원론적인 개념으로 인한 오해를 불식하기 위해 로마서 10장 10절의 '마음으로 믿어 의에 이르고, 입으로 시인하여 구원에 이른다'와 같이 한 가지 사실에 대한 다른 표현을 반복하여 사용한다. 믿음과 구원의 단계적인 과정을 제시하는 것이 아니다. 로마서 5장 9절과 10절에서도 바울은 '의롭다 하심을 받았으니 구원을 받을 것이고, 화목하게 되었은즉 구원을 받을 것'이라고 말하면서, 한 가지 사실에 대해서 다른 표현을 사용하여 복음을 전한다. 결과적으로, **의롭다**는 법정적인 표현과 **화목**이라는 관계적인 용어는 상호 간에 의미를 보충하는 것이다.

요한계시록은 해석이 매우 난해하거나, 깊은 영적 체험이 있을 때 이해할 수 있는 성경으로 간혹 오해받기도 한다. 그러나 요한계시록은 그렇게 복잡한 성경이 아니다. 요한계시록은 여러 상징을 사용하여 같은 사건을 반복해서 강조하는 나선형 구조로서 당시의 묵시문학적인 요소를 최대로 활용한다. 묵시문학은 예수님과 초대교회 당시의 사람들에게 익숙했던 관습이고 생활이다. 묵시문학의 특징 가운데 하나가 **상징**인데, 상징은 하나의 문화 코드로서 당시의 문화와 상황을 떠나서는 생소하며, 이 때문에 요한계시록의 해석이 이 시대의 사람들에게 어렵게 느껴지는 것이다. 그래서 요한계시록을 이해하기 위해서는 묵시문학 구조에서 상황화된 상징들의 실체를 파악하는 것이 우선이다.

다문화의 상황에서 다양성을 체험한 여러 성경 기자들은 복음선포와 교회설립을 위해 창의적으로 그 문화와 상황(특히, 어휘나 사상들)을 활용했다. 성경 기자들은 자신들의 문화구조를 복음전파의 도구로 적절하게 활용했으며, 다른 한편으로는 어떤 한 문화에서 고착된 개념이나 방법을 다른 문화권에서도 동일하게 사용하여 복음을 전하는 대신에 각 문화와 상황의 다양성을 효율적으로 활용해 복음전파의 수단으로 삼았다. 이러한 성경 기자들의 상황화 시도에 대한 이해는 신약성경을 이해하는 길라잡이인 동시에 우리가 처한 다문화 사회에서 어떻게 복음을 선포하며 적용할 수 있는지를 알게 한다.

3. 신약교회의 네트워크(network) 형성

그리스도인과 그리스도인, 그리스도인과 교회, 교회와 교회는 유기적인 구조(organic system)를 형성하는 우주적인 교회(Universal Church)다. 고린도전서와 로마서에 등장하는 은사와 그 기능은 지역교회(Local Church)를 하나의 그물같이 구성하는 주요 요소이다. 그러한 기능이 구체화하여 직분으로 전이된 형태를 정착된 교회의 상황을 반영하는 목회서신에서 찾을 수 있다. 목회서신(디모데전서, 디모데후서, 디도서)의 직분은 지역교회라는 하나의 유연한(liquid) 조직체를 유지하는 수단이다. 예를 들어, 목회서신은 일반적인 지도자를 지칭하는 중립적인 용어인 '장로' 칭호를 교회의 양 떼를 돌보는 장로로, 이 양 떼를 감독하는 기능을 내포하는 개념으로는 '감독' 칭호를 사용한다. 교회의 본질을 제시하는 에베소서는 포괄적 목회 기능을 담는 '목사'(목자)라는 용어를 사용한다. 이러한 다양한 표현은 상황에 따라 직분과 기능이 다르게 강조된 결과이다. 직분을 나타내는 어휘는 기능에서 발전했다. 직분의 칭호는 그 내면의 기능을 함축한 표현이다. 신약성경에는 정착된 교회가 하나의 유기적인 실체로서 기능하도록 그 조직을 역동적으로 제시한다. 교회는 구성원들의 독특하고 다양한 기능(은사들)을 네트워크처럼 엮어 활성화시키는 유기적인 조직체이다.

요한복음은 특징적으로 보혜사 성령과 부활하신 예수님의 **성령을 받으라**는 명령을 소개한다. 이와 함께 요한복음은 특별히 포도나무의 비유를 통해서 성령의 내주(또는 내재, indwelling)와 비교되는 예수님의 내주를 설명하면서 예수 그리스도와 그리스도인들, 그리고 그리스도인들 서로 간의 유기적인 관계의 필요성과 중요성을 일깨우는 네트워크의 원리를 가르친다.

내 안에 거하라 나도 너희 안에 거하리라 가지가 포도나무에 붙어 있지 아니하면 스스로 열매를 맺을 수 없음 같이 너희도 내 안에 있지 아니하면 그러하리라 나는 포도나무요 너희는 가지라 그가 내 안에, 내가 그 안에 거하면 사람이 열매를 많이 맺나니 나를 떠나서는 너희가 아무 것도 할 수 없음이라 사람이 내 안에 거하지 아니하면 가지처럼 밖에 버려져 마르나니 사람들이 그것을 모아다가 불에 던져 사르느니라 너희가 내 안에 거하고 내 말이 너희 안에 거하면 무엇이든지 원하는 대로 구하라 그리하면 이루리라 너희가 열매를 많이 맺으면 내 아버지께서 영광을 받으실 것이요 너희는 내 제자가 되리라 아버지께서 나를 사랑하신 것 같이 나도 너희를 사랑하였으니 나의 사랑 안에 거하라 내가 아버지의 계명을 지켜 그의 사랑 안에 거하는 것 같이 너희도 내 계명을 지키면 내 사랑 안에 거하리라 내가 이것을 너희에게 이름은 내 기쁨이 너희 안에 있어 너희 기쁨을 충만하게 하려 함이라 내 계명은 곧 내가 너희를 사랑한 것 같이 너희도 서로 사랑하라 하는 이것이니라(요 15:4-12)

예수님께서 공생애를 시작하시면서 제자들을 부르시는 처음 장면과 부활하신 후에 제자들에게 목자의 사명을 주시는 마지막 장면은 흥미롭게도 **그물**(net) 및 **물**(liquid)과 관련된다. 이 장면들에 대한 우화적(allegorical)인 접근은 네트워크 형성의 필요성과 중요성을 일깨운다. 예수님께서 처음 제자들을 부르시는 장면의 공통점은 제자들이 그물에 충실한 **행동을 하고 있을 때**(casting, preparing, washing)라는 점이다. 마태복음 4장에서 예수님은 베드로와 그 형제 안드레가 바다에 그물 던지는(18절, casting a net) 것을 보시고, 세베대의 아들 야고보와 그 형제 요한이 그 아버지 세베대와 함께 그물 깁는(21절, preparing their nets) 것을 보시고 제자로 부르신다. 그리고 누가복음 5장에서는 베드로가 그물을 씻고 있는(2절, washing their nets) 것을 보시고, 이후 베드로의 고백(8절) 후에 제자들을 부르신다. 예수님의 부름을 받은 제자들이 예수님의 명령에 따라 물고기를 잡을 때의 장면과 부활하신 예수님의 명령에 따라 물고기를 잡은 제자들에게 예수님이 마지막으로 사명을 위임하는 장면에서 의미 있는 두 구절(설명)이 각각 등장한다. 누가복음 5장에서 제자들은 예수님의 명령에 따라 물 있는 데로 가서 그물을 내려 고기를 잡는다. 그런데 고기가 많아 **그물이 찢어지게** 되었다(6절). 그러자 이들은 다른 곳의 동무들을 불러 도와달라고 요청하여 고기를 두 배에 나누어 채우지만 결국은 배가 잠기는 상황에 직면한다. 이때 베드로와 제자들이 놀라고 무서워하는 상황이 발생하며 그물이 찢어지지 않아야 할 네트워크의 필요성이 제기된다. 그렇지만 요한복음 21장에 나오는 장면은 누가복음의 내용과는 다른 특징 속에서 견고한 네트워크의 형성을 보여준다. 요한복음에서는 비록 고기가 많았지만 **그물이 찢어지지 않는다**(11절). 밤새도록 고기를 잡으면서 깨닫게 된 그물의 원리를 경험한 제자들 사이에 네트워크의 원리가 형성된 것이다.

이러한 그물과 연관지어 예수님의 베드로 선택과 사명 수여를 이해할 수 있다. 처음에는, 찢어진 그물의 상황이다. 베드로는 주님에게 자신이 죄인임을 고백하며 무서움 속에서 자신을 떠나달라고 간청하는데, 이때 예수님은 베드로를 사람을 취하는 제자로 선택하신다. 다음에는, 찢어지지 않는 그물의 상황이다. 부활하신 예수님은 찢어지지 않는 그물의 상황에서 베드로의 적극적인 사랑의 표시에 반응하면서, 그에게 목자의 사명을 주신다. 찢어진 그물의 상황에서 선택된 제자는 변화의 과정을 거친 후에 찢어지지 않는 그물의 상황에서 사명을 부여받는다. 바꾸어 말하면, **찢어진 그물에서 찢어지지 않는 그물**을 경험한, **무서움** 대신에 **사랑**을 경험한 제자에게 비로소 예수님께서는 **내 양을 먹이라**(치라)는 구체적인 목자의 사명을 주신다. 낚시는 미끼를 사용하여 단독으로 행하는 일이다. 예수님께서는 그러한 낚시 경험 소유자가 아니라 그물을 준비하고, 그물을 던지고, 그물을 사용할 줄 아는, 바로 물(liquid)과 그물의 원리(network)에 충실한 일꾼들

(fishermen)에게 사명을 주신 것이다.

변화하지 않는 교회는 고착된 교회(solid church)로, 변화하는 교회는 유연한 교회(liquid church)로 구분할 수 있다(Pete Ward). 유연한 교회는 다양한 구성원으로 형성된 공동체가 그 안에서 은사의 다양성을 조화시키는 유기적인 관계 속에서 활동하는 교회를 의미한다. 유연한 교회는 구성원 개체를 활성화하여 조직에 **참여**시키며, 중심과 저변을 구분할 수 없는 네트워크의 본질을 유지하는 가운데 유연성과 역동성을 가지고 흐르는 물처럼 움직이는 특징이 있다.

이러한 유연성과 역동성을 지닌 교회의 지도자는 오케스트라의 지휘자와 같이 여러 악기의 소리를 하나의 그물로 엮어주고 조화시키는 역할을 수행한다. 그런 의미에서 현대교회가 처한 다문화 환경에서는 다양한 개인들이 다양한 은사를 실천하도록 동기를 부여하고 이를 조화시키는 역량을 갖춘 리더십이 필요하다. 그리스도인들은 상호 간에 각종 은사의 특징을 수용하고, 교회 조직의 네트워크에 직접 참여하면서, 어떤 문화 상황에서도 유연하고도 탄력적으로 사명을 감당하는 신약교회를 구현해야 한다. 교회의 역동적인 구조(network)가 그리스도인의 삶의 동력이다.

3장

신앙과 신학, 어떻게 균형을 이룰까?

3장

신앙과 신학,
어떻게 균형을 이룰까?

신앙과 신학은 분리되는가, 아니면 조화되는가? 혹은 신앙과 신학은 분리되어야 하는가, 아니면 조화되어야 하는가? 이에 대한 답은 **신학**을 어떻게 정의하는가에 따라 달렸지만, 그렇다고 해도 신앙과 신학은 본질상 분리될 성격이 아니라 상호 보완 요소이다. 신앙을 위한 신학, 실천하는 신학, 교회를 위한 신학이 이루어질 때 이 두 요소는 균형을 갖춘 하나의 실체가 된다. 신학에 대한 다른 표현이 신앙이고 신앙의 다른 측면이 신학이다. 이러한 관점에서 이 둘의 관계를 살펴보고자 한다.

1. 성령체험과 윤리운동, 우선순위는?

인간의 역사를 뚫고 나오는 성령의 강력한 활동은 이 땅의 역사 흐름을 구속사로 바꾸어 놓았다(참조, 눅 2:1-2; 3:1-2). 사도행전은 다섯 번의 중요한 성령의 임재와 충만 사건을 증거한다(오순절 성령강림, 사마리아 전도, 바울의 회심, 고넬료 회심, 에베소 전도). 그중에서도 바울의 회심 사건은 반복하여 세 번 등장한다. 세 번 모두 성령체험을 통한 바울의 회심을 강조한다. 사도행전의 성령 사건 전에, 부활하신 예수님은 **성령을 받으라**고 선언한다(요 20:22). 이어지는 사도행전에서는 승천하시는 예수님께서 성령의 임하심을 예고하면서 성령을 받은 후에 복음의 증인이 될 것을 말씀하신다(1:4-8). 부활하신 예수님의 처음 명령과 승천하시는 예수님의 마지막 명령은 **성령을 받으라**는 것이다. 그만큼 성령체험은 그리스도인의 삶에서 핵심적인 요소이다. 성령체험을 생활에서 구체적이며 윤리적으로 드러내는 실천이 건강한 제자의 삶이다.

종교개혁과 계몽주의 출현 이후 본격적으로 등장한 이성주의와 합리주의의 영향은 성경에 대한 접근 방식도 변화시켰다. 인간의 이성과 합리적인 사고에 기초한 성경 해석이 유행하기 시작했다. 예수님의 말씀은 제자들이나 복음서 기자들의 손을 거치면서 성경 본문이 전승되는 상황을 의미하는 이른바 **삶의 자리**(Sitz im Leben)에서 변형과 진화의 과정을 거친 산물로 간주되었다. 성경을 계시의 말씀으로 보다는 개인이나 공동체의 염원을 담은 신화적인 작품으로 간주한 것이다. 이러한 영향으로 성경에서 초월성을 제거하면서 성경을 단지 윤리적인 가르침으로 연구하는 경향이 퍼져나갔다. 그 결과 예수님의 부활이나 승천, 재림이나 종말과 같은 초월적인 사건은 단지 윤리적인 교훈이나 성경이 기록되던 당시의 세계관에 기초한 산물로 취급되었다. 승천하시는 예수님이 구름에 가리어진 장면과 같은 경우는 신약시대 사람들의 우주관이 반영된 산물로 여긴 것이다.

그러나 성령이 배제된, 성령체험이 없는 윤리운동이나 성령의 능력이 나타나지 않는 제자훈련은 단지 사회활동일 수밖에 없다. 성경공부나 제자됨도 먼저 성령침례(세례)나 성령체험이 전제될 때, 성경 말씀이 계시의 말씀이 되어 생활의 변화를 수반할 수 있다. 교회와 선교 현장에서 성령의 체험과 역사하심이 있을 때, 하나님 나라가 확장되며 공동체와 개인이 윤리적인 삶을 살 수 있다. **오직 성령으로** 사도행전의 역사가 재현되는 교회가 바로 신약교회의 원형이며 모든 시대의 교회들이 추구해야 할 전형이다. 이 시대는 성령시대이다!

2. 성경해석과 자유주의 논쟁, 어떻게 볼 것인가?

생생한 성령의 역사와 나타나심을 누리는 그리스도인의 삶과 교회 현장을 위해서는 먼저 건강한 성경해석이 뒷받침되어야 한다. 그런데 교회가 정착되면서 성경해석을 혼란케 하는 신학 논쟁이 종종 발생한다. 이 가운데 성경해석과 관련한 자유주의 논쟁은 교단의 분열까지 발생시킬 정도의 위력을 가진다. 서로 다른 학문 간에 교류가 활발해지면서 신학계도 다양한 해석방법을 성서 연구에 접목하는 경향을 보인다. 이러한 신약연구 흐름의 핵심 내용을 살펴보겠다.

신약연구의 흐름

초대교회 이후 신약성경 27권이 정경으로 형성되었지만, 그 연구는 지속해서 교권과 교의(dogma)의 구조 속에 놓여 있었다. 현재와 같은 방식의 체계적인 신약 연구는 종교개혁 이후부터이다. 일례로, 프랑스의 시몽(Richard Simon, 1638–1712)은 성경 본문에 대한 체계적인 비교와 분석을 통해서 성경 본문의 회복을 시도했다. 현재의 시점에서 볼 때, 그의 시도는 기초적인 연구에 불과하지만 당시의 시대적인 상황에서 그의 연구는 많은 논란을 불러일으켰다. 이후 미카엘리스(J. D. Michaelis), 제믈러(J. S. Semler), 바우르 (F. C. Baur) 등의 등장으로 신약의 연구 운동이 탄력을 받는다. 교권과 교의 대신에 **성경으로 돌아가자**는 운동을 통해서 그리스도인들은 신약성경의 신학적, 역사적 연구에 관심을 두기 시작한다. 그런데 이러한 움직임이 긍정의 결과만을 낳지는 않았다. 이 운동은 크게 두 가지 흐름으로 나뉜다. 성경 본문의 역사성을 중심으로 발전한 역사비평방법과, 이에 대한 보완이나 한계성 극복이란 명분으로 영문학과 서양철학의 영향을 받아 등장한 문학비평방법이다. 다시 말해서, 신약성경에 대한 연구 경향은 본문의 역사성을 전제하는 **역사비평**과 본문의 역사성을 배제하는 **문학비평**으로 구분된다.

역사비평방법(자료비평 Source Criticism, 양식비평 Form Criticism, 편집비평 Redaction Criticism)은 발전 과정을 거쳤지만, 안타깝게도 복음서 기자를 편집자로 간주하는 한계성을 가진다. 각 복음서 기자를 각각 다른 관점을 가진 신학자가 아니라 단순히 전승의 수집가로 간주하는 한계성이다. 그런데 이러한 한계성의 인식은 각 복음서의 독특한 신학을 찾는 바람직한 시도의 출발점이 되기도 했다. 이 흐름에서 본문비평(Textual Criticism)은 성경 사본들에 대한 비교 분석을 통해 원래의 성경 본문을 회복하면서 각 성경의 목적과 신학을 찾는 데 일조하기도 한다. 그러나 비록 역사비평이 일부 긍정적인 역할을 수행했음에도 불구하고 중요한 문제는 이 비평방법이 본문의 전승 과정에 집중한 결과 현재의 신약성경의 본문은 예수님의 말씀이 제자들과 복음서 기자의 환경에서 변형되었으며, 때로는 예수님의 말씀으로 소개되는 것도 초대교회의 고백적 표현이라는 지나친 본문의 진화성을 주장한다는 점이다. 그 결과 현재의 복음서 기자를 단지 편집자의 역할에 머물게 하는 오류를 범한 것이다. 역사비평방법은 성경 본문의 단편 또는 단화(單話, pericope)가 여러 단계의 전승과정을 거치면서 인위적인 변형과 편집을 통해서 복음서 형태로 발전하고 진화했다는 편집설을 넘어서야 하는 중요한 과제를 남겼다. 이와 함께 문학비평방법의 경우도 많은 주의가 요구된다. 그 이유는 문학비평이 각 성경의 배경이나 본문의 구성, 저자의 의도나 기록 목적보다도 해석자의 관점을 우선하는 경향이므로 해석자가 성경 본문을 자의적으로 해석할 수 있기 때문이다. 역사비평방법과 문학비평방법의 큰 흐름은 체계적인 성서연구의 운동을 불러일으켰지만 동시에 우리가 극복해야 할 과제를 남겼다.

문학비평

신약성경 연구의 흐름에서 문학비평방법은 한때 새로운 방법처럼 취급되며, 신학계 일부의 관심을 불러일으켰다. 영문학에서 여러 문학비평 도구를 활용하여 소설과 같은 문학 작품을 분석하는데, 이 방법이 신약과 구약의 연구에 유입된 것이다. 전통적으로 성경에 대한 문학적, 역사적 연구는 성경의 기록 목적, 중심 내용, 저자의 신학 등에 대한 탐구이다. 그러나 현재 신약과 구약의 문학비평은 영문학비평방법의 영향을 받아 성경을 하나의 문학작품으로 간주하면서 독자에게 다양한 즐거움을 주기 위한 목적으로 활용된다. 문학비평 지지자들은 성경 저자의 목적을 찾는 신학적 탐구는 낡은 것이며, 반면에 문학비평은 성경을 원래 그대로의 방식으로 해석하는 것처럼 주장하는 것이다. 이 방법론이 **신약성서 비평학**이나 **구약성서 비평학**이라 불리기 때문에 실제와 달리 마치 신학적인 연구처럼 보이기도 한다.

문학비평의 범주에는 구조주의비평, 후기(탈)구조주의비평, 포스트모더니즘비평, 정신분석학비평, 페미니즘비평, 동성애(Lesbian & Gay)비평, 마르크스주의비평, 신역사주의비평, 문화유물론주의비평, 탈식민지주의비평, 문체론비평, 서사비평, 수사학비평, 독자반응비평 등이 있다(*Beginning Theory*, Peter Barry). 물론 해체이론과 같은 철학적인 해석방법도 성서해석학에 유입되었다. 엄격히 말하면, 이러한 방법론들은 신학이 아니라, 성경을 단지 하나의 문학작품으로 간주하여 분석하는 도구이다. 바꾸어 말하면, 문학비평은 독자가 영문학과 철학에서 사용하는 다양한 비평 도구들을 택해서 성경의 본문을 분석하는 시도이다.

위에서 개략적으로 살펴본 바와 같이, 각 성경의 기록 목적, 구조, 중심사상과 신학 등을 살피던 전통적인 문학비평과 달리 현재 신학계에서 사용하는 문학비평은 용어상으로만 일치할 뿐이지 실제로는 신학이라고 할 수 없다. 이러한 해석 방법은 해석자들의 표면적인 부인에도 불구하고 실제로는 성경의 계시성과 영감성을 부정하면서 성경을 단지 하나의 문학작품으로 취급한다. 문학비평방법론 가운데 어떤 방법론을 채택하느냐에 따라 그 해석의 결과가 달라진다. 왜냐하면, 각 비평방법은 그 지향 목적을 이미 그 방법론 속에 내포하기 때문이다. 문학비평은 성경에서 하나의 진리가 아닌 다양한 진리를 찾기 때문에 실제로는 진리를 부정하는 결과(진리는 하나일 수밖에 없으므로)를 초래한다. 물론 정통적인 성경해석을 돕기 위해 이러한 방법들을 선별하여 부분적으로 활용할 수도 있다. 그러나 일부에서는 이러한 방법론을 새로운 해석의 결과를 도출하는 시도인 것처럼 오해하기도 한다. 그래서 수사학적 기교나 각종 문학적 기교들의 활용을 성경해석의 지릅길인 것처럼 간주하며 영감 받은 하나님의 말씀을 문학비평의 **기술**로 분해함으로써 해석자를 신학자(theologian)가 아닌 기술자(technician)로 만든다. 특정한 문학비평방법론이나 문학적인 기교를 사용한 성경 본문의 자의적 해석은 성경을 해석자의 다양한 관점을 충족시키는 문학작품으로 전락시킨다.

성경의 영감성

범람하는 성경 연구 방법론의 출현 속에서 성경의 계시성과 영감성을 부정하는 이론들이 침투하기도 한다. 하나님의 말씀을 단순한 문학작품으로 여기며 성경의 유일한 진리를 부정한다면 이는 심각한 신앙과 신학의 위기를 초래할 것이다. 근본주의, 복음주의, 자유주의에 대한 정의는 자신이 처한 상황에서 바라보기 때문에 상대적일 수밖에 없는 측면이 있다. 그렇지만 성경의 영감성과 이에 대한 실천적인 행동을 통해서 같은 공동체에 속하는지의 여부는 구별할 수 있다.

성경의 영감성만을 외치며 체계적인 성경연구를 하지 않는다면 이는 원리주의자가 되어 오히려 신학의 발전에 해가 될 수 있다. 계시의 말씀인 성경의 영감성을 인정하고 주장하는 동시에 부단한 성경연구가 필요하다. 체계적인 연구와 신학 이론을 통해 교회의 정통성을 유지하고 성령의 역사를 인정하고 체험하면서 그리스도인의 성숙과 하나님 나라 확장에 기여하는 성경 연구를 실천해야 한다.

4장

때가 차매

4장

때가 차매

지리적으로, 시간적으로 지구 위의 한 지점과 시점에서 가시화된 **복음**은 우연히 출현할 수 없다. 선과 같이 흐르는 시간이 어떤 지점에 도달하는 때(χρόνος: 크로노스)와 달리, 성경에서 **때가 찼다**고 할 때, 이 **때**(καιρός: 카이로스)는 양이 차듯이 어떤 상태에 이르게 된 것을 말한다(막 1:15, "때가 찼고 하나님 나라가 가까이 왔으니 회개하고 복음을 믿으라"). 이 복음이 선포될 때는 마지막 구속사의 본격적인 전개를 의미한다. 역사적, 정치적, 문화적으로 때가 찬 상황은 구약의 흐름을 이어가면서도 전혀 새로운 복음의 출현을 낳았고, 이 복음은 헬라 문화와 로마 정치의 구도에서 민족과 인종의 한계를 뛰어넘어 땅 끝까지 펼쳐지는 구원의 소식이 되었다.

1. 신약성경, 그 출현의 역사적 배경은?

예수님께서 활동하시던 당시는 정치적으로 로마의 영향이 크게 위력을 떨치고 있었지만, 문화적으로는 헬라의 사상과 철학이 지배적이었다. 신약성경은 헬라 문화, 로마 정치, 유대 종교가 서로 충돌하고 조화를 이루어가는 상황에서 나온 산물이며, 다문화의 환경을 반영하는 결정판이다. 27권의 신약성경은 다문화의 요소들을 아우르는 새로운 그림을 보여준다.

유대교, 헬라 문화, 로마 정치

신약성경은 헬라어(그리스어)로 기록되었고, 로마의 체제에서 전파되었다. 구약성경에 기초한 유대교를 비롯해 헬라 문화와 로마의 정치는 신약 시대를 형성한 토대였다. 특히 헬라 문화의 유입과 로마 세력의 등장이라는 거대한 소용돌이는 유대교와 충돌하면서 신약의 배경을 형성했기 때문에 이를 기점으로 한 탐구가 필요하다.

이스라엘과 헬라 문화의 만남은 알렉산더 대왕의 예루살렘 입성으로 시작되며(332 B.C.), 그 역사적인 흐름이 로마까지 이어지면서 신약세계를 형성한다. 알렉산더 대왕은 바벨론에 수도를 건설하기 위해 방문했다가 그곳에서 32살의 나이에 요절하고 그의 왕국은 분할된다. 그중에 두 왕국인 남쪽의 프톨레미 왕조(Ptolemy, 이집트)와 북쪽의 셀류커스 왕조(Seleucus, 시리아)가 이스라엘의 역사에 큰 영향을 끼친다. 먼저 이집트의 프톨레미 왕조가 예루살렘을 정복한다(320 B.C.). 프톨레미 왕조는 비교적 관대한 정책을 펼쳐 자신들이 정복한 나라의 종교나 관습을 인정했다. 따라서 이스라엘은 대제사장들이 다스릴 수 있었고 비교적 평온한 생활을 누렸다.

그러나 셀류커스 왕조의 안티오커스 3세(222-187 B.C.)가 프톨레미 왕조로부터 예루살렘을 빼앗으면서부터 상황이 달라지기 시작한다(198 B.C.). 안티오커스 3세가 통치하면서 헬라화(Hellenization)의 물결이 유대인에게 흘러들기 시작한다. 안티오커스 3세가 죽은 후 그의 아들인 셀류커스 4세(187-175 B.C.)가 뒤를 이어 통치하고, 다음에는 셀류커스 4세의 형제인 안티오커스 4세(에피파네스 Epiphanes, 175-164 B.C.)가 뒤를 잇는다. 이때부터 예루살렘의 비극이 본격적으로 시작된다. 안티오커스 4세가 강압적으로 헬라 관습을 유포하는 헬라화의 선봉장이 된 것이다. 그는 안식일 준수와 할례를 폐지하고, 성경 소지자를 사형에 처하는 등 억압적인 정책을 집행했다. 심지어 그는 성전에 제우스 제단을 세우고, 돼지를 희생 제물로 드렸다(167 B.C., 마카비상 1:41, 44-53; 마카비하 6:1-9; 다니엘 11:31; 12:11-멸망하게 하는 가증한 것). 이로 인해 유대인과의 갈등과 대립은 극에 달할 수밖에 없는 형국으로 치닫게 된다.

헬라화에 대한 저항

헬라화로 인한 대립과 갈등이 극에 달하는 상황에서 헬라화에 반대하는 주목할 만한 사람들이 출현한다. 이들이 경건한 자들로 불리는 하시딤(Hasidim, 마카비상 2:42; 마카비하 14:6)이다. 하시딤은 안식일을 준수하기 위해 심지어 안식일에 저항하기보다는 차라리 칼을 맞으며 죽음을 택할 정도로 굳건했다. 이 당시 로마인들이 즐기는 각종 경기는 이방 신에게 기원하면서 개막했는데 제사장들도 이러한 경기에 출전했다고 한다. 이와 같은 상황에서 하시딤은 예루살렘에 원형 경기장 등의 설립을 반대했을 뿐만 아니라, 이방 신의 옷차림과 행습을 모방하는 행태들에 대해서도 저항했다.

헬라화에 대한 순응과 저항으로 인해 이스라엘의 내부적인 갈등이 고조되는 가운데 안티오커스 에피파네스는 예루살렘뿐만 아니라 이를 확대하여 다른 지역에도 이방 제단을 세우도록 명령한다. 이방 제단의 확산은 이스라엘의 국지적인 반발을 민족적인 반발로 확산시킨다. 이때 예루살렘 서북쪽의 모데인(Modein) 지역에서 이방 희생제물을 드리도록 강요한 사건이 발생한다. 그러나 이를 강요하고 거부하는 과정에서 왕의 사신과 친위대 병사들이 살해당한다(마카비상 2:23-26). 이 사건의 주동자가 원로 제사장 맛다디아와 그의 다섯 아들이며, 그 가운데 한 명이 그 유명한 마카비(Judas Maccabeus)이다. 이들의 저항은 문화 투쟁과 병행하여 적극적으로 전개되며, 후에 맛다디아 가문의 **하스몬**(Hasmon)이라는 조상의 이름을 딴 하스몬 왕조의 출현을 낳는다.

하시딤이 이러한 무장 항쟁에 합류했다(마카비상 2:42; 마카비하 14:6). 마카비 가문은 결집한 힘을 바탕으로 할례를 시행하고 이방제단을 헐고, 밤에는 지속해서 전투를 벌이는 등의 무력 투쟁을 계속한다. 그후 이들을 진압하기 위해 진군했던 시리아의 리시아스 장군이 시리아의 내부 사정으로 철군함에 따라 유대인들은 성전을 정화하고(164 B.C.) 자유를 누리게 된다. 이것이 요한복음 10장 22절에 언급된 수전절의 시작이다. 그러나 마카비 가문의 항쟁으로 유대인들이 정치적인 독립을 확보했다고는 하지만, 이전의 붕괴한 통치 체제를 대신하여 구심력을 발휘할 확고한 지도체제를 갖추지는 못했다. 이로 인해 유대 사회는 어느 정도 정치적으로 안정을 회복하면서부터 내부적인 갈등을 표출하기 시작한다. 그래서 비록 마카비 가문을 지지하는 사두개파와 귀족 출신의 가문이 제사장과 왕의 편에 서서 정치권력을 장악하기는 했지만, 다른 한편으로는 마카비 가문(하스몬 왕조)의 지지를 철회한 바리새파와 같은 민중의 지도자 역할이 강화되기 시작했다.

마카비 가문이 지도체제를 형성했으나 정치적 변수와 종교적 입장에 따라 사두개파와 바리새파의 갈등과 같이 유대 사회 내부가 분열된 것이다. 내부적인 갈등의 골이 깊어지는 상황에서 이스라엘은 로마에 저항하다가 로마의 폼페이(Pompey)에 의해 예루살렘이 정복당하는 비극을 맞았으며(63 B.C.), 이후 우여곡절 끝에 헤롯 왕조가 등장한다.

헤롯 왕조

헤롯 왕조는 예수님의 출생이나 활동과 관련하여 종종 등장하는데, 이 왕조의 등장 배경에 대한 이해는 정치, 사회, 종교적으로 "때가 찼다"(막 1:15)는 말씀을 실감 나게 만든다. 이스라엘이 로마에 정복당한 이후 지배 계층이 붕괴함에 따라 새로운 정치 주도 세력이 등장한다. 그러나 이러한 주도권은 권력을 장악하고 있던 로마에 의해 좌우될 수밖에 없었다. 이때 세 계층이 로마에 접근을 시도한다. 이들은 귀족들, 재산가들(헤롯의 아버지 안티파텔, Antipater), 그리고 제사장들의 직접 통치를 지지하던 자들이었다. 그중에 헤롯의 아버지이며 모사로 소문난 안티파텔이 적극적으로 권력 경쟁을 부추긴 것으로 알려진다. 자기 아들을 통치자로 세우려는 안티파텔의 노력으로 이두매 족속인 헤롯이 로마의 옥타비아누스에 의해 왕으로 임명된다(40 B.C.). 그러나 그는 왕으로 등극한 3년 후 즈음에서야 예루살렘을 실제로 장악하는데, 이는 그가 이방인이라는 이유로 그의 왕위를 정서적으로 인정하지 않던 유대인들을 굴복시키는 기간이 필요했기 때문이다. 그는 자신의 아내와 자녀를 죽이는 등 매우 잔인한 왕으로 알려졌으며, 베들레헴에서 출생한 두 살 이하 아이들을 죽이도록 명령했을 뿐만 아니라(마 2:1-18), 다른 한편으로는 유대인들에 대한 회유책으로 성전을 대규모로 재건하기도 했다(참조, 눅 21:5; 마 24:1; 막 13:1).

헤롯이 죽은 후(4 B.C.), 그가 통치하던 지역은 그의 세 아들에게 분배된다. 이 세 아들은 왕보다 특권이 적은 지방 통치자에 불과한 분봉 왕으로서 유대를 중심으로 통치한 헤롯 아켈라우스(Archelaus), 갈릴리 동부의 헤롯 빌립(Philip), 그리고 갈릴리를 중심으로 한 헤롯 안티바(Antipas)이다. 예수님의 공생애가 이 세 명의 분봉 왕 통치 기간에 본격적으로 펼쳐진다.

2. 신약시대의 종교 집단, 누구인가?

구약성경을 읽은 후, 신약성경을 만날 때 바리새인, 열심당, 헤롯당과 같은 집단의 출현은 당혹감을 안겨줄 수 있다. 이들은 구약성경의 전통과는 다른 외부적인 환경에 의해서 형성된 집단이다. 예수님 당시의 이스라엘 지역은 유대인이 주류를 이루었지만 그 안에서는 여러 종파가 다른 목소리를 내며 활동하던 시기였다. 이 시기의 종파 중에는 구약성경이나 신약성경에 등장하지 않는 집단도 있고, 다양한 종파의 존재처럼 율법과 성전에 대해서도 다양한 견해가 공존했다. 예수님의 사역은 이러한 여러 집단과의 관련 속에서 전개된다. 이와 같은 정황과 집단에 대한 이해를 통해서 예수님의 가르침을 생동감 있게 느낄 수 있도록 예수님 당시의 대표적인 종파들을 살펴보겠다.

바리새파

신약성경의 네 복음서에서 바리새인은 중요한 집단으로 등장한다. 신약성경에서 예수님의 활동과 직접 또는 간접으로 연결되는 바리새인의 정체는 이들의 중요성에도 불구하고 예수님의 비판을 통해서, 예수님과의 대립 장면에서 간혹 알려질 뿐이다. 그래서 그리스도인은 성경을 읽을 때 예수님과 같은 입장을 가지고 바리새인을 정죄하거나, 혹은 이들에 대한 정죄를 후련하게 여기거나 당연시하며 성서를 읽게 된다. 그러나 이러한 입장보다는 당시에 예수님의 말씀을 듣던 청중의 관점에서 바리새인을 바라볼 때, 이들에 대한 예수님의 지적이 더 생생하게 다가올 수 있다.

바리새인의 기원은 어디에서 찾을 수 있을까? 바리새파는 셀류커스 왕조의 안티오커스 에피파네스와 같은 헬라화 신봉자들의 강압적인 정책에 맞서던 하시딤의 정신적인 후예들로 여겨진다. 바리새인은 대부분 민중 출신이었다. 헬라화 거부가 목숨을 걸어야 하는 상황임에도 불구하고 이들은 헬라화를 반대하면서 유대교의 정체를 분명하게 드러냈다. 바리새인은 **분리된 자**(the separated one)라는 의미의 히브리어와 아람어 단어의 발음에서 그 기원을 찾기도 한다. 어쨌든 이러한 근거와 명칭을 토대로, 바리새인이란 이름은 이들의 활동과 성격으로 인해 외부에서 붙인 것으로 간주된다. 이들이 바리새파란 이름으로 등장한 것은 하스몬 왕조(마카비 가문)의 요한 힐카누스 통치기간 중(134-104 B.C.)으로 알려져 있다.

바리새인은 예수님 당시에 민중들에게 많은 영향력을 행사했다. 이때 예루살렘에는 6천 명 정도의 바리새인들이 거주했던 것으로 알려져 있다. 이들은 민중들의 지지를 받으며 산헤드린에서도 영향력을 행사했다(요 3:1; 7:45; 11:47; 행 5:34; 23:1, 6-7; 눅 22:66). 바리새인은 구약성경과 구전을 권위 있게 받아들이고(막 7:13) 자신들의 종교 행위가 방해받지 않는 한, 정치에 무관심했던 것으로 보이며, 자신들 상호 간에는 뜨거운 동료애를 발휘한 것으로 알려져 있다. 이들의 당당함은 일반 민중들에 대한 우월감으로 표출되기도 했다(참조, 눅 18:9–14, 바리새인과 세리의 기도 비유). 바리새인의 주장에 따르면, 세리는 너무 많은 죄를 범하였고, 또 얼마나 속였는지 모르기 때문에 이들은 배상하거나 회개할 수 없는 죄인이라는 것이다. 또한, 바리새인은 "율법을 알지 못하는 **이 무리**는 저주를 받은 자로다"(요 7:49)라고 했는데, 이때의 이 무리는 평민을 지칭했을 것이다. 물론, 이는 모세 율법을 성실하게 지키지 못하는 대중들에 대한 바리새파의 경멸적인 표현일 수 있다. 하지만, 당시의 주도적인 여러 종파나 당파와 달리 이스라엘의 구성원 대부분은 평민이었기 때문에 이들에 대한 바리새파의 우월감에서 나온 표현이라고 볼 수 있다는 것이다.

어쨌든 예수님 당시에 말씀을 듣던 청중은 바리새인에 대한 예수님의 비판을 듣고 큰 충격을 받은 것으로 보인다. 바리새인은 민중들에게 존경을 받았고, 민중들은 바리새인의 삶을 존경하며, 그들과 같은 삶을 살지 못하는 것에 대해 안타까움을 가지고 있었다. 그런데 예수님께서 자신들의 신앙의 표상인 바리새인을 정죄하니, 도대체 예수님은 누구이기에 민중의 존경을 받는 바리새인을 거칠 것이 없이 공격하고 비판한다는 말인가? 놀라움과 의아함으로 청중은 예수님의 말씀을 들었다. 물론 예수님은 바리새인 전체를 비판하지 않았다. 예수님은 바리새인 시몬과 교제했다(눅 7:36–40). 예수님은 바리새인의 종교적 형식주의와 위선을 비판한 것이지 그들 자체를 반대한 것이 아니다. 예수님의 말씀과 행위가 민중들에게 권위 있게 받아들여지던 상황에서(마 7:29; 12:23) 예수님은 바리새인의 율법준수 전통을 거부했으며(마 9:11), 심지어 바리새파 율법학자의 지위마저도 비판했다(마 23:2-36). 이와 같은 충돌과 갈등으로 인해 바리새인은 예수님에게 반발했다.

사두개파, 에세네파, 열심당, 헤롯당, 사독인당

바리새파와 비교되는 사두개파는 아론의 후손으로 솔로몬 왕 시절에 대제사장으로 임명된 사독(왕상 2:35)으로부터 유래한 것으로 간주된다. 이들은 헬라화 당시에 헬라화를 받아들이는 주요 통로 역할을 했으며, 비교적 부유했을 뿐만 아니라, 정치 및 권력을 장악하고 현실에 안주하던 집단으로 알려져 있다. 이들은 바리새인과 달리 부활을 부정했다. 이 외에도 비록 신약성경에는 언급되지 않지만, 바리새파의 극우적인 경향인 에세네파가 있다. 이들은 성전 예배가 타락했다고 여기며 사해 근처에서 공동체 생활을 했다. 또한, 바리새파의 극좌적인 경향인 열심당이 있다. 이들은 A.D. 70년대 초 마사다 전투에서 최후를 맞이한 집단으로 간주되며 민족의 독립에 관심을 두고 이를 행동으로 옮기는 성향을 가졌다. 헤롯당은 정치적으로 사두개파의 극우적인 경향을 가졌다고 할 수 있으며, 헤롯 왕조와 관련이 있는 것으로 여겨진다. 사독인당은 성전 예배의 개혁운동을 시도했던 사두개파의 극좌적인 경향을 가진 집단으로 보인다.

이와 같은 종교 집단을 **율법**과 **성전**이라는 구도로 정리해볼 수 있다. 이들은 크게 두 집단으로 구분할 수 있다. 율법을 중심으로 한 바리새파 및 동일 계통의 에세네파와 열심당, 그리고 성전을 중심으로 한 사두개파 및 이와 관련한 사독인당과 헤롯당으로 분류할 수 있다. 에세네파를 제외하고는 신약성경에 언급되며, 대다수의 이스라엘 사람들은 이러한 집단에 속하지 않은 평민으로 알려져 있다.

서기관

신약성경에 종종 등장하는 서기관은 바리새인과 함께 예수님 당시에 영향력 있는 중요한 집단이었으며, 대부분 서기관이 바리새파 출신이어서 이 두 집단은 불가분리의 관계였다(참조, 막 2:16, 바리새인의 서기관들; 행 23:9, 바리새인 편에서 몇 서기관이). 서기관은 그 용어가 의미하는 바와 같이 대필자였다(서기관 바룩: 렘 36:4, 18, 32). 그런데 일반적으로 단순한 기록자의 임무를 수행하던 서기관이 바벨론 포로기간을 전후로 점진적으로 종교적인 기능을 수행하면서 랍비로 불린다. 이 서기관 직은 가문과는 무관했으며, 구약의 에스라 같은 경우가 서기관의 전형적인 모습이다(스 7:6, "모세의 율법에 익숙한 학자"). 바벨론 포로생활과 성전파괴 등의 사건은 유대인의 신앙이 성전 중심의 제사에서 회당 중심의 율법으로 옮겨지게 한 중요한 동인이다. 이 과정에서 서기관은 중요한 역할을 수행한다. 율법의 중요성 증대와 율법을 알아야 할 필요성의 증대로 서기관에게 중요한 역할이 부여된 것이다.

예루살렘 함락(A.D. 70) 이후에, 성전을 중심으로 세력을 펼치던 사두개파는 몰락했지만, 율법 중심의 바리새파는 질긴 생존력을 보였다. 주로 바리새파와 밀접하게 관련을 하던 서기관은 일상의 생활을 율법과 관련지어 판단하기 위해 지속적으로 율법을 해석하며 생활 지침을 제공했다. 후에 그러한 시도의 집대성으로 나온 하나의 결과가 탈무드이다. 유대인들의 삶에서 서기관들의 역할 확대가 긍정적인 기여도 했지만, 도리어 생활의 걸림돌이 되기도 했다. 예수님이 비판하듯이 서기관은 생활의 구체적인 부분까지 지나치게 문자적인 율법의 적용을 시도했다(참조, 막 7:1-13). 그 결과 예수님 당시의 서기관은 율법이 주어진 본질 대신에 생활을 얽어매는 구전을 양산했다는 부정적인 평가를 받기도 한다.

3. 구약과 신약, 어떤 관계인가?

신약성경과 구약성경의 관계를 어떻게 이해할 수 있을까? 신약성경에서 **경**이나 **성경**으로 표기된 것은 대부분 구약성경을 지칭한다(참조, 딤후 3:16). 신약성경은 구약성경을 완성한 구약성경의 한 부분인가, 아니면 구약을 대체하는 새로운 성경인가? 아우구스티누스(Augustinus)의 주장과 같이, 신약은 구약 속에 감추어져 있고, 구약은 신약 속에 계시되어 있는가? 신약이 구약과 어떤 관련성을 가지면서 하나님의 거룩한 계시의 말씀으로, 새로운 언약으로 그리스도인에게 생명을 불어넣어 주고 있을까? 이러한 질문이 자연스럽게 제기될 수 있다. 일반적으로 예레미야 31장 31-33절의 내용이 새로운 언약(계약)의 출현에 대한 보증으로, 히브리서 8장 8-13절이 예레미야의 내용을 반영하는 성취로 받아들여진다. 히브리서의 흐름은 구약보다 우월한 신약이라는 신학적 배경이다. 히브리서는 **언약**을 중심으로 하나님과 인간 사이의 관계를 약속과 성취의 구조로 펼치면서 구약과 신약의 관계를 조명해준다.

> 여호와의 말씀이니라 보라 날이 이르리니 내가 이스라엘 집과 유다 집에 새 언약을 맺으리라 이 언약은 내가 그들의 조상들의 손을 잡고 애굽 땅에서 인도하여 내던 날에 맺은 것과 같지 아니할 것은 내가 그들의 남편이 되었어도 그들이 내 언약을 깨

뜨렸음이라 여호와의 말씀이니라 그러나 그 날 후에 내가 이스라엘 집과 맺을 언약은 이러하니 곧 내가 나의 법을 그들의 속에 두며 그들의 마음에 기록하여 나는 그들의 하나님이 되고 그들은 내 백성이 될 것이라 여호와의 말씀이니라(예레미야 31:31-33)

그들의 잘못을 지적하여 말씀하시되 주께서 이르시되 볼지어다 날이 이르리니 내가 이스라엘 집과 유다 집과 더불어 새 언약을 맺으리라 또 주께서 이르시기를 이 언약은 내가 그들의 열조의 손을 잡고 애굽 땅에서 인도하여 내던 날에 그들과 맺은 언약과 같지 아니하도다 그들은 내 언약 안에 머물러 있지 아니하므로 내가 그들을 돌보지 아니하였노라 또 주께서 이르시되 그 날 후에 내가 이스라엘 집과 맺을 언약은 이것이니 내 법을 그들의 생각에 두고 그들의 마음에 이것을 기록하리라 나는 그들에게 하나님이 되고 그들은 내게 백성이 되리라 또 각각 자기 나라 사람과 각각 자기 형제를 가르쳐 이르기를 주를 알라 하지 아니할 것은 그들이 작은 자로부터 큰 자까지 다 나를 앎이라 내가 그들의 불의를 긍휼히 여기고 그들의 죄를 다시 기억하지 아니하리라 하셨느니라 새 언약이라 말씀하셨으매 첫 것은 낡아지게 하신 것이니 낡아지고 쇠하는 것은 없어져 가는 것이니라(히브리서 8:8-13)

새로운 언약의 중심에는 **예수**가 있다. 예수님은 최후의 만찬에서 그의 피로 보증하는 새로운 약속을 보증하신다. 이 보증은 마태복음, 마가복음, 누가복음에 공통으로 등장한다. 이를 해석하는 바울은 예수님의 언약을 **새 언약**(신약)으로 지칭한다. 우리가 **신약성경**이라고 칭하는 근원이다.

이것은 죄 사함을 얻게 하려고 많은 사람을 위하여 흘리는 바 나의 피 곧 언약의 피니라(마 26:28)

이르시되 이것은 많은 사람을 위하여 흘리는 나의 피 곧 언약의 피니라(막 14:24)

저녁 먹은 후에 잔도 그와 같이 하여 이르시되 이 잔은 내 피로 세우는 새 언약이니 곧 너희를 위하여 붓는 것이라(눅 22:20)

식후에 또한 그와 같이 잔을 가지시고 이르시되 이 잔은 내 피로 세운 새 언약이니 이것을 행하여 마실 때마다 나를 기념하라 하셨으니(고전 11:25; 참조, 고후 3:6)

예수님은 자신의 사명이 율법을 완전하게 하려는 것이라고 말씀하신다(마 5:17, "내가 율법이나 선지자를 폐하러 온 줄로 생각하지 말라 폐하러 온 것이 아니요 완전하게 하려 함이라"). 물론 신약성경은 구약성경과 밀접한 관련성을 가진다. 마태복음의 경우 구약의 예언 성취를 반복하여 제시한다. 이러한 반복적인 구약의 성취는 예수의 완전성을 보증하는 역할을 한다. 율법이나 선지자를 폐하지 않고 완전하게 한다는 의미는 구약을 완성해서 구약을 새로운 약속으로 개조한다는 의미가 아니다. 바꾸어 말하면, 신약이 구약의 수정이나 개정판 같은 역할을 수행하는 것이 아니다. 예수 자체가 새로운 약속의 주체이며 중심이기 때문에 예수는 구약의 성취이다. 구약의 역할 종결과 새로운 수단의 출현이다. 그래서 신약이 구약의 연장이나 혹은 대체라는 개념을 뛰어넘어 바울은 예수가 율법의 마침이라고 신학적인 정리를 한다(롬 10:4). 구약을 보완하는 수단으로서 예수의 출현이 아니라, 예수의 출현이 새로운 계시의 출현이라는 의미이다. 그래서 바울은 구원의 방법으로서 율법의 역할이 종료되었음을 말한다. 이는 율법의 역할은 예수 그리스도의 오심으로 종결되었고 새로운 구원의 방법이 출현한 것을 의미한다.

그리스도는 모든 믿는 자에게 의를 이루기 위하여 율법의 마침(τέλος : 텔로스)이 되시니라(로마서 10:4)

구약의 성취를 이루는 새로운 언약의 시작은 **예수는 그리스도이시다**라는 선포의 본질인 **나사렛 예수**의 출현이다. 예수는 율법의 **마침**으로서 과거의 구약 언약과는 차원이 다른 새로운 언약의 주체이다. 구약에 기초하지만, 그 율법과 선지자의 역할을 종결시키는 새로운 의의 방법의 출현, 즉 예수의 출현이 새로운 언약의 시작이다. 이로써 그 언약 자체인 예수님이 중심을 이루는 신약성경은 그리스도인들의 신앙의 원천이며 규범으로 자리매김한다.

4. 신약성경, 어떻게 우리 손에 들어왔을까?

신약성경은 어떤 과정을 통해 27권으로 확정되었는가? 어느 날 갑자기 27권의 신약성경 묶음이 통째로 출현했는가, 아니면 각 성경이 여러 전승 과정을 거친 후에 27권으로 형성되었는가? 이러한 질문에 관해 누가복음은 명쾌한 답을 준다. 누가복음의 서문(1:1-4)은 예수 그리스도의 복음이 어떤 경로와 과정을 통해 전승되었는지에 대해 처음 시작부터 그 과정을 자세히 밝힌다.

> 누가복음 1:1-4
>
> 1) 말씀의 목격자 되고 일꾼 된 자들이 전하여준(구전)
>
> 2) 그대로 내력을 저술하려고 붓을 든 사람이 많은지라(문서화)
>
> 3) 그 모든 일을 자세히 미루어 살핀 나도 데오빌로 각하에게 차례대로 써 보내는 것이 좋은 줄 알았노니(신학화)

누가복음 서문에서 제시하고 있는 전승의 단계는 증인의 구전 → 문서화

→ 신학화의 과정이다. 이를 통해서 볼 때, 현재와 같은 복음서의 형태는 크게 구두 전승과 문서 전승으로 나눌 수 있다. 목격자 되고 일꾼 된 자들이 구두로 전하던 말씀이 상황의 변화에 따라 문서로 전해지면서 고착되는 과정을 거쳤다. 구두로 전해지던 전승과 문서로 전해지던 전승이 신학화된 문서로 체계를 갖춘 것이다.

그렇다면 신약성경이 우리 손에 어떻게 들어왔을까? 예수님의 생애와 행적 그리고 제자들의 선포와 서신들이 어떻게 전승되었을까? 유대 배경의 상황에서는 약속된 메시야를 강조하고, 이방 세계에서는 황제숭배, 종교혼합주의, 다신교의 도전 속에서 나사렛 예수가 유일한 주님과 심판자임을 강조하면서 어떻게 복음이 전파될 수 있었을까?

복음의 핵심

복음 선포는 '예수는 그리스도이시다'라는 사실을 전하는 것이다. 예수님 자신이 이 선포의 실체이며 목적이다. 복음은 듣는 사람이 자신의 관점을 예수가 그리스도이신 사실에 고정할 때 이해할 수 있는 실체이다. 복음의 **선포**는 형태적으로 신약성경보다 앞서 있었다. 그래서 구약성경뿐만 아니라 신약성경은 예수는 그리스도이시다라는 관점을 가지고 읽어야 한다. 물론 이 기본적인 핵심을 유지하면서도 네 복음서 기자가 각각 다른 관점을 가지고 동일한 사건인 예수 그리스도의 모습을 입체적으로 그렸기 때문에, 구체적으로는 각 복음서 기자의 관점을 가지고 각각의 복음서를 읽어야 한다. 각 복음서 기자는 같은 관점을 가지고 예수 그리스도를 촬영한 사진가라기보다는 각자의 관점을 가지고 십자가를 그린 화가에 비유할 수 있다.

나사렛 예수는 복음서에서, **선포된 예수**는 신약성경 전체에서 만날 수 있다. 물론 복음서는 역사적인 예수의 묘사가 아니라 나사렛 예수를 신학적으로 표현한 선포이며 간증이다. 그렇다면 일부 신학자들이 제시하는 **역사적 예수**라는 주제는 무엇을 내포하는가? 이에 대한 학술적 접근은 복잡한 측면이 있다. 역사적 예수의 모습을 재구성할 수 있을까? 혹은 역사적 예수를 재구성할 필요가 있을까? 복음서를 가지고 흔히 말하는 예수님의 역사적인 삶 전체를 재구성하는 데에는 한계가 있다. 왜냐하면, 복음서에는 주로 예수님의 전체 생애의 일부분인 공생애만 신학적인 관점에 따라 기록되어 있으며, 12살 이전까지의 생활은 매우 부분적으로만 등장하기 때문이다(참조, 눅 2:42 이하).

예수님의 삶에 대한 기록이 진실이기 위해서는 그 사건들이 역사적이어야만 할까? 진리는 역사적이어야 하는가? 이때 말하는 **역사적**이라는 전제의 범위와 한계는 어디까지인가? 일반적으로 역사적이라고 할 때, 이는 과학적인 방법과 실증주의적인 역사관에 의해 증명될 수 있는 것을 말한다. 그렇다면 이와 같은 방식으로 증명할 수 없는 것은 사실이 아니라는 말인가? 홍해 사건, 요단강 도하 사건, 오병이어 기적 등을 과학적으로, 실증주의적인 사관으로 증명할 수 있는가? 증거가 남아있는가? 만일 증명할 수 없다면 이 사건들은 진실이 아닌가?

그러므로 그리스도인은 복음서를 읽을 때, **역사적**이라는 전제의 모순과 함정을 직시할 필요가 있다. 복음서는 역사적인 사실에 기초하지만, 이를 실증주의적으로 입증하기 위한 목적이 아니라 **예수는 그리스도이시다**라는 사실을 선포하기 위한 고백과 간증으로 기록된 것이다. 누가복음과 요한복음은 이 목적을 분명하게 제시한다(눅 1:4, "이는 각하가 알고 있는 바를 더 확실하게 하려 함이로라"; 요 20:31, "오직 이것을 기록함은 너희로 예수께서 하나님의 아들 그리스도이심을 믿게 하려 함이요 또 너희로 믿고 그 이름을 힘입어 생명을 얻게 하려 함이니라").

역사적인 예수는 선포된 그리스도이며, 선포된 그리스도가 바로 역사적인 예수이다. 복음서는 예수는 그리스도이심을 선포하며, 동시에 이 선포는 사람들의 결단을 촉구한다. 예수는 그리스도이시다, 때가 찼고 하나님 나라가 가까왔으니 회개하고 복음을 믿어야 한다(막 1:15). 이는 하나님 나라가 이미 와 있고 또 오고 있다는 의미로서 현재를 강조하는 현재 진행이다. 이를 통해서 모든 세대에게 와 있고 또 오고 있는 하나님 나라가 선포된다. 비유적으로, 해변에 이미 출렁이는 파도의 물결이 닿아있고 또 계속해서 밀려오는 파도를 바라보는 관점이다. 이 복음이 구전을 거치면서 상황의 변화로 인한 문서화, 신학화, 성문화, 정경화의 전승 과정을 통해 27권으로 확정되었다.

신약성경의 기록 형태

복음은 어떤 **형태**로 전승되어 우리에게 전해졌을까? 신약성경은 파피루스(갈대) 줄기로 만든 필기용지와 양가죽에 기록되었다. 처음에는 양가죽보다 파피루스가 보편적으로 많이 사용되었으며, 복음이 전파되고 교회가 정착되면서 파피루스의 불편함을 해소하는 양가죽이 본격적으로 활용되었다. 초기에는 두루마리 형태로 기록되었지만, 두루마리 형태는 그 분량이 많을 경우 불편하므로 사용에 제한적일 수밖에 없었다. 그래서 누가복음과 사도행전이 본래 한 권의 성경이지만 분량이 많아 현재와 같이 두 권으로 분리되었을 것이라는 추정도 있다. 원하는 부분을 찾아 읽기 위해서는 다른 부분까지 돌려서 읽어야 하는 불편함 때문에 지금과 같은 책의 형태가 나왔다. 필사 형태도 세월이 흐르면서 바뀐다. 많은 성경사본이 단편으로 전해지며, 이에 대한 사본과 본문 연구가 16세기 이후부터 본격적으로 전개된다. 헬라어 사본들 외에도 라틴어로 기록된 벌게이트(the Vulgate)와 같은 여러 번역본이 있고 성구집의 형태도 있다. 현재의 신약성경 본문은 이러한 여러 자료를 분석하고 검토함으로써 원본을 재현한 것이다. 지속적인 사본 발굴과 연구는 바로 이러한 원본 재현을 위해 필요하다.

그렇다면 신약성경의 **본문**은 어떤 전승 과정을 거쳐 우리 손에 들어오게 되었을까? 예수는 그리스도이시다라는 복음의 핵심은 누가복음 서문에서 증언하는 바와 같이 여러 단계의 전승 과정을 거쳐 현재와 같은 27권으로 확정되었는데, 이러한 일련의 과정은 어떻게 이루어졌을까? 이에 대해서 개략적으로 살펴보고자 한다.

복음의 구전(Oral Tradition)

복음은 이를 체험하고 목격한 사람들을 통해서 전파되기 시작했다. 재담가들이 만든 허구적인 내용이 아니라, 나사렛 예수가 그리스도이신 사건을 경험한 증언으로부터 복음이 시작된다. (신약학에서 **나사렛 예수**라는 표현과 같이 호칭에서 나사렛이란 지명을 덧붙여 사용할 때, 이는 통상적으로 예수님의 역사성과 지상의 활동을 강조하기 위함이다. 그렇지 않을 경우는 보통 **예수** 혹은 **예수 그리스도**

와 같은 칭호를 사용한다). 복음의 구전 과정은 일반적으로 A.D. 30-50년 동안의 기간을 전제로 한다. 이 기간에는 목격자들이 생존했을 뿐만 아니라 예수님께서 곧 다시 오실 것이라는 임박한 재림에 대한 기대 등으로 인해 문서화의 필요성을 느끼지 않은 것으로 보인다.

복음이 부분적으로는 처음부터 문서로 전파된 부분도 있겠지만, 구전에 의한 전파가 일반적이었다. 예수님의 말씀과 행적은 사도들을 통해 구전으로 상세하게 전파되었고(행 1:22; 4:33; 6:4; 10:34-43), 이 전파는 복음이 보존되는 원동력이었다. 복음은 전파됨으로 보존되는 것이다. 혹자는 복음의 구전 기간에 말씀의 변형을 염려할 수 있을 것이다. 그러나 그 당시는 구전의 정확성을 일상으로 간주했기 때문에 필기 문화에 익숙한 현대인의 생각으로 염려하는 것은 기우에 지나지 않는다. 상황의 변화에도 변함없는 복음의 전파를 위해 성경 기자들에게 하나님의 감동이 임했다(딤후 3:16). 염려는 의심만을 생산할 뿐이다. 보존이 아니라 전파가 목적이었던 복음은 역설적으로 전파를 통해 보존되었으며, 상황의 변화와 요구에 따라 기록되었다.

복음의 문서화(기록화)

누가복음의 서문은 구전되던 복음이 전승과정에서 어떻게 문서화되었는지를 구체적이고도 분명하게 증언한다(눅 1:1-2). 복음전파가 지리적으로 확장되면서 **말씀의 목격자 되고 일꾼 된 자들**의 증언만으로는 복음전파의 한계에 이르기 시작한다. 복음이 이스라엘 지역 문화권에서 헬라-로마 문화권으로 전파되면서 새롭게 세워지는 교회를 위한 증인과 복음전파자의 수가 부족하게 되었다. 뿐만 아니라 주님의 임박한 재림을 기대했지만 그 기대는 이루어지지 않고, 대신에 박해와 사도들의 죽음 등은 자신들 이후의 시대를 위해서 복음을 문서화할 필요성을 느끼게 만들었다.

신학자들은 현재의 복음서와 같은 완전한 형태는 아니지만, 단화(單話, pericope)와 같은 단편적인 기록들의 존재를 가정한다. 이와 함께 문서화 과정에서 단화보다도 체계적인, 이른바 Q자료, 마태의 특수자료, 누가의 특수자료 등과 같은 문서들이 존재했을 것이라는 추정도 한다. 다른 복음서에는 없고 마태복음에만 있는 내용의 원천 자료를 마태의 특수자료, 누가복음에만 나오는 내용의 원천 자료를 누가의 특수자료라고 칭한다. 또한, 마가복음에는 등장하지 않지만, 마태복음과 누가복음에 공통으로 등장하는 내용이 있다. 이 부분은 대략 250개의 구절로 한결같이 예수님께서 직접 하신 말씀으로 이루어졌기 때문에 신학자들은 복음서의 원천이 되는 **예수님의 어록집**이 존재했을 것이라는 가설을 제기한다. 그래서 독일어로 **샘**이나 **원천**이란 뜻을 가진 Quelle의 첫 자를 따서 Q자료라고 부른다. 물론 이러한 여러 주장은 네 복음서의 문헌적인 연관성으로 파악한 가설이다. 아무튼, 이 문서화 과정에서 등장하는 자료들은 당시에는 성경이란 개념을 갖지 않았으며, 이 자료들이 지향하는 목적은 예수 그리스도를 구세주로 고백하도록 만드는 것이었다. 물론 복음서를 제외한 대부분의 서신이나 요한계시록 등은 처음부터 문서화된 것으로 보인다.

복음의 신학화

단편적으로 문서화된 복음은 체계적인 순서에 따라 정리된다. 복음서 기자들은 구전과 단화(單話)들을 비롯해 문서화된 복음 및 영감 받은 말씀들을 각각의 목적에 맞게 차례로 배열하고 기록했다. 누가복음 서문에서 언급한 이 **차례**는 각 복음서의 독특한 신학을 반영한다. 각 복음서 기자가 의도한 **차례**(순서)가 바로 네 복음서의 존재 이유이다.

그래서 마태복음에서 천국 비유는 13장에, 산상수훈은 5-7장에 집중적으로 기록되었지만, 다른 복음서에는 이 비유와 교훈들이 여기저기에 흩어져 있다. 마가복음 1장에는 기적들이 집중적으로 소개되지만, 역시 다른 복음서에는 이 기적들이 다르게 배열된다. 이러한 각기 다른 차례와 기록 목적은 각 복음서의 전체적인 신학인 **차례**를 이해할 때 분명하게 드러난다. 이러한 신학화는 그리스도인이 각 복음서를 통해서 예수 그리스도의 모습을 입체적으로 바라볼 수 있게 만드는 중요한 토대이다.

복음의 성문화

신학화를 거친 각 문서는 교회 안에서 보통의 문서가 아닌 거룩한 말씀으로 인식되기 시작한다. 예배 시에 구약성경을 읽던 교회는 예수님의 말씀이나 바울 서신도 읽기 시작했는데, 이 말씀들이 점차 권위를 가지면서 이 말씀들도 하나의 성경이라는 인식이 싹트게 되었다.

교회는 이 문서들을 당시의 성경인 구약성경에 포함하지 않고, 구약성경과 동등한 권위를 가진 말씀으로 대우하기 시작한다. 현재의 구약성경이 신약성경도 성경이라는 인식을 낳은 모판인 것이다. 이러한 인식의 변화를 통해 복음서를 비롯한 바울 서신, 요한 서신, 일반 서신, 요한계시록이 구약성경과 동등한 새로운 약속으로서의 신약성경("새 언약," 고전 11:25; 고후 3:6)으로 등장한다.

신약성경의 정경화

성문화를 거쳐 거룩한 문서로 인정받던 성경의 범위는 교회마다 각기 달랐으며 27권으로 확정되기까지는 많은 세월이 흘렀다. 그렇다면 왜 신약성경을 27권으로 통일시켜 확정했을까? 통일된 정경의 필요성은 교회 간의 이견 발생과 거룩한 문서의 내용을 왜곡한 이단 문서의 출현에 대한 대응 등을 위해서였다.

그렇다고 해도 이 정경의 확정은 특정한 회의나 집단이 강제로 하지 않았다. 세월이 흐르면서 교회가 통일된 견해를 갖기 시작했으며 정경의 범위에 대한 이견은 점차로 좁혀지기 시작했다. 최종적으로 많은 교회가 공통으로 사용하는 현재와 같은 27권만이 정경으로 인정받아 사용되다가, A.D. 393년 히포(Hippo) 교회회의와 A.D. 397년 제3차 카르타고(Carthago) 교회회의에서 27권만을 정경이라고 선포했다.

5장

예수는 그리스도이시다!
평면에서 3D로!

– 마태복음, 마가복음, 누가복음, 요한복음 –

5장 예수는 그리스도이시다! 평면에서 3D로!

– 마태복음, 마가복음, 누가복음, 요한복음

나사렛의 그 예수는 어떤 모습이었을까? 현대사회처럼 동영상이나 사진으로 남겨지지 않았고 동상이나 초상화도 제자들이 제작하지 않았는데 그 예수님이, 그 예수님의 가르침과 행적이 평면적인 기록만으로 생생하게 지금의 우리에게 전달될 수 있을까? 네 복음서를 읽다 보면 비슷비슷한 내용이 중복되는 것 같고, 어떤 경우는 같은 사건인데도 전혀 다르게 기록되어 있는 등 혼란을 주기도 한다. 그러나 이러한 유사성과 차이성은 네 복음서가 가지고 있는 독특성을 파악하는 순간, 모순이 아니라 입체적으로 다가오는 나사렛 예수를 만나는 통로임을 알게 된다.

1. 복음, 복음서

영국 옥스퍼드대학교의 한 신학자가 자신의 경험을 고백한 일이 있다(Larry Kreitzer). 그는 복음서를 읽으면서 늘 궁금했다. 네 복음서의 내용이 왜 뒤죽박죽 같이 보일까? 의문을 해소하고 싶었다. 비슷비슷한 내용이 중복되고 순서도 어긋나게 배열된 것처럼 보이는 네 복음서의 내용을 하나의 일정한 흐름으로 재구성할 수 없을까? 그는 연구를 하면서 마침내 새로운 방법을 시도한다. 우선 여러 권의 성경을 해체했다. 가위와 풀을 준비했다. 예수님의 행적을 따라가면서 비슷하거나 중복된 내용은 가위질하고, 배열이 다른 것처럼 보이는 내용은 정렬을 시키며 하나의 복음서를 만드는 시도를 했다. 얼마 후 그는 포기하고 말았다. 비슷하지만 다르고, 다른 것 같으면서도 비슷한 내용으로 인해 하나의 복음서를 만드는 그의 시도는 실패한 것이다. 그는 실망과 좌절에 빠졌다. 더 혼란스러웠다. 그런데 아이러니하게도 이 혼란이 그의 신학의 출발점이 된다. 그는 생각하기 시작했다. 복음서란 무엇인가?

복음서를 읽는 그리스도인은 한 번쯤 이와 유사한 경험을 했을 것이다. 네 복음서의 유사점과 차이점은 왜 발생했을까? 한 분 예수님에 대한 기록이 이렇게 다를 수 있다는 말인가? 왜, 네 복음서가 필요할까? 복음서는 무엇인가?

구두로 전해지던 **복음**이 문서로 기록되면서 **복음서**라는 새로운 문학 형식(genre)이 출현한다. 단편적이던 구전과 문서화된 복음이 독특한 **차례**를 따라 기록되어 지금과 같은 복음서가 된 것이다. 복음서는 그 자체로 매우 독특한 형식이기 때문에 우선 복음서의 특징을 이해할 필요가 있다. 복음서는 특정한 영웅이나 위인과 관련한 전기나 자서전과 같은 성격이 아니며 회고록도 아니다. 복음서는 이를 기록한 기록자에 대해서 제한적인 소개만 할 뿐이다(눅 1:1-4; 요 20:30-31; 21:24). 이러한 복음서 형식은 전무후무하고, 그 내용의 대부분은 예수님 생애의 마지막 부분인 공생애에 집중한다.

그러면서 이 복음서를 읽거나 듣는 사람들의 결단을 각각의 신학 속에서 촉구하는 형식을 가진다. 물론 이 신학은 각 복음서의 **차례**에 기초한다.

각 복음서의 헬라어 원전 표제가 **마태에 따른**이나 **요한에 따른**이라고 되어 있어 같은 사건을 각 복음서 기자의 관점에 따라 다르게 기록했다는 특성을 나타낸다. 각 복음서의 표제는 A.D. 2세기경에 붙여졌으며, 이 표제 자체가 사건의 배열과 전개에 대한 각 복음서의 독특한 **차례**를 반영한다. 이에 대해서는 누가복음이 세밀하게 설명한다. 누가복음은 "그 모든 일을 자세히 미루어 살핀 나도 데오빌로각하에게 차례대로 써 보내는 것이 좋은 줄 알았노니"라고 설명한다(1:1-3). 이 **차례**는 무엇을 의미하는가? 사도행전 10장의 고넬료 사건에 대해 누가는, "베드로가 그들에게 이 일을 차례로 설명하여"라고 소개한다(행 11:4). 여기에서 베드로가 시도한 **차례**는 고넬료 사건을 자신이 처한 상황이나 지향하는 목적에 적합하게 설명하는 그의 관점을 전제하는 말이다. 누가복음에서 말하는 **차례**도 누가의 관점, 즉 십자가 사건을 바라보는 누가의 입장을 반영한다. 이것이 바로 누가의 신학이며, 마태의 신학이고, 요한의 신학이다. 이러한 복음서를 **신학화된 역사**(theologized history)라고 부른다. 복음서는 역사적인 사실에 기초하며, 이 사실에 대한 표현은 각 저자의 의도인 신학적인 목적에 따라 다르게 기록되었다.

네 복음서는 전통적으로 각기 다른 이미지를 가지면서 각 영역에서 최고로 여기는 네 생물과 종종 비교된다. 이 네 생물의 비교는 에스겔서에 기초하며, 각 생물의 특징을 통해서 각 복음서의 각기 다른 특징을 적절하게 소개할 수 있다.

> 그 네 생물의 얼굴 모양은, 제각기 앞쪽은 사람의 얼굴이요, 오른쪽은 사자의 얼굴이요, 왼쪽은 황소의 얼굴이요, 뒤쪽은 독수리의 얼굴이었다(겔 1:10, 표준새번역; 비교, 계 4:7).

비교하는 생물의 특징에 따라 네 복음서에 대한 적용의 차이는 있지만, 일반적으로 마태복음은 사람으로, 마가복음은 사자로, 누가복음은 황소로, 요한복음은 독수리로 상징된다. 이러한 개념을 기초로 네 복음서의 특징을 형상화하여 그 흐름의 올레길을 걸어 보겠다.

2. 공관(共觀, synoptic)복음, 이관(異觀, disoptic)복음?

네 복음서를 이해하기 위해, 일반적으로 알려진 공관복음에 대한 선입견이 무엇인지, 공관복음과 요한복음을 구분하는 이유가 무엇인지를 우선 찾을 필요가 있다. 마태복음, 마가복음, 누가복음은 전통적으로 각 복음서 기자가 공통된 한 가지 관점으로 기록했다 하여 **공관복음서**로 불린다. 이 말은 그리스바흐(J. J. Griesbach, 1745-1812)가 마태복음, 마가복음, 누가복음 사이의 공통점과 상이점을 그의 공관복음서 대조표(Synopsis)를 통해 발표함으로써 시작되었다. **공관**(共觀, synoptic)이란 용어는 헬라어의 **같이**와 **바라보다**는 단어의 합성이며, 이는 **같은 관점을 가진다, 어떤 것을 같은 각도에서 바라보고 있다**는 뜻이다. 그래서 공관복음은 **같은 관점이나 목적으로 예수 그리스도의 행적과 가르침을 증언한다**는 성격을 가진다.

공관복음서라는 용어와 개념으로 인해 처음 세 복음서는 공통적으로 예수님의 생애, 활동, 가르침을 역사적인 순서에 따라 기록했다는 깊은 인상을 준다. 실제로 마태복음, 마가복음, 누가복음은 사건 전개 및 말씀의 배열과 사용한 어휘에서 많은 일치를 보여준다. 특히 처음 세 복음서의 공통성은 요한복음과 표면적으로 뚜렷하게 비교되어 강조된다. 이러한 맥락에서 그동안의 연구는 마태복음, 마가복음, 누가복음의 내용을 공통된 한 가지 관점으로 바라보며 조화시켰다. 그러나 공관복음과 요한복음의 차이 못지않게 처음 세 복음서 간의 차이도 분명하게 드러난다. 그렇기 때문에 이제는 처음 세 복음서를 혼합하여 바라보지 않고 각 복음서 기자의 관점인 각 복음서의 특징적인 신학을 연구하는 경향이다. 처음 세 복음서에 대한 탐구는 문헌적으로 서로 관련된 것처럼 보이는 공통된 관점에서 벗어나 복음서 각각의 독특한 관점을 찾는 방향으로 전개되고 있다.

3. 공관복음 vs. 요한복음

공관복음과 요한복음에서 펼쳐지는 예수님의 활동 영역은 지리적으로 구분된다. 공관복음의 예수님은 주로 갈릴리와 그 인접 지방에서 활동하시며 자신의 죽음 직전에 예루살렘을 방문하신다. 그러나 요한복음에서는 7장 10절부터 예수님이 예루살렘에 상주하시면서 초막절(7:2), 수전절(10:22), 유월절(11:55; 12:1; 18:28)을 보내신다. 요한복음에서 예수님의 주요 활동 무대는 공관복음과는 달리 예루살렘이다. 이렇게 예수님이 활동하셨던 지리적인 특성은 연대기적인 차이를 불러일으킨다. 공관복음은 예수님의 공생애 동안에 단 한 번의 유월절을 언급하며 이로 미루어 계산할 때 예수님의 공생애 기간은 최대 1년에 불과하다. 그러나 요한복음에는 최소 세 번의 유월절이 등장하기 때문에 예수님의 공생애 기간은 최소한 3년이라고 할 수 있다(2:13; 6:4; 11:55).

누가복음은 예수님께서 침례(세례)를 받기 전에 침례(세례) 요한이 투옥되는 것으로 기록하여 예수님과 침례(세례) 요한의 관계를 의도적으로 분리한다.

> 그 위에 한 가지 악을 더하여 요한을 옥에 가두니라 백성이 다 침례(세례)를 받을 새 예수도 침례(세례)를 받으시고 기도하실 때에 하늘이 열리며(눅 3:20-21)

그러나 요한복음은 이러한 공관복음의 설명과는 다르게 침례(세례) 요한의 사역을 설명한다. 침례(세례) 요한의 사역은 예수님의 사역에 중요성을 불어넣는다. 요한복음에서 침례(세례) 요한의 사역은 예수님의 사역의 성격을 미리 예고하는 장치이며, 그의 사역은 예수님의 활동 기간과 얼마 동안 겹친다(요 3:22-23; 4:1).

> 그 후에 예수께서 제자들과 유대 땅으로 가서 거기 함께 유하시며 침례(세례)를 베푸시더라 요한도 살렘 가까운 애논에서 침례(세례)를 베푸니(요 3:22-23)

이러한 침례(세례) 요한의 역할과 사역의 다른 배열은 각 복음서가 신학적인 목적에 따라 그의 역할에 대해 다른 태도를 보이기 때문이다. 바꾸어 말하면, 복음서 기자는 단순히 침례(세례) 요한에 대한 역사적인 사실을 소개하지 않고 각각 지향하는 신학적인 관점에서 그의 활동을 소개한다.

특별히 같은 사건임에도 불구하고 공관복음과 요한복음이 뚜렷하게 그 배열의 차이를 보이는 사례가 있다. 공관복음에서 성전정화 사건은 예수님의 생애 후반에 등장한다(마 21:12-15; 막 11:15-17; 눅 19:45-46). 그러나 요한복음은 예수님의 활동 초기에 이 성전정화 사건을 등장시킨다(2:13-17). 요한복음의 경우는 첫 번째 표적 후에 성전정화 사건을 배치하여 앞으로 전개될 표적들을 예고한다.

예수님의 생애 후반부에 등장하는 최후의 만찬은 많은 감동을 불러일으키는 장면이다. 이 만찬의 성격을 공관복음과 요한복음은 각기 다르게 소개한다. 공관복음에 등장하는 최후의 만찬은 유월절 식사이다(마 26:2, 17-21; 막 14:1, 12, 14, 16; 눅 22:1, 7-8, 11, 13, 15).

> 무교절의 첫날에 제자들이 예수께 나아와서 이르되 유월절 음식 잡수실 것을 우리가 어디서 준비하기를 원하시나이까 이르시되 성안 아무에게 가서 이르되 선생님 말씀이 내 때가 가까이 왔으니 내 제자들과 함께 유월절을 네 집에서 지키겠다 하시더라 하라 하시니 제자들이 예수께서 시키신 대로 하여 유월절을 준비하였더라 저물 때에 예수께서 열두 제자와 함께 앉으셨더니 그들이 먹을 때에 이르시되 내가 진실로 너희에게 이르노니 너희 중의 한 사람이 나를 팔리라 하시니(마 26: 17-21)

이처럼 공관복음에서는 예수님께서 유월절 식사를 하신 후 죽음을 맞게 되며, 이 식사에서 예수님의 죽음은 몸과 피로 상징하는 새로운 언약으로 해석된다. 그러나 요한복음에서 이 식사는 그 흔적만 등장할 뿐이며, 그 흔적이 공관복음에 등장하는 최후의 만찬이라고 해도 이는 유월절 식사로 볼 수 없다(18:28; 19:14, 31-36; 참조: 출 12:43-46; 민 9: 12).

> 그들이 예수를 가야바에게서 관정으로 끌고 가니 새벽이라 그들은 더럽힘을 받지 아니하고 유월절 잔치를 먹고자 하여 관정에 들어가지 아니하더라(요 18:28)

요한복음에 의하면 예수님은 유월절 전에 처형당하신다. 이에 따라 요한복음에 등장하는 예수님의 죽음은 유월절 양이 살해당하는 때와 일치하게 되며 침례(세례) 요한의 "보라 세상 죄를 지고 가는 하나님의 어린 양이로다"라는 선포가 성취되는 것을 보여준다(예수님이 **하나님의 어린 양**이라는 선포는 오직 요한복음에만 등장한다: 1:29, 36).

대략 몇 가지 일반적인 공관복음과 요한복음의 차이를 살펴보았다. 이러한 내용과 사건 전개 방식의 차이는 신학의 차이에 기초한다. 그런데 이러한 차이는 공관복음과 요한복음 사이에만 존재하는 것이 아니라 공관복음 사이에서도 드러난다. 누가복음의 서문에서 증언하는 **차례**에 따라 각 복음서가 기록되었듯이 일반적으로 알려진 공관복음과 요한복음의 차이만큼이나 공관복음서 간의 차이도 뚜렷하다. 그 때문에 이 차이들에 대한 이해가 각 복음서의 특징을 이해하는 첩경이다. 따라서 네 복음서를 한 덩어리로 이해하기보다는 마태복음부터 시작해서 각 복음서를 다른 복음서와 섞지 않고 각 복음서만의 훌륭한 신학적 특징을 파악함으로써 입체화된 예수그리스도를 만날 수 있다. 이러한 각 복음서의 특정한 관점과 주제들을 네 복음서가 상호 보완적이라는 전제 속에서 탐구할 것이다.

4. 포용성, 스승의 혜안과 통찰로 가르치다!

신약성경의 처음에 등장하는 마태복음은 구약의 인물을 나열한 족보를 소개하면서 시작한다. 나열된 인물들은 나에게 직접적인 관련이 없는 것처럼 보이기도 하며, 장중한 사건의 시작을 기대했던 마음에 당혹감을 줄 수도 있다. 그러나 마태복음 읽기를 다 마쳤을 때 그 계보는 우리에게 임마누엘 하나님의 현존을 이어주는 줄기로, 새로운 믿음의 계보로 깊숙이 다가온다.

마태복음의 족보는 독특하게 구성되었다. 이 족보는 단지 구약의 인물을 배열한 것이 아니라 마태복음의 신학을 담는다. 각 복음서의 시작 부분은 해당 복음서의 특징을 파악하는 중요한 실마리를 제공하므로 이 족보에 대한 이해는 마태복음의 전개 방향을 가늠하게 한다. 마태복음 1장 1절은 이 복음서의 표제가 등장하기 전에 이 복음서의 방향을 제공해주는 나침반과 같은 역할을 했다. 마태복음은 **아브라함과 다윗의 자손 예수 그리스도의 계보라**는 구절로 시작하는데, 이는 번역상의 어순이다. 신약성경 헬라어 원전에는 **책**(βίβλος: 비블로스)라는 단어가 첫 번째로 등장한다. 이 **책**을 중심으로 가르치는 선생 예수와 배우는 제자의 활동이 펼쳐진다.

예수 그리스도의 족보, 어디에서 기원하는가?

예수님의 족보는 어디에서 기원하며 그 정통성을 어떻게 보증받을 수 있을까? 마태복음은 구약성경을 통해서 족보의 기원을 설명한다. 구약성경의 말라기를 읽은 후 마태복음을 읽을 때 받는 인상은, 마태복음은 구약성경과 신약성경을 연결하면서 예수님의 출현을 구약성경의 성취로 본다는 것이다. 다시 말해서, 구약성경과 신약성경의 연결 고리 역할을 마태복음이 충실히 수행한다. 39권의 구약성경, 굽이굽이 이어지는 물줄기 같은 구약성경의 가르침이 어떻게 새로운 시대에 적용되며 시대마다 연관성을 가지게 되는가? 바로 마태복음이 이 흐름의 물꼬를 변화시키며 새로운 차원으로 구약성경의 가르침을 펼친다.

마태복음은 특징적으로 구약의 성취를 반복해서 강조한다. 선지자의 예언을 상기시키며 이 예언이 성취된 것을 소개한다. "예언자로 말씀하신 바… 이루려고 하신 것이다"는 진술을 반복하고 있는 것이다. **약속과 성취의 구조이다**(동정녀 탄생 1:22-23/ 이집트로 피신 2:15/ 유아 살해 2:17-18/ 나사렛 출신 2:23/ 갈릴리 생활 4:14-16/ 치료와 사역 8:17; 12:17-21/ 비유 13:35/ 예루살렘 입성 21:4-5/ 유다의 피 값 27:9-10). 이외에도 마태복음의 여러 곳에서 예수님께서 구약성경의 성취를 위해 오셨다는 사실을 분명하게 밝힌다(2:5-6; 5:17-48; 13:14-15; 26:54, 56). 이처럼 네 복음서 가운데 마태복음이 유달리 구약의 성취를 강조한다. 마태복음의 족보도 예수님의 출생을 구약의 흐름 속에서 제시한다. 마태복음은 족보를 통해서 예수님의 출현이 구약성경의 예고와 완성이라고 제시함으로써 예수님이 누구신가를 선포한다.

예수 그리스도의 족보, 왜 14대씩인가?

마태복음은 시작부터 **족보**(Βίβλος γενέσεως: 비블로스 게네세오스)라는 용어의 사용과 함께 내림차순으로 가계를 설명한 후에, 이 가계도를 14대씩 묶어서 세대를 구분한다(1:1, 17). 그렇다면 마태복음은 족보를 왜 14대로 구분할까? 14대의 구분은 특별한 상징성이 있다. 족보의 인위적인 14대 구분은 의도적인 인물 배열을 짐작하게 하며, 이를 통해서 마태복음의 신학적인 성격을 찾을 수 있게 한다. 14대의 구분과 관련한 여러 의견이 있다. 그중에 이름을 숫자로 바꾸어 이를 합산하는 게마트리아(Gematria) 방식과 완전 숫자인 7의 배수에 기인한다는 견해가 주목을 받는다. 7의 배수를 사용했다는 주장도 어느 정도 타당한 견해이지만, 일반적으로 받아들여지는 주장은 14대씩 구분한 것은 다윗의 히브리어 이름을 합산한 결과이며 (다비드: ד+ו+ד = 4+6+4), 이는 예수님의 다윗 왕권을 계승한 것을 강조하기 위한 목적이라는 것이다.

그런데 14대씩 구분하는 구조에서 인물의 수가 어색하게 배열되어 있다. 1장 17절에서 14대씩 구분하고 있으면서도 앞에서 두 번째 집단을 14대로 배열할 때는 다윗을 두 번 계수함에 따라 그 배열의 규칙을 위반한다. 다시 말하면, 아브라함부터 다윗까지 14대, 다윗부터 여고냐까지 15대, 여고냐부터 예수까지 14대이다. 따라서 이름이 두 번 반복되는 다윗과 여고냐의 이름을 한 번씩만 계수하면 세 번째 집단은 13대가 된다. 그렇지만 이러한 모순은 오히려 의도적인 14대 구분을 뒷받침하여, 다윗과 관련해서 14대로 구분한 이유를 찾을 수 있게 한다. 더욱이 차례대로 소개해야 할 인물들을 누락시키면서 14대로 구분한 것은 숫자 **14**의 상징에 대한 신학적인 목적의 반영일 수밖에 없다. 그러면 이러한 구분은 어떤 신학적인 의미를 제공할까? 14대의 구분을 통한 다윗과의 관련은 예수님의 출생의 이중적인 계승과 관련된다. 예수님의 출생은 요셉의 법적(a legal)인 혈통과 마리아에게서 태어나신 육신의(a physical) 혈통을 모두 포함하며, 이로써 다윗 왕가의 혈통과 거룩한 혈통이 조화된다고 할 수 있다(Robert H. Gundry). 이러한 다윗과 그의 왕가에 대한 강조를 통해서 왕으로서 다윗이 이 족보의 중심인물로 드러나고, 예수님께서도 다윗 왕가의 후손임이 부각된다.

그렇다면 다윗 왕가의 후손인 예수님은 이 족보에서 어떤 신학적인 의미를 부여받고 있을까? 이를 파악하기 위해 족보를 14대로 구분하는 상징성에 대해 더 자세히 살펴보겠다. 족보를 14대로 나눈 구조와 **아브라함과 다윗의 자손**이라는 전제에도 불구하고 이 족보에는 구약성경에 등장하는 중요한 세 명의 왕 이름이 등장하지 않는다(아하시아, 요아스, 아마샤). 마태복음의 족보를 구약 역대상의 족보와 비교할 때 드러나는 이 생략을 마태복음 기자의 실수로 평가하는 주장도 있다(J. Jeremias). 하지만 이러한 누락은 족보를 14대씩 구분하기 위한 목적에 기인한 의도성으로 보는 것이 타당하다. 심지어 이 족보는 사라, 리브가, 라헬과 같은 중요 인물 대신에 네 명의 여인을 포함한다. 마태복음의 족보는 처음 시작부터 **아브라함과 다윗의 자손**이라고 그 범위를 명확하게 전제하면서도 이 족보에 이방인을 포함한다. 특히 이 족보의 이방인은 구약성경에서 정통성을 갖기에는 다소 어색해 보이는 혈통의 여성들이다. 이들 네 명의 이방 계통 여인은 다말(3절), 라합(5절), 룻(5절), 우리야의 아내(6절)이다. 구약성경에서 자세하게 등장하는 바와 같이 다말은 가나안 사람이며(창 38:6-9, 13-30; 대상 2:3-4), 라합은 여리고 성 정복과 관련 있는 기생 출신이며(수 2:1; 6:22-25), 룻은 모압 사람이며(룻 1:4-5; 4:13), 우리야는 헷 사람이다(삼하 11:3-12:25). 특별히 다윗의 족보임에도 불구하고 솔로몬 출생과 관련해서 굳이 다윗으로부터 아내(밧세바)를 빼앗긴 우리야가 등장하기 때문에 이 족보의 어색한 특징이 뚜렷하게 두드러진다. 이 어색함 때문에 초점이 우리야에게 맞추어진다. 솔로몬의 어머니의 이름이 **밧세바**임에도 불구하고 이 족보가 솔로몬의 출생과 직접 관련이 없는 **우리야**를 등장시키면서 그의 아내라고 표기한 것은 헷 사람 우리야를 강조하여 밧세바에게 이방인의 이미지를 더하기 위한 시도로 보인다. 밧세바의 경우는 그 인종적 배경을 명확히 알 수 없다고는 하지만, 그녀의 이름 대신 남편 이름 우리야로 기록한 것은 이방인의 배경을 강조하는 표현이다. 더욱이 이스라엘의 전통에서 여인을 족보에 배열하는 것은 매우 이례적임에도 불구하고 이 네 명의 여인이 다른 인물들을 배제하고 족보에 삽입될 만큼 이스라엘의 역사에서 가치가 있는지에 대한 평가는 회의적일 수밖에 없다. 따라서 이러한 네 여인은 이스라엘 역사에서가 아니라 마태복음의 족보 안에서 독특한 기능을 수행한다고 볼 수 있다.

마태복음의 족보에서 중요 인물을 누락시키면서까지 등장시킨 네 명의 여인은 구체적으로 어떤 의미를 부여할까? 14대로 구분하는 족보에 네 명의 여인을 등장시킨 것은 예수의 출생의 적법성에 대한 유대인들의 비난에 대한 대응의 성격이며, 이는 예수의 출생에 대한 합법성을 보증하기 위한 장치라는 주장이 있다(Edwin D. Freed). 당시의 세계에서 마리아의 비합법적인 출생에 대한 유대인의 비난에 대응하기 위해 유대인의 족보에 도덕적으로 탁월하지 않은 이방계통인 네 명의 여인을 소개한다는 것이다. 또한 이는 "다윗의 자손이라는 유대적 성격과 이방인의 참여라는 두 가지 주제"를 포함하기 위한 장치로도 보인다(Richard A. Burridge). 아무튼, 이러한 네 명의 여인의 등장에 대한 견해가 세 가지로 압축되어 제시된다. 하나님의 거룩한 선택의 불규칙성, 죄인에 대한 은총, 이방인에 대한 선택이다(Ulrich Lutz). 이 가운데 어떤 하나보다는 세 견해를 모두 포함할 때 마태복음의 족보가 정상적인 유대인의 족보 배열에서 벗어난 상황을 해석할 수 있다. 14대로 구분된 마태복음의 족보는 다윗의 후손뿐만 아니라 모든 민족의 구원에 대한 메시지를 전달하기 위한 구조이다. 마태복음의 족보에 이방 계통의 여인 네 명을 포함하는 독특한 구성은 이 여인들이 구약성경에서 어떤 역할을 했는지에 대한 행위보다는 이 여인들의 사회적인 지위나 가치에 대한 성격을 통해서 이 족보의 성격을 드러내고자 하는 목적이다. 마태복음의 족보는 신학적으로 새로운 족보의 시작을 알리는 목적으로 14대씩 구분하여 인물을 배열한 것이다.

마태복음은 족보를 14대로 구분해서 예수님의 출생은 법적으로는 다윗 가문에 속하면서, 동시에 아브라함의 믿음의 계보에 속한다는 이중의 의미를 전달한다. 예수님의 족보는 혈통으로는 구약성경의 다윗 왕가를 계승하는 족보이면서도 새로운 왕가인 믿음의 족보인 것이다. 이와 같이 마태복음은 유대인의 왕인 다윗 족보를 배경으로 삼아서 예수는 특정한 민족의 왕이 아니라 모든 민족을 포용하는 만왕의 왕이라는 것을 보여준다.

예수 그리스도의 족보, 예수님은 누구인가?

마태복음의 족보에서 예수님의 출생은 어떤 의미를 내포할까? 이 족보에서 예수님의 출생은 14대로 구분된 도식의 마지막에 위치한다. 1장 16절에서 예수님의 족보는 내림차순의 붕괴를 반영하면서 새로운 출생의 선포를 담는다. 마태복음은 "아브라함이 이삭을 낳고"라는 소개를 시작으로 계속 **누가 누구를 낳고**(ἐγέννησεν: 에겐네센)라는 흐름을 이어간다. 그러나 예수님의 출생에 이르러서는 **야곱이 예수를 낳았다**고 해야 하는 일관된 흐름과 달리 **그녀에게서 그리스도라고 불리는 예수가 태어나셨다**(ἐγεννήθη: 에겐네데)는 표현을 사용한다. 이에 대한 직역은 "야곱은 마리아의 남편 요셉을 낳았으니, 그녀에게서 그리스도라 칭하는 예수께서 태어나셨다"이다. 요셉이 예수님을 낳았다고 해야만 족보의 흐름이 자연스럽게 이어짐에도 불구하고 마태복음은 요셉을 최종적으로 마리아와의 관련성으로 마무리한다.

마리아에 대해서도 마리아가 **예수를 낳았다**는 표현이 아니라 예수가 마리아를 통해서 태어나신 것으로 소개한다. 예수님의 출생과 관련한 마리아는 마태복음에서 성령을 통한 새로운 족보의 시작을 알리는 역할을 한다.

예수님의 출생은 **임마누엘**이란 별칭에 의해 이미 구약성경에서부터 예고된 것이다. 하지만, 예수님의 출생은 그 기원의 전제가 되는 아브라함과 다윗을 이어가는 육적 혈통과는 신학적으로 분리되며 대신에 성령에 의한 창조적인 출생으로 정의된다. 다윗 왕가와는 관련 없는 마리아에게서 출생한 예수님의 다윗 왕가 계승 문제는 1장 18절부터 설명되는 성령에 의한 잉태를 통해서 보충된다.

> 예수 그리스도의 나심은 이러하니라 그의 어머니 마리아가 요셉과 약혼하고 동거하기 전에 성령으로 잉태된 것이 나타났더니 그의 남편 요셉은 의로운 사람이라 그를 드러내지 아니하고 가만히 끊고자 하여 이 일을 생각할 때에 주의 사자가 현몽하여 이르되 다윗의 자손 요셉아 네 아내 마리아 데려오기를 무서워하지 말라 그에게 잉태된 자는 성령으로 된 것이라(마 1:18-20)

마태복음은 예수 그리스도의 출현을 구약의 성취로 해석함과 동시에 유대인의 틀을 벗어나는 복음으로 제시한다. 이 성취는 어떤 면에서 유대교와의 단절을 의미하면서도 동시에 유대교를 포함한다. 이것은 예수는 그리스도가 되신 사건이 구약 예언의 성취이기 때문이다. 마태복음의 구약 성취는 이 복음의 기원을 다른 영웅담이나 회고록 등과 구별하는 신학화된 역사로 제시한다. 그러나 이러한 구약의 성취는 그 결과물인 예수는 그리스도이시다는 사실이 단지 유대인이라는 인종적 한계 안에 머물게 할 수 있다. 그래서 마태복음은 **아브라함과 다윗의 자손 예수 그리스도의 계보**라고 시작하지만, 그 내용에는 네 명의 이방 여인을 등장시키고 있다. 그러면서 이 족보의 성격을 새롭게 변형하여 그 포괄 범위를 확장한다. 그리스도인의 사명도 모든 민족에게 예수는 그리스도이시다는 복음을 전파하는 것이다(24:14; 28:19-20). 마태복음은 처음부터 신학적으로 구성한 **족보**를 통해 구약의 인물들을 소개하면서 예수는 그리스도이시다는 복음의 포용성을 분명하게 한다.

마태복음 족보의 특징은 포용성이다. 마태복음은 비록 아브라함과 다윗의 가계도를 소개하지만 실제로는 모든 사람과 민족을 포용하는 새로운 계보를 소개한다. 예수님의 출생마저도 아브라함으로부터 이어지는 혈통의 계승을 뛰어넘는다. 구약의 성취로 출현하신 예수님은 항상 우리와 함께하시면서 이방인이나 죄인을 포함한 **모든 민족을 구원하는 분**이다. 그래서 마태복음에는 **하나님은 구원**이라는 의미의 히브리어 예수(Joshua) 칭호가 다른 복음서와 비교할 때 더욱 많이 사용되며, 이 예수가 혈연관계의 마지막 인물로 등장한다. 마태복음의 예수 그리스도는 특정한 민족이나 혈통을 위해 출생하신 분이 아니라 혈통과 민족을 초월해서 모든 그리스도인과 항상 함께하시는(28:20) **임마누엘**이시다(1:23).

마태복음의 구조

마태복음은 **책**이며 교육용으로 적합한 구조를 가지고 있다. 책을 사이에 두고 선생과 학생이 마주 앉아 있는 장면을 연상시키는 성경이 바로 마태복음이다. 마태복음은 구전문화가 발달했던 당시에 교육을 위해 일상으로 사용하던 교차대칭구조를 활용한다. 예를 들어, 그리스도인이라면 잘 알고 있을 마태복음 5-7장의 산상수훈은 바로 뒤이은 8-9장의 기적 이야기를 통해서 권위가 부여된다. 가르침(teaching)이 기적의 사역(ministry)을 통해서 보증되는 형식이다. 이러한 형식은 반복된다. 예수님의 가르침에 이어서 사역이 소개되며, 사역에 뒤이어 또다시 가르침이 등장한다. 이 둘은 밀접한 관련성을 가지면서 마태복음 전체에서 교차적으로 등장한다. 이러한 구조는 교육을 위한 효율적인 형태이며, 일반적으로 아래와 같이 마태복음 전체를 구분하기도 한다.

A. 이야기/ 메시야이신 예수님, 하나님의 아들(1-4)
짧은 설교/ 침례(세례) 요한이 예수님의 권위를 확인(3:7-12)
B. 설교/ 참된 제자 직에 대한 요구(5-7)
C. 이야기/ 예수님의 초자연적 권위(8-9)
D. 설교/ 제자들의 의무와 권위(10)
E. 이야기/ 유대인들의 예수님 반대(11-12)
F. 설교/ 하나님 나라의 비유들(13)
E'. 이야기/ 제자들의 예수님 영접(14-17)
D'. 설교/ 교회의 의무와 권위(18)
C'. 이야기/ 예수님의 가르침의 권위(19-22)
B'. 설교/ 거짓 제자 직에 대한 마지막 심판(23-25)
A'. 이야기/ 고난받는 예수님과 메시야(26-28)
짧은 설교/ 예수님이 교회의 권위를 확인(28:18-20)

위의 구조에서 알 수 있듯이 이야기 다음에 설교, 설교 다음에 이야기가 교차적으로 배치되어 있다. 이와 함께 A와 A', B와 B', C와 C', D와 D', E와 E'가 상호 대칭되며 그 중심에는 F가 자리하고 있다. 보통 이러한 교차대칭구조에서는 그 한가운데 위치한 내용을 가장 중요한 것으로 간주한다. 그렇다면 마태복음은 13장의 천국 비유를 중심으로 전개되면서 이 천국 관련 비유들이 마태복음의 중심을 차지한다고 할 수 있다. 하나님 나라는 그의 통치를 말하며 이 나라는 이미 와 있고 또 올 것이라는 이중성을 가진다. 하나님의 통치가 임하는 곳이 천국이다. 그리스도인 공동체는 바로 하나님의 통치를 받는 백성들이며 천국을 전파할 사명을 가지는 교회이다. 따라서 이 교회와 그리스도인들을 위한 가르침이 하나님 나라를 중심으로 **선생-제자**의 구조로 펼쳐지며, 선생 예수는 제자들이 일상생활에서 견지해야 할 그리스도인의 삶의 태도를 가르친다. 그런데 이 가르침은 이 세상의 상식과는 전혀 다른 차원의 삶의 원리이다. 특별히 그리스도인에게 많은 사랑을 받는 산상수훈(5-7장)의 내용이 그렇다. 그중에 팔복으로 알려진 산상수훈은 지금도 그리스도인에게 일상생활의 도전과 함께 깊은 위로를 준다(5:3-10).

심령이 가난한 자는 복이 있나니 천국이 그들의 것임이요.

Blessed are the poor in spirit, for theirs is the kingdom of heaven.

애통하는 자는 복이 있나니 그들이 위로를 받을 것임이요.

Blessed are those who mourn, for they will be comforted.

온유한 자는 복이 있나니 그들이 땅을 기업으로 받을 것임이요.

Blessed are the meek, for they will inherit the earth.

의에 주리고 목마른 자는 복이 있나니 그들이 배부를 것임이요.

Blessed are those who hunger and thirst for righteousness, for they will be filled.

긍휼히 여기는 자는 복이 있나니 그들이 긍휼히 여김을 받을 것임이요.

Blessed are the merciful, for they will be shown mercy.

마음이 청결한 자는 복이 있나니 그들이 하나님을 볼 것임이요.

Blessed are the pure in heart, for they will see God.

화평하게 하는 자는 복이 있나니 그들이 하나님의 아들이라 일컬음을 받을 것임이요.

Blessed are the peacemakers, for they will be called sons of God.

의를 위하여 박해를 받은 자는 복이 있나니 천국이 그들의 것임이라.

Blessed are those who are persecuted because of righteousness, for theirs is the kingdom of heaven.

그리스도인의 공동체인 교회, 지상명령을 수행하라!

예수님 당시의 유대교는 하나의 종파가 아니라 다양한 집단이었다. 바리새파, 사두개파, 에세네파, 열심당 등과 같은 여러 집단이 유대교를 구성했다. 예수님의 부활과 승천 이후에 기독교도 이러한 분파 중의 하나로, 즉 유대교의 한 분파로 인식되었다. 그러나 A.D. 70년 로마의 티투스 장군이 예루살렘을 정복한 이후 비로소 기독교는 유대교와 가시적으로 뚜렷하게 구분된다. 물론 이 사건이 기독교와 유대교가 분리된 정확한 시점이라기보다는 역사적인 구조 속에서 큰 영향을 미쳤다는 의미이다. A.D. 90년경 얌니아(Jamnia) 회의에서 유대인들이 회당 기도문에 그리스도인에 대한 정죄를 포함하면서부터 그리스도인들이 회당 예배에 참석하지 않음으로 유대교와 분리되었다는 주장도 있다. 어쨌든, 예루살렘이 정복당한 후에 유대인의 세력은 약화하여 여기저기에 흩어졌고, 반면에 유대인 계통의 그리스도인들은 유대교의 간섭에서 벗어나 자유롭게 예배를 드릴 수 있게 된다. 물론 그 이전까지 그리스도인들은 유대교와 분리되지 않은 상태로 회당 예배에 참석하는 등 내부적인 정체성 문제를 가지고 있었다. 그러나 그리스도인의 정체성은 예수님의 가르침에 기초했기 때문에 유대교와 구별되어 새로운 집단으로 알려지기 시작했다.

"성전보다 더 큰 이가 여기에 있다"(마 12:6). 이분이 등장해서 율법의 완성을 선포한다. 성전보다 더 큰 이와 성전을 중심으로 한 유대인의 대립과 갈등은 마태복음이 전개되는 동안 생생하게 드러난다. 예수님과 더불어 유대인들도 **수난**이라는 극점을 향해 달려간다. 예수님은 자신이 겪을 수난을 향해 나아가고, 유대인들은 자신들이 가해자가 되는 수난을 향해 함께 나아간다. 이 대립과 갈등은 소수의 유대인에게만 국한된 것이 아니라, 유대 지도자 전체가 예수님과 대립해 나가는 긴장 구조이다(제사장과 장로들 21:23/ 바리새인들과 헤롯 당원들 22:15–22/ 사두개인들 22:23/ 율법사 22:35). 이러한 대립적 긴장과 갈등이 팽배할수록 그 한복판에서는 역설적으로 이스라엘의 희망을 성취시키는 예수님의 모습이 두드러진다. 증폭되는 긴장은 23장에서 충분히 짐작할 수 있다.

> 이에 예수께서 무리와 제자들에게 말씀하여 이르시되… 화 있을진저 외식하는 서기관들과 바리새인들이여 너희는 교인 한 사람을 얻기 위하여 바다와 육지를 두루 다니다가 생기면 너희보다 배나 더 지옥 자식이 되게 하는도다 화 있을진저 눈 먼 인도자여… 눈 먼 바리새인이여… 뱀들아 독사의 새끼들아 너희가 어떻게 지옥의 판결을 피하겠느냐…(마 23:1–39)

이와 함께 예수님을 바라보는 제자들도 예수님에 대한 이해의 폭을 넓혀 간다. 또한, 예수님에 대한 유대인들의 반감이 증폭되고 이들과 예수님과의 갈등이 깊어질수록 마태복음은 모든 사람에 대한 폭넓은 포용성을 보여준다. 즉, 유대인 공동체 대신에 모든 사람과 민족을 포용한 공동체가 예수님께 가까이 다가오는 것이다.

한편, 예수님의 부활과 관련해서 헛소문이 유포된다. 유대인들은 예수님의 죽음을 단지 보통 사람의 평범한 죽음으로 끝나도록 만들기 위해 "그의 제자들이 밤에 와서 우리가 잘 때에 그를 도둑질하여 갔다"(28:13)는 거짓 증언을 조작해서 퍼뜨리도록 음모를 꾸민다. 그 결과 유대인들 사이에 이 헛소문이 퍼진다(15절). 이로 인해 유대인은 이 헛소문을 만들어서 유포하거나 따르는 집단이고, 그리스도인은 이 헛소문을 헛소문으로 여기는 새로운 공동체로 구별된다. **유대인**이라는 칭호는 이미 예수님의 정체성과 관련해서 사용되는데(유대인의 왕 2:2; 27:11, 29, 37), 예수님을 부정하는 유대인들 때문에 예수님의 모습은 오히려 역설적으로 확실하게 드러난다. 그분은 참된 유대인의 왕이다. 유대인들이 반대하며 부정하는 바로 그 유대인의 왕을 통해서 그리스도인 공동체가 형성되기 시작한 것이다. 마태복음은 이 공동체인 교회의 근원을 소개한다.

> 또 내가 네게 이르노니 너는 베드로라 내가 이 반석 위에 내 교회를 세우리니 음부의 권세가 이기지 못하리라(16:18)

> 만일 그들의 말도 듣지 않거든 교회에 말하고 교회의 말도 듣지 않거든 이방인과 세리와 같이 여기라(18:17)

교회는 새로운 공동체의 출현을 알린다. 네 복음서 가운데 마태복음에만 유일하게 등장하는 용어인 **교회**(16:18; 18:17)는 민족적, 종교적 제한성을 가진 유대인 공동체와 구별되는 새로운 집단을 지칭하는 개념을 담는다. 마태복음의 교회는 정착되는 교회의 형성 의미와 함께 교회 공동체의 정체성과 기능이 정립되는 것을 보여준다. 종교성을 내포한 인종적 구분의 회당이나 성전과 달리 모든 사람을 포용하는 교회의 독특성이 율법적 제도와 교회를 분리하는 예수님의 구분을 통해 이루어진다. 마태복음은 성전을 중심으로 한 대립과 갈등의 구조로 복음을 펼치며, 교회는 성전을 중심으로 한 유대인들과의 갈등 속에서 자신의 정체를 정립해간다. 교회 공동체와 인종적, 종교적 공동체인 유대인과의 대립 구도는 새롭게 출현하는 공동체의 정체성을 역설적으로 반영한다. 교회는 유대인이나 율법의 백성과는 전혀 다른 새로운 공동체의 모습을 반영한다.

마태복음은 교회를 회당과 비교 구분하며 새로운 이스라엘 공동체를 소개한다. 예수님은 회당을 **그들의 회당**(4:23; 9:35; 10:17; 12:9; 13:54)이나 **너희 회당**(23:34)이라고 부르지만, 교회는 **내 교회**(16:18)라고 구별하신다. 이제 회당은 교회와 명확히 구별되는 유대인을 중심으로 한 공동체이고, 교회는 예수님께 속한 새로운 그리스도인 공동체가 된다. 물론 교회는 이스라엘 민족의 확장 과정에서 생겨난 새로운 이스라엘이 아니라 모든 것을 포함하는 공동체이다(겨자씨 및 가라지 비유 13:24-43/ 그물 비유 13:47-50/ 혼인잔치 비유 22:10/ 양과 염소의 구분 25:31-46). 이러한 교회 공동체의 특징을 통해서 마태복음은 모든 사람과 민족을 포용하는 복음서로 불린다.

유대인의 울타리를 넘어 모든 민족까지 포함하는 교회는 어떤 사명을 수행해야 할까? 마태복음은 예수님의 지상명령을 수행해야 할 교회의 기원과 사명과 기능의 지속성을 알려주면서 지금도 항상 우리와 함께하시는 예수님의 명령의 유효성과 실천방법을 일깨워준다. 교회를 구성하는 그리스도인 공동체가 예수님의 지상명령을 수행하는 고귀한 사명을 부여받은 것이다.

> 하늘과 땅의 모든 권세를 내게 주셨으니 그러므로 너희는 가서 모든 민족을 제자로 삼아 아버지와 아들과 성령의 이름으로 침례(세례)를 베풀고 내가 너희에게 분부한 모든 것을 가르쳐 지키게 하라 볼지어다 내가 세상 끝날까지 너희와 항상 함께 있으리라 하시니라(마 28:19-20)

이 고귀한 사명의 원천은 "하늘과 땅의 모든 권세를 내게 주셨으니"(28:18)라는 전제이다. 지상명령의 백미는 바로 이 권세에 대한 보증이다. 이 전제는 칠십인 제자들이 귀신들을 쫓아내고 복음을 전한 보고를 할 때도 예수님께서 보증하신 내용이다(눅 10:19). 그리스도인들은 예수님께서 주시는 권세를 가지고 지상명령을 수행할 수 있다. 이 권세의 수여와 함께 그리스도인의 교회 공동체 안에서의 생활도 지상명령 수행의 필수 요소가 된다. 그래서 그리스도인의 윤리적인 삶(5-7장), 제자들의 의무와 권위(10장), 하나님 나라의 비유들(13장), 교회의 의무와 권위(18장), 거짓 제자들에 대한 마지막 심판(23-25장)에 대한 교훈을 마태복음이 기록하여 그리스도인과 항상 함께하시는 선생 예수의 가르침과 명령을 생활에서 실천하도록 요구한다.

경배 받으시는 예수

마태복음은 **경배**를 예수님의 정체 및 사역을 중심으로 소개한다. 다른 복음서와 비교할 때 경배는 마태복음에서 유달리 많이 등장하면서 마태복음의 한 특징을 이룬다. 경배의 이중적 의미를 전달하는 마태복음은 **참된 경배**와 **거짓 경배**라는 구조 속에서 긴장을 형성한다(2:2, 8, 11; 4:9, 10; 8:2; 9:18; 14:33; 15:25; 20:20; 28:9, 17; 비교, 18:26). 예수님의 출생, 시험, 사역, 부활 현현에서 예수님이 경배의 대상인 것이 점진적으로 밝혀지지만, 그 과정에서 경배의 대상이 누구인지에 대한 갈등 구조를 보여준다. 예수님의 출생 및 출생지와 관련한 동방박사와 헤롯의 만남에서 동방박사들의 경배와 달리 헤롯이 표현하는 예수님에 대한 경배는 죽음을 불러일으키는 거짓 경배이다.

예수님의 시험의 마지막 단계는 한 산에서 사탄에게 경배하라는 것이다. 이에 대해 예수님은 오직 하나님만 경배하라고 답변하면서 누가 **경배**를 받아야 하는지를 명확히 밝힌다. 헤롯의 거짓 경배의 위장에 뒤이은 사탄의 경배 요구는 예수님과 대립하는 경배의 구조를 이루면서 예수님의 생애 동안에 펼쳐질 갈등을 예고한다. 마태복음의 전개에서 참된 경배와 거짓 경배, 참된 경배의 대상과 거짓 경배의 대상이 누구인지 밝혀지는 험난한 과정을 예고하는 것이다. 예수님의 사역 과정에서 제자들은 예수님에게 절하며, 최종적으로는 부활하신 예수를 만난 한 산에서 예수님을 경배한다. 선생이 학생에게 예법을 가르치듯이 임마누엘이신 예수님이 우리와 함께하시는 참된 경배의 대상자임을 마태복음이 가르치는 것이다.

임마누엘, 예수님은 어디에 계시는가?

마태복음은 족보를 통해서 예수님의 기원을 분명하게 밝히지만, 그가 부활하셔서 지상명령(28:18-20)을 주신 후에는 어디로 가셨는지, 지금 어디에 계시는지는 더 이상 제시하지 않는다. 예수님은 어디에 계시는가? 단지 명령만 남기고 그분은 현존하는 인격으로 이제는 이 땅에 우리와 함께하지 않는다는 말인가? 이러한 질문을 기초로 삼아 마태복음이 예수님의 최후 행적에 대해 어떤 관점으로 언급하고 있는지, 그리고 이는 어떤 신학적인 입장에 기초한 것인지를 살펴보고자 한다.

마태복음에서 예수님의 지상 출현은 동방의 박사들이 제기한 질문으로부터 시작한다. 이들은 유대인의 왕으로 나신 이가 어디에 있는지 묻고, 이로 인해 헤롯왕과 온 예루살렘이 소동한다(2:2-3). 베들레헴에서 출생하신 예수님을 소개하기 전에 마태복음은 이미 1장에서 장황한 족보를 소개한다. 실제가 나오기 전에 먼저 이론이 정립된 것이다. 이 혈통 소개를 통해 예수님의 출생에 대한 신학적 의미가 예고되고, 베들레헴은 그 신학적인 의미가 이 땅에서 구현되는 접촉점이 된다. 그런데 마태복음은 비록 예수님이 베들레헴에서 출생했다고 소개하지만, 이 출생 장소와 관련한 의미 부여나 사건 전개 등의 특별한 정보를 제공하지는 않는다. 이미 족보를 통해 예수님의 출생 장소에 대한 의미가 희석되었기 때문에 마태복음은 예수님의 출생지보다는 이미 예고되고 설명된 그의 출생에 대한 선포의 틀 속에서 그의 출현과 활동의 의미를 밝힌다. 출생지에 대한 의미 희석과 함께 경배의 대상이신 예수님은 마태복음에서 흔적 없이 사라지신다.

마태복음에는 예수님의 승천 기사가 등장하지 않는다. 마태복음은 예수님의 종국적인 모습을 설명하지 않고 대신에 그분의 명령으로 끝을 맺는다. 즉, 예수님의 그 유명한 **지상명령**(28:18-20)으로 마태복음의 이야기는 종료된다. 그렇다면 이러한 지상명령에서 선생 예수님은 우리에게 무엇을 가르치고 있을까? 마태복음 1장 23절에서 우리와 함께 계시는 예수님이 예고된 것과 같이("…임마누엘이라 하리라 하셨으니 이를 번역한즉 하나님이 우리와 함께 계시다 함이라"), 예수님은 지상명령에서 "너희와 항상 함께 있으리라"는 약속을 하신다.

마태복음은 예수님의 정체성을 지시하는 **임마누엘**을 통해서, 예수님은 유대인에게 하나님의 임재를 상징하는 성전의 성격을 넘어서 모든 민족에게 함께하신다는 개념을 소개한다. 예수님은 성전보다 더 큰 분이며, **임마누엘**로서 교회 공동체에 속한 그리스도인과 함께하신다. 그래서 마태복음은 예수님의 출생을 구약성경의 예고에 의한 성취로, 예수님의 역할에 대한 성격을 **하나님이 우리와 함께 계시다**는 의미를 가진 **임마누엘**로 밝힌다. 하나님은 예루살렘에 있는 돌로 만든 성전에 계시지 아니하며(참조, 행 7:48, "그러나 지극히 높으신 이는 손으로 지은 곳에 계시지 아니하시나니"), 항상 우리와 함께하시는 임마누엘이시다(28:20). 마태복음의 종결은 **임마누엘**의 성취로 마무리되면서 예수님은 구원자로서 그리스도인과 항상 함께하신다는 이미지를 남긴다. 마태복음은 구약의 성취라는 흐름에서, 나사렛 예수가 그리스도이신 사건은 모든 민족을 포용하는 복음으로서 새로운 공동체인 교회를 형성하며, 임마누엘 예수는 그리스도인들과 항상 함께하는 존재로 선포한다.

마태복음은 예수님께서 **어디로 가시는지, 어디에 계시는지**에 대한 해답 대신에 초월적 존재였던 그분이 지금도 **항상 우리와 함께하신다**는 사실을 증언한다. 이 증언은 그의 재림과 같은 초대교회의 대망을 뛰어넘는 것으로서 그의 생애와 가르침은 '지금 여기'에서 살아가는 모든 그리스도인에게 적용되는 실체가 된다. 요한복음의 '영원부터 영원까지'라는 존재론과 비교되어 **우리와 항상 함께하시는 하나님**을 소개하는 마태복음은 예수님께서 **어디에서 와서 어디로 가셨는가**라는 질문에 대한 명쾌한 답을 주고 있다. 우리를 구원하러 오신 선생 예수님은 민족과 계층과 지리적인 벽을 허물고 지금도 우리와 항상 함께하신다!

5. 수용성, 사자의 포효와 위엄으로 질주하다!

마가복음은 어떤 복음서인가? 달리는 사자와 비교되는 마가복음서의 포효를 어떻게 들을 수 있을까? 마가복음은 우리에게 **행동하시는 예수님**을 체험하게 하는 역동적인 복음서이다. 마태복음이 정적(靜的)이라면 마가복음은 동적(動的)이다. 마가복음은 예수 그리스도가 누구인지를 예수님의 행동을 통해서 보여준다.

그런데 이러한 마가복음의 내용 대부분이 다른 복음서에도 등장하기 때문에 마가복음은 한때 다른 복음서에 비해 상대적으로 소홀히 취급되기도 했으며 마태복음의 축소판으로 불리기도 했다. 이는 한 가지 관점을 가지고 네 복음서를 이해하려고 시도했기 때문이다. 마가복음은 다른 복음서와 같이 그 자체에 특징적인 신학을 담고 있다. 마가복음을 통해서 지금도 우리 앞에서 놀라운 일을 행하시는 예수님의 초자연적인 권위와 위엄을 체험할 수 있다.

빠르게 전개되는 사건들

마가복음에서 예수님의 출현은 출생 기사와 같은 사전 예고 없이 이루어진다. 예수님이 하나님의 아들이신 **그리스도**라는 선언에 이어서, 행동하는 예수와 이 예수가 그리스도로 밝혀지는 한 편의 드라마가 전개된다. 이 과정에서 예수님은 율법적 분위기와 인종의 벽을 넘어서 이방인에게까지 그 효력을 미치는 **하나님의 아들**로 확인된다.

마가복음의 시작과 전개는 매우 독특하다. 다른 복음서와는 달리 마가복음은 예수님의 행동(activity)에 더 집중한다. 마태복음이나 누가복음은 구약의 예언, 족보, 예수님의 고향이나 가족 배경을 통해서 예수님의 기원을 설명하며, 요한복음은 선재(先在, Pre-existence) 기사와 같은 초자연적인 내용을 통해서 예수님의 기원을 설명하거나 제시한다. 그러나 마가복음은 갑작스럽고도 충격적인 선언으로 시작한다.

하나님의 아들 예수 그리스도의 복음의 시작이라(1:1)

처음 시작부터 갑자기 하나님의 아들이 출현하는 선포로 인해 놀란 가슴을 쓸어내릴 겨를도 없이 마가복음의 사건들은 매우 빠르게 전개된다. 특별히 마가복음에 자주 등장하는 현재형 동사들과 구어체는 이야기 전개에 역동성을 주며, 이와 더불어 신약성경 전체에서 사용된 것보다 더 많이 등장하는 접속어 **곧** 또는 **즉시**(εὐθὺς: 유뒤스)는 사건과 사건의 연이은 발생을 구성하여 이야기 전개의 속도감을 더해준다. 1장부터 바로 예수님의 공적 사역이 시작되면서 집중적으로 등장하는 기적들이 이러한 구조를 통해서 생동감 있게 표현된다. 예수님은 **때**의 시작을 알리며 하나님 나라의 도래와 회개를 선포한다(1:14-15). 바로 이어서 예수님은 지체하지 않고 제자를 구성하고(16-20절) 초자연적인 치유와 사역을 시작한다. 악한 귀신들린 자 치유(21-28절), 베드로의 장모 치유(29-31절), 많은 병자와 귀신들린 자 치유(32-34절), 온 갈릴리와 여러 회당에서의 전도와 귀신 축출(35-39절), 나병환자 치유(40-45절) 등의 사건들이 연속으로 등장한다. 비록 이러한 사역들이 마태복음이나 누가복음에서는 여러 장에 걸쳐 소개되지만, 마가복음에서는 모두 한 장에 기록되어 처음부터 빠르게 전개되는 초자연적인 사건들을 체험하게 한다.

크고 놀라운 기적들이 소개되는 마가복음 1장을 펼쳐 든 순간 달리는 사자 등에 얼떨결에 올라탄 그리스도인은 눈앞에 펼쳐지는 장엄한 광경을 보면서 놀라움과 감탄을 연발하게 된다. 마태복음의 예수님이 인자하고 차분한 모습으로 얌전한 학생에게 무엇인가를 가르치는 선생과 같은 모습이라면, 마가복음의 예수님은 전투 현장에서 갑옷을 걸치고 칼을 빼 치켜든 위용으로 위대한 사역을 펼치며 포효하는 사자처럼 자신이 누구인지를 드러낸다. 마가복음은 에스겔서의 네 생물과 비교되어 종종 사자복음으로 일컬어진다(겔 1:10). 이처럼 마가복음의 이야기는, 사자가 갈기를 곧추세우고 달리며 권위를 떨치는 것처럼, 빠르고 급속하게 진행되면서 예수 그리스도가 누구인지 그 정체를 드러낸다. 이런 전개를 통해 마가복음을 읽는 사람은 숨 돌릴 여유도 없이 마가복음의 빠른 이야기 전개 속에 빠져들게 된다. 그래서 마가복음은 처음 시작부터 마지막까지 한 편의 영화처럼 한 번에 통째로 읽을 때, 그 장엄함을 더욱 실감할 수 있다.

행동하는 예수

마가복음은 예수 그리스도의 출생이나 기원에 관해서는 관심을 두지 않고, 대신에 그를 갑자기 이 세상의 역사 속에 출현하는 신비스러운 존재로 소개한다(1:1). 마태복음이나 누가복음의 출생 기사나 요한복음의 선재 기사와 달리 마가복음은 예수님이 누구인지에 대한 일방적인 선언과 함께 놀라운 사역을 펼치는 **하나님의 아들**의 모습을 보여주면서 **행동하는 예수**의 이미지를 처음부터 부각한다. 마가복음은 다른 복음서보다도 기적 이야기를 강조한다. 특별한 기적을 펼치는 예수님의 행동은 예수님 자신의 능력(δύναμις: 뒤나미스)을 드러내는 "놀라운 행위들"(mighty acts)이다(6:2, 14)(Richard A. Burridge). 예수님의 사역 시작에서 첫 번째로 등장하는 기적도 귀신 축출인데, 이 기적에서 마가복음은 그 초점을 예수님과 하나님과의 관계에 놓는다. 바꾸어 말하면, 쫓겨나는 귀신들도 예수님이 누구인지에 대한 발설을 하면서 예수님의 권능과 권위를 표출한다(1:24, 5:7; 참조, 1:34)(Stephen C. Barton]).

마가복음에서 예수님의 침례(세례)는 예수님이 누구인가를 확인시키는 장면이다. 예수님이 침례(세례)를 받으실 때 하늘이 갈라지고 성령이 비둘기같이 내려오면서 이미 마가복음의 처음 시작에서 예고된 **하나님의 아들** 선언이 하늘로부터 오는 소리를 통해서 확증된다(1:11, "하늘로부터 소리가 나기를 너는 내 사랑하는 아들이라 내가 너를 기뻐하노라 하시니라"). 이 확증 사건 이후에 예수님의 신비스러운 모습을 소개하는 광야의 시험에 대한 짧은 이야기가 등장하고(12-13절), 이어서 행동하는 예수님의 사역이 펼쳐진다. 하나님의 아들로서 행동하는 예수님이 바로 복음의 실체이며 주체이기 때문에 마가복음은 **예수**에게 초점을 집중해서 그 예수님을 조명하며 그의 생애를 펼친다.

마가복음은 기적을 베풀고 사역을 펼치며 행동하는 범상치 않은 예수님의 모습을 그린다. 마가복음은 기적이나 사건 자체 보다는 이를 행하는 인물에게 초점을 집중하는 것이다. 그래서 마가복음은 사건과 사건이 꼬리를 잇는 형태로 구성되어, 우리가 마가복음을 읽을 때 기적이나 사건에 대한 설명보다는 이를 행하는 인물의 행동을 따라가도록 전개된다. 특히 1장에서 이러한 전개방식의 특징이 두드러진다. 행동하는 예수님 앞에 귀신, 질병 등 정신적이며 육체적인 방해 요소들은 사라지고 복음은 이방인에게까지 확장된다. 초월적인 하나님의 아들의 권세 앞에서 그를 대적하는 육체적, 영적 장애 요소들은 제거된다. 행동하는 예수님의 복음 전파는 유대교의 틀을 벗어나서 이방 세계로 향한다. 바로 이 복음의 대면에서 기적과 초자연적인 현상들이 **소통**의 수단으로 역할을 한다.

마가복음은 신학적인 사상의 발전이나 전개보다는 장엄한 일을 펼치며 행동하는 예수님의 모습을 보여줌으로써 이 예수님을 초월적인 존재인 하나님의 아들(1:1, 11)로 고백하도록 만든다. 이에 대한 고백의 확인은 이방인인 백부장을 통해서 이루어진다(15:39). 행동하는 예수님의 활동을 통해서 유대교의 틀을 벗어나 이방 세계로 향하는 복음의 전개 과정이 백부장의 고백 속에 반영된 것이다. 마가복음에서 드러나는 사자의 돌진과 같은 급속한 사건 진행과 점진적으로 밝혀지는 예수님의 정체는 마지막 백부장의 고백에서 절정을 이룬다. 이 고백은 예수는 그리스도이시다는 복음이 마침내 율법의 저항을 극복하고 이방 세계로 뛰어넘어 가는 상징적인 장면이다.

하나님의 아들, 누구인가?

마가복음 1장 1절에서 예고된 하나님의 아들 예수 그리스도는 누구인가? 어떻게 예수 그리스도가 하나님의 아들인 것을 알 수 있는가? 예수님은 언제 하나님의 아들로 입증되는가? 하나님의 아들의 사명은 무엇인가?

하나님의 아들과 관련한 1장 1절의 선포와 15장 39절의 확인이라는 구조 안에서 하나님의 아들이 누구인지는 점진적인 존재 확인의 과정을 거친다. 하나님의 아들의 정체는 이 복음서의 이야기가 마지막까지 전개된 후에 비로소 밝혀지며 백부장의 고백에서 절정을 이룬다.

> 예수를 향하여 섰던 백부장이 그렇게 숨지심을 보고 이르되 이 사람은 진실로 하나님의 아들이었도다 하더라(15:39)

비록 예수님이 **하나님의 아들**로 선포되지만, 이 정체는 어떤 한 구절이나 한 장면을 통해서 두드러지는 것이 아니라, 마가복음 전체를 통해서 세밀한 발전과정을 거치며 드러나기 시작한다. 예수님은 처음에는 사람들에게 놀라움을 안겨주는 인물로 등장한다(1:22-27; 4:41; 6:2). 이 놀라움은 예수님을 예언자로(6:14-15; 8:27-28), 메시야나 하나님의 아들로 여기도록 만든다(8:29-33; 9:7, 31-32; 10:33-40). 이러한 정체 확인 과정은 특정한 전환점을 거친다. 수난 예고의 정점인 마가복음 8장 27-30절을 전환점으로 그리스도가 누구인지, 즉 **하나님의 아들**이 누구인지 본격적으로 밝혀지기 시작한다. 신학자들은 예수님의 정체가 점진적으로 밝혀진다는 의미에서 **메시야 비밀**이라는 주제를 가지고 연구하기도 한다.

> 예수와 제자들이 빌립보 가이사랴 여러 마을로 나가실새 길에서 제자들에게 물어 이르시되 사람들이 나를 누구라고 하느냐 제자들이 여짜와 이르되 침례(세례) 요한이라 하고 더러는 엘리야, 더러는 선지자 중의 하나라 하나이다 또 물으시되 너희는 나를 누구라 하느냐 베드로가 대답하여 이르되 주는 그리스도시니이다 하매 이에 자기의 일을 아무에게도 말하지 말라 경고하시고(막 8:27-30)

예수님의 수난이 가까워질수록 그의 정체는 분명하게 드러나기 시작하며 예수님이 예루살렘에서 체류하시는 동안에 이 정체 확인은 수난의 강도에 비례하여 급속하게 발전한다. 수난 예고 이전의 기적이나 사건들은 결국 예수님이 누구인지 혹은 하나님의 아들이 누구인지 알 수 있도록 권위를 부여함으로써, 마가복음을 읽는 사람들이 하나님의 아들의 정체가 확인되는 예수님의 수난 이후에 예수님께 백부장과 같은 고백을 하게 한다. 그래서 비록 수난 예고에서 제자들이 예수님의 정체에 대한 고백을 하지만, 예수님은 수난을 깨닫지 못하는 제자들의 불완전한 고백에 대해 함구령을 내리신다.

그렇다면 하나님의 아들은 우리에게 어떤 의미를 주는가? 마가복음의 시작에서 선언된 하나님의 아들은 신적인 존재의 출현을 상징하듯이 하늘의 **갈라짐**이라는 초자연적인 현상과 더불어 등장하며(1:10), 그의 죽음의 순간도 역시 성전 휘장이 위에서 아래로 두 폭으로 **갈라지는**(15:38) 초자연적인 사건과 함께 마무리된다. 마가복음 1장 1절에서 선포된 **하나님의 아**

들은 십자가에 달린 예수님의 모습 속에 다시 투영된다. "예수를 향하여 섰던 백부장이 그렇게 숨지심을 보고 이르되 이 사람은 진실로 하나님의 아들이었도다"라고 하는 고백이 그것이다(39절). 마침내 1장 1절의 **하나님의 아들 예수 그리스도 복음의 시작**이라는 선포는 위엄을 드러내는 사자의 모습으로 등장한 이후 이방인 백부장의 고백을 통해서 그 절정의 모습을 보인다.

이방인 백부장의 고백은 누구의 고백이 될까? 백부장의 등장은 마가복음에서 그가 유대인이 아니라는 사실에서 분명한 특징을 가진다. 마가복음은 복음이 유대인이라는 제한된 범위를 넘어서 이방인들에게까지 미치는 것을 보여준다. 이방인 백부장의 고백은 보편적인 이방인 그리스도인의 고백이다. **하나님의 아들 예수 그리스도**라는 선언은 **하나님의 아들이 바로 예수 그리스도이시다**라는 고백이며, 이 고백은 인종과 계층의 벽을 뛰어넘어 지금 여기에서 마가복음을 읽고, 듣는 모든 사람들의 고백이 된다.

유전과 계명의 틀을 넘는 복음

마가복음은 **이방인의 복음서**라는 평가를 받을 수 있는 요소를 포함한다. 이를 입증할 수 있는 내용은, 히브리어와 아람어를 그리스어로 번역(3:17; 5:41; 7:11, 34; 14:36; 15:22, 34), 이방인들에게 생소한 유대인들의 관습 설명(7:3-4; 14:12; 15:42), 이방인들의 생활 반영(6:48; 13:35), 로마의 화폐에 관한 설명 제외(6:37; 12:42; 14:5), 로마의 법률 인용(10:12), 이방인 스루보니게 여인과 백부장을 신앙의 본보기로 간주(7:28; 15:39), 라틴어 음역(4:21; 5:9, 15; 12:15; 15:16, 39) 등이다. 특별히 마가복음 7장이 이 복음서의 수신자들을 위해서 유대 관습에 관해 자세히 설명하지만, 이보다 더 중요한 점은 율법주의와 복음이 서로 충돌하고 대립하는 것을 보여준다는 점이다. 복음은 유대인과 이방인의 구분을 철폐하는 힘을 가지고 확장되며, 이 확장의 동력은 기적과 초자연적인 현상에 기초한다. 마가복음에서 **예수는 그리스도이시다**라는 복음은 율법주의의 굴레를 벗고 전파되는 것이다.

장로들의 유전은 율법을 지키기 위한 목적을 벗어나 율법의 본질마저 훼손했다. "서기관과 바리새인들이 구전적 법에 쏟는 과장된 경의는 권위가 일탈한 인간의 규율이 뒷받침하는 거짓 경건의 한 표현이 되고 말았다"(William Lane). 이와 같은 유대교와 율법주의가 마가복음의 예수는 그리스도이시다는 복음이 이방세계로 향하기 위해 뚫고 나가야 하는 상황(context)이었다. 따라서 복음이 이 견고한 상황을 돌파하지 않고는 단지 특정한 민족의 복음으로, 예수는 특정한 민족의 그리스도로 각인될 수밖에 없었다. 마가복음은, 예수는 그리스도이시다는 선포가 유대교의 관습에 구속되시 않고 유내교와 그 문화권을 벗어나는 과정을 소개한다. 마가복음은 계명과 유전 사이의 갈등에 관한 정결 규정들을 파기하면서, "내적 청결의 새로운 도덕으로 외적 청결을 대치시켰다"(Werner H. Kelber). 이처럼 마가복음은 율법을 지키기 위한 유전으로 인해 발생한 저항의 벽을 허물고 나아가는 복음의 역동성을 제시한다.

달리는 사자, 갈릴리에서 예루살렘까지!

예수는 하나님의 아들이시다! 이 고백과 선언의 성취가 갈릴리에서부터 예루살렘까지의 여정을 통해서 전개된다. 한 편의 액션 영화처럼 주인공

하나님의 아들은 관람객이 잠시도 긴장의 끈을 풀지 못하도록 시선을 집중시키면서 갈릴리에서부터 예루살렘까지 그 장엄한 행진을 한다. 이 행진의 초반에 등장하는 침례(세례) 요한의 역할과 예수님의 시험장면은 마가복음에서 소개될 예수님의 모습이 범상치 않을 것이라는 기대감을 준다.

마가복음 1장 1절의 선포 후에 바로 등장하는 인물은 침례(세례) 요한이다(2-8절). 마가복음은 비록 처음부터 예수 그리스도가 하나님의 아들임을 선포하고 있지만, 곧이어 이에 대한 부연 설명이나 예수 그리스도의 출현 대신에 침례(세례) 요한에 대해 장황한 설명을 하며, 이 침례 요한을 통해 하나님의 아들의 길을 준비한다. 위대한 사건의 전개를 짐작케 하는 영화의 장엄한 처음 장면과 같다. 침례(세례) 요한은 야성적인 이미지를 가지고(6절), 마치 사자의 출현을 위엄 있게 예고하듯이 광야에서 외치며(3절), 하나님의 아들의 출현을 예고한다. 예수님의 시험 사건에서도 예수님은 최고의 위엄을 갖춘 사자처럼 다소 신비스러운 모습으로 소개되며, 천사들마저 수종을 드는 최고의 권위를 가진다(12-13절). 이 하나님의 아들이 바로 위엄과 권위를 가지고 갈릴리에서부터 예루살렘까지 기적을 베푸는 행진을 하면서 자신의 정체를 드러내는 것이다.

갈릴리에서 **복음의 시작**이라는 놀라운 선언과 함께 경이로운 달음질을 시작한 **하나님의 아들**은 예루살렘까지 숨 돌릴 틈도 주지 않고 사자와 같은 위엄을 보이다가 그 달음질을 예루살렘에서 멈추며 갑자기 사라진다. 이제 그가 장엄한 형상으로 달렸던 흔적이 기록되어 꿈틀거린다. 그의 모습은 두고두고 선포되고 회자될 것이다. 진실로 그분은 하나님의 아들이라고…

6. 평등성, 황소의 인내와 힘을 발휘하다!

미국 뉴욕의 금융 거리인 월스트리트에 황소상이 있다. 역동성으로 힘차게 앞을 향해 돌진하는 형상이다. 전통적으로 힘과 부를 상징하는 황소가 자본의 상징인 금융가와 조화를 이룬 거리의 명물이다. 많은 관광객이 이 황소상을 배경으로 기념사진을 찍는다. 우직하게 인내하면서도 강력한 힘을 가진 황소는 고대 세계에서부터 농경사회의 필수적인 부와 힘의 상징이었다. 성령의 강력한 힘과 추진력을 통해서 복음이 전파되는 성령시대의 특징을 황소의 특징과 비교되는 누가복음에서 찾을 수 있다. 마태복음의 섬세함과 마가복음의 박진감을 통해서 예수 그리스도의 자상함과 위엄을 목도한 그리스도인은 이제 누가복음을 통해서 새로운 힘을 부여받는다.

누가복음의 서문은 신약성경의 형성 과정에 대한 귀중한 정보를 제공하며, 누가복음뿐만 아니라 다른 복음서의 기록 과정을 밝혀준다(1:1–4). 이 서문은 예수님과 예수님의 사역을 직접 경험하고 목도한 증인들의 증언이 **차례**를 따라 기록되어 누가복음으로 출현하게 된 과정을 소개한다. 누가복음의 서문에 등장하는 차례는 다른 복음서에도 적용된다. 각 복음서 기자의 관점에 따른 차례의 차이가 한 권의 복음서가 아닌, 네 복음서의 존재에 대한 당위성을 부여한다. 그렇다면 누가복음과 다른 복음서와의 두드러진 차이는 무엇일까? 그 차이를 알기 위해서는 우선 누가복음과 다른 복음서들이 소개하는 침례(세례) 요한의 역할에 대해 살펴볼 필요가 있다. 예수님의 길을 예비하던 침례(세례) 요한의 중요성에 대해서는 다른 설명이 필요하지 않을 정도이다.

투옥된 침례(세례) 요한이 침례(세례)를 줄 수 있을까?

예수님은 누구에게 침례(세례)를 받았을까? 이에 대해서는 누구든지 침례(세례) 요한이라고 대답할 것이며, 이러한 객관적인 사실에 대해 이의를 제기하지 않을 것이다. 마태복음이나 마가복음은 예수님께서 침례(세례) 요한에게 침례(세례) 받으실 때, 하늘로부터 소리가 들리며 성령이 예수님께 내려오는 장면을 소개한다. 그렇다면 이제 마태복음, 마가복음, 요한복음의 관점을 배제하고 누가복음으로 들어가 보자. 이상하게도 누가복음은 예수님의 침례(세례)를 모호하게 처리한다. 물론 그 모호함은 침례(세례) 자체라기보다는 누가 예수님에게 침례(세례)를 주었는가에 대한 것이다.

> 분봉 왕 헤롯은 그의 동생의 아내 헤로디아의 일과 또 자기가 행한 모든 악한 일로 말미암아 요한에게 책망을 받고 그 위에 한 가지 악을 더하여 요한을 옥에 가두니라 백성이 다 침례(세례)를 받을 새 예수도 침례(세례)를 받으시고 기도하실 때에 하늘이 열리며 성령이 비둘기 같은 형체로 그의 위에 강림하시더니 하늘로부터 소리가 나기를 너는 내 사랑하는 아들이라 내가 너를 기뻐하노라 하시니라(눅 3:19-22)

위의 구절에서 알 수 있듯이 헤롯은 침례(세례) 요한으로부터 자신의 잘못된 결혼에 대한 책망을 받고 그를 옥에 가둔다(3:20). 이 사건 뒤에 예수님이 침례(세례)를 받는다(21절). 이 기록만 따른다면 투옥된 침례(세례) 요한은 백성이나 예수님의 침례(세례)와 무관한 인물이다. 그런데 다른 복음서에 근거하면 예수님의 침례(세례)는 분명하게 침례(세례) 요한이 베푼다.

> 이 때에 예수께서 갈릴리로부터 요단강에 이르러 요한에게 침례(세례)를 받으려 하시니(마 3:13-17)

그 때에 예수께서 갈릴리 나사렛으로부터 와서 요단강에서 요한에게 침례(세례)를 받으시고(막 1:9-11)

그렇다면 누가복음은 다른 복음서에서 명확하게 제시하는 침례(세례) 요한의 침례(세례)를 어떤 이유로 생략한 채 단지 예수님의 침례(세례)만 제시하면서 침례(세례) 요한을 예수님의 침례(세례) 사건과 분리할까? 만일 누가복음만을 이해하고 있는 사람에게 예수님께서 누구에게 침례(세례) 받으셨는지를 질문한다면, 이에 대한 답은 예수님께서 누구에게 침례(세례) 받으셨지는 알 수 없으나 한 가지 분명한 것은 침례(세례) 요한과는 관계가 없다는 내용일 것이다. 각 복음서의 **차례**가 각 복음서를 이해하는 중요한 열쇠이듯이 누가복음의 사건 배열의 차례도 누가가 의도한 목적을 담고 있다. 이 목적은 예수님의 공생애를 침례(세례) 요한의 시대와 분리하는 것이다. "율법과 선지자는 요한의 때까지요 그 후부터는 하나님 나라의 복음이 전파되어 사람마다 그리로 침입하느니라"(눅 16:16)는 말씀에서 드러나듯이, 침례(세례) 요한은 율법과 선지자의 시대에 속한 인물이다. 누가는 침례(세례) 요한을 기점으로 시대를 구분하면서 예수 그리스도의 출현을 연대기적인 역사와 구분되는 새로운 시대의 전환 요소로 본다. 누가복음에서 구체적으로 묘사하는 이 땅의 역사도 구속사의 전개를 표출하는 장치이다(가이사 아우구스도, 수리아 총독 구레뇨 눅 2:1-2/ 디베료 황제, 유대 총독 본디오 빌라도 3:1-2). 그래서 누가복음은 예수님의 공생애 시작을 소개할 때, 그의 나이까지도 구체적으로 제시한다(3:23, "예수께서 가르치심을 시작하실 때에 삼십 세쯤 되시니라"). 구속사가 역사를 뚫고 표출되었다. 이제 새로운 시대가 열렸다! 로마제국과 대조되는 하나님 나라는 여기에 있다! 구원은 먼 훗날에 다가오는 종말론적 미래의 어떤 한 시점과 지점이 아니라 **지금 여기**에서 실현된다! 지금은 성령시대이다! 누가는 새로운 시대인 교회시대, 즉 나사렛 예수 이후의 시대를 성령시대로 선포하기 위해서 구약의 인물인 침례(세례) 요한을 시대의 전기인 예수님의 공생애와 분리한다.

이 시대는 성령시대인가?

누가복음은 예수님의 부활과 승천 이후 시대를 **성령시대**로 규정하면서 성령과 더불어 사는 삶을 강조한다. 다소 극단적인 주장으로 들릴 수 있겠지만, 성령체험이 없는 사람을 그리스도인이라고 할 수 있을까?

> …누구든지 그리스도의 영이 없으면 그리스도의 사람이 아니라(롬 8:9)

> …또 성령으로 아니하고는 누구든지 예수를 주시라 할 수 없느니라(고전 12:3)

물론 성령체험은 매우 다양하므로 어떤 한 가지만이 표준화된 체험이라고 전제할 수 없다. 각 사람에게 성령을 나타내심은 유익하게 하려 하심이며(고전 12:7), 하나님의 은혜가 개인화되어 나타나는 것이 은사이다(롬 12:6, "우리에게 주신 은혜대로 받은 은사가 각각 다르니 혹 예언이면 믿음의 분수대로"). 우리가 속한 교회시대가 성령시대이므로 삶 속에서 방언, 예언, 통변, 질병 치유, 축사 등을 비롯한 은혜의 개인화는 지속한다. 물론 성령의 삶은 각 개인의 인격(지, 정, 의)을 통해 표현되고 표출되기 때문에 일상생활에서 지, 정, 의의 개발과 윤리적인 삶도 매우 중요하다.

누가는 예수님의 이야기를 이미 지나간 과거가 아니라 역사의 연속성 속에서 선포한다. 누가가 선포하는 **복음**은 역사를 계승하면서도 이 역사가 성령과 더불어 시작하는 새로운 시대가 되도록 만든다. 그래서 누가복음은 시대의 전기인 성령시대의 구조 속에서 임박한 종말이나 다가오는 종말의 위기 대신에 현재가 구원의 시대라는 **비종말론화**(de-eschatologizing)를 보여준다.

다른 복음서와 비교할 때, 누가복음에서는 성령이 교회시대의 특징이다. 성령을 지칭하는 용어가 등장하는 횟수를 다른 복음서와 비교해도 누가복음의 성령에 대한 강조는 뚜렷하다. 누가복음에는 성령에 대한 기록이 마가복음보다 세 배 이상 나오며, 누가복음의 후편인 사도행전에는 대략 60번 정도 등장한다. 누가복음은 처음부터 성령에 대한 소개를 본격적으로 시작한다. 특히 누가복음에 등장하는 초기의 주요 장면에는 반드시 성령의 역사가 등장한다. 예컨대, 마리아(1:35), 엘리사벳(41절), 사가랴(67절), 침례(세례) 요한(1:15, 80), 시므온(2:25-27) 등 예수님의 출생과 관련한 중요 인물과 함께 성령이 등장한다. 예수님의 사역도 역시 성령과 더불어 시작한다. 공생애를 시작하는 예수님의 침례(세례)에서 성령은 가시적인 형체로 예수님에게 내려온다(3:22). 이 성령은 예수님을 광야로 이끄신다(4:1). 예수님은 시험 후 성령의 능력으로 갈릴리에 가시며(4:14), 나사렛에서는 이사야서의 **주의 성령이 임하셨다**는 부분을 읽는다(18절). 갈릴리에서 예루살렘으로 가는 예수님의 여정에서도 성령은 예수님과 관계된다.

누가복음에서는 성령이 마치 나사렛 예수 이상의 존재인 것처럼 예수님 스스로 성령에 대해 강조할 뿐만 아니라, 이 성령의 보증과 능력을 그리스도인들의 삶에서도 약속하신다. 몇 가지 구체적인 사례가 있다. 예수님은 따로 세운 70인이 사역을 마치고 돌아와 보고한 후에도 성령으로 기뻐하시며 기도하신다(10:21). 또한 박해 가운데서도 그리스도인들은 두려워할 필요가 없는데, 이는 성령께서 할 말을 주시기 때문이다.

> 사람이 너희를 회당이나 위정자나 권세 있는 자 앞에 끌고 가거든 어떻게 무엇으로 대답하며 무엇으로 말할까 염려하지 말라 마땅히 할 말을 성령이 곧 그 때에 너희에게 가르치시리라 하시니라(눅 12:11-12)

누가복음은 성령 모독에 대해 준엄한 경고를 하며 성령의 중요성을 일깨운다. 바꾸어 말하면, 누가복음은 성령을 모독하는 행위가 예수님에 대한 거역 이상의 중대한 행위임을 밝히면서 성령의 실체와 중요성을 가르친다.

> 누구든지 말로 인자를 거역하면 사하심을 받으려니와 성령을 모독하는 자는 사하심을 받지 못하리라(눅 12:10)

누가복음은 예수님께서 기도를 가르치시면서 성령을 선물로 주신다는 특징을 보인다(11:13). 그러나 이와 병행 구절인 마태복음의 내용은 누가복음과는 다르게 기도 응답과 관련한다(마 7:11).

> 너희가 악할지라도 좋은 것을 자식에게 줄 줄 알거든 하물며 너희 하늘 아버지께서 구하는 자에게 성령을 주시지 않겠느냐 하시니(눅 11:13)

> 너희가 악한 자라도 좋은 것으로 자식에게 줄 줄 알거든 하물며 하늘에 계신 너희 아버지께서 구하는 자에게 좋은 것으로 주시지 않겠느냐(마 7:11)

누가복음은 이 시대를 성령시대로 정의하면서 성령의 삶을 강조한다. 황소의 강력한 힘으로 짐을 실어 나르듯이, 누가복음은 성령의 강력한 힘으로 전 세계로 뻗어 가는 복음을 제시한다. 따라서 누가복음의 말씀이 우리의 삶에서 살아 숨 쉬는 말씀이 되기 위해서는 성령의 역사와 나타나심이 필요하다. 오직 성령만이 교회시대에 모든 인종과 사회적인 차별마저 극복하면서 구속의 사역을 성취하고 이를 보증한다.

성령은 나사렛 예수의 현존을 지속하게 한다. 지상 예수의 부재 상황에서도 보혜사인 성령은 예수님의 사역이 교회시대의 모든 장벽을 뚫고 동일하게 연속된다는 확증을 준다. 누가복음의 성령에 대한 약속은 "볼지어다 내가 내 아버지께서 약속하신 것을 너희에게 보내리니 너희는 위로부터 능력으로 입혀질 때까지 이 성에 머물라 하시니라"(24:49)는 말씀에서 다시 한 번 보증된다. 결국, 이 약속은 오순절 성령강림 사건에서 성취된다(행 2:1-39).

복음의 확장성: 성령의 능력, 복음의 능력

마가복음이 유대인과 이방인의 경계를 뛰어넘는 복음의 확장 구조라면, 누가복음은 모든 계층을 평등하게 포용하는 구조이다. 누가복음은 갈릴리에서부터 시작하여 예루살렘을 거쳐 로마로 확장하며 복음을 전개하는 지리적, 시대적 구조를 가진다. 이러한 복음 전파의 구조는 누가복음이 전제하는 시대 인식에 기인한다. 누가복음은 연대기적인 역사가 아니라 **복음**이라는 새로운 시대를 펼친다. 누가는 믿음의 실체인 성육신 하신 예수님을 과거의 역사가 아니라, 연계되며 지속하는 성령시대의 연속성 속에서 제시한다.

선포되는 복음의 확장성과 보편성을 예수님의 족보를 통해서도 찾을 수 있다. 누가복음의 족보와 마태복음의 족보는 인물 배열 방식에서 비교된다. 오름차순으로 전개되는 누가복음의 인물 배열은 최종적으로 하나님에게까지 이른다. 이 족보는 마태복음과 달리 시대 구분 없이 일관되게 윗세대로 거슬러 올라가는데, 이는 예수님의 생애를 하나님과 관련시키는 기능 수행이라고 할 수 있다. 특히 누가복음은 마태복음에서 반복하는 **낳고**(ἐγέννησεν: 에겐네센) 대신에 남성 단수 소유격 정관사 **그**(τοῦ: 투)를 사용하면서 이어지는 위의 세대와의 밀접한 관련성을 보여준다. 이 관계는 마침내 최초의 인간인 아담을 거쳐 하나님에게 이르러서 종결된다.

마태복음과 누가복음의 족보 차이에 대해 예레미아스(J. Jeremias)는 마태복음의 족보는 "다윗 가문의 주류계열(솔로몬)을 통해 다윗으로 거슬러 올라가는데," 반면에 누가복음의 족보는 "비주류계열(나단)을 따라 다윗에게로 거슬러 올라간다"고 그 차이를 설명한다. 이 설명과 같이 누가복음의 족보는 마태복음과 달리 예수님의 **다윗의 왕가** 계승에는 비중을 두지 않는다. 구약의 성취라는 구조로 복음을 전개하는 마태복음과 달리 누가복음은 구약의 연속성 속에서 예수님의 출생과 생애를 설명하기 때문에 이 족보는 예수님의 다윗 왕가 계승에 관심을 보이지 않고 아담까지 거슬러 올라가는 오름차순으로 배열된 것이다. 누가복음의 오름차순 족보는 독자의 시각을 위로 상승시켜 이 족보가 모든 인종과 계층을 아우르는 성격을 갖도록 하면서 복음의 보편성을 확보한다. 이 보편성의 족보는 예수님의 복음과 가르침의 기원이 하나님이시라는 것을 밝히면서, 복음을 유대인을 포함해서 아담으로부터 기원하는 모든 인류에게 적용한다. 누가복음의 족보는 유대인과 이방인의 구조를 넘어 사회적인 모든 계층을 차별 없이 포함한다. 하나님의 관점에서 모든 인류를 포함하고 있는 것이다. 그래서 누가복음의 마지막은 족보의 최고 정점에 계시는 하나님을 찬송하는 것으로 귀결된다 (24:53, "늘 성전에서 하나님을 찬송하니라").

그렇다면 누가복음은 구체적으로 어떻게 모든 사람을 대상으로 복음을 전할까? 누가복음은 차별 없는 **평등성**의 관점으로 유대인과 이방인이라는 구도를 세분화한 구조 속에서 예수는 그리스도이시다를 선포한다. 이를 기반으로 누가복음은 인종의 장벽을 넘어 사회의 모든 계층에게 전파되는 복음의 확장성을 소개한다. 그래서 누가복음은 다른 복음서보다도 죄인, 세리, 여인, 사회 저변의 사람들을 주목한다. 짐을 운반하는 황소를 비유적으로 하여 누가복음의 특징은 "예수님이 짐을 지고 나르는 모든 자, 특별히 무거운 짐을 함께 지고 갈 자가 없는 가난한 자들, 버려진 자들, 여자들, 그리고 이방인들에게 관심을 가진 것으로 묘사"한다(R. Burridge). 사마리아 사람의 선행(10:25-37), 부자와 거지 나사로의 비유(16:19-31)에서와 같이 모든 계층의 사람들에 대한 이야기에서 알 수 있듯이, 누가복음은 이 땅의 구석구석에 미치는 예수 그리스도의 관심을 통해서 모든 계층을 평등하게 아우르는 복음을 제시한다. 누가복음은 **바리새인**과 **죄인**이라는 대조적인 계층을 모든 시대의 계층을 수렴하는 상징으로 삼는다. 마가복음이 유대교와 율법주의를 뚫고 나오는 복음을 제시한다면, 누가복음은 이 복음이 사회적으로 낮은 지위에 있는 계층뿐만 아니라 부유한 자나 권세 있는 자들에 대한 관심까지 포함하여 모든 계층에게 스며드는 것을 제시한다(Richard J. Cassidy).

구속사의 시대는 성령시대로서 사탄의 영역과 대립하는 시대이므로 성령의 능력, 복음의 능력이 필요하다. 누가복음은 네 복음서 가운데 유달리 기도와 성령을 강조하면서 교회시대에 적합한 그리스도인의 삶을 보여준다. 누가복음은 성령을 요한복음이나 사도행전에서 뚜렷하게 드러나는 **인격**으로서보다는 오히려 **능력**이라는 측면에서 강조한다(비교, 눅 11:13; 마 7:11). 누가복음에서 이 능력은 복음을 모든 계층에 스며들게 만드는 동력이다. 성령은 성령시대인 교회시대에 인종과 사회적인 계층 구조의 장벽을 뚫고 복음이 전파되도록 하는 동인이다. 누가복음은 그리스도인이 성령의 현존을 통해서 모든 시대와 계층에게 지상 예수의 사역을 동일하게 펼치게 하며, 나사렛 예수로부터 기원하는 같은 복음을 시대와 계층을 초월해서 확증하고 선포할 수 있게 한다. 그래서 누가복음은 예수님께서 제자들에게 위로부터 능력으로 입혀질 때까지 이 성에 머물라고 명령하신 것을 소개함으로써, 예수가 자신의 시대 이후에 성령시대를 예비하는 것으로 제시하면서 복음의 확장성을 보여준다(24:49).

복음, 전 세계로 뻗어 가는 소식

누가복음은 성령시대에 복음이 전파되어야 할 범위를 새롭게 정리해준다. 복음은 이스라엘 지역이나 특정한 사람들에게만 머무르지 않고 땅 끝까지 뻗어 가는 소식이다. 이에 대한 이론 정립을 누가는 마가복음과 비교되는 백부장의 고백을 통해서 확인시킨다. 이와 관련한 두 구절을 비교해보자.

> 백부장이 그 된 일을 보고 하나님께 영광을 돌려 이르되 이 사람은 정녕 의인이었도다 하고(눅 23:47)

예수를 향하여 섰던 백부장이 그렇게 숨지심을 보고 이르되 이 사람은 진실로 하나님의 아들이었도다 하더라(막 15:39)

십자가에 달린 예수님을 바라본 백부장의 고백이 서로 다른 형태로 마가복음과 누가복음에서 소개된다. 마가복음 15장 39절은, **하나님의 아들**로 소개하지만, 누가복음 23장 47절은 **의인**이라고 표현한다. 무심코 지나칠 수 있는 사소한 차이처럼 보이지만, 그러나 이러한 차이는 각 복음서의 특징을 드러내는 중요한 실마리가 된다. 그렇다면 누가복음에서는 백부장이 어떤 배경에서 예수님을 **의인**이라고 지칭할까? 다시 말하면, 누가복음 기자는 어떤 목적을 가지고 **하나님의 아들**이라는 마가복음의 소개와 다른 백부장의 고백을 소개할까?

누가복음은 유대인뿐만 아니라 이방인들까지 포함하는 우주적인 구속 사역을 마가복음과는 다른 각도에서 선포한다. 누가복음에서 제시하는 교회시대는 복음이 특정한 혈통이나 민족의 개념을 뚫고 온 세계에 미치는 활동 영역을 전제로 한다. 누가복음은 복음이 이스라엘 지역을 벗어나는 **원리**를 소개하며, 이를 통해서 복음은 유대인만이 아니라 온 인류를 향해 선포되어야 하는 것임을 입증한다.

그렇다면 복음이 어떻게 온 땅에 전파될 수 있을까? 복음이 이스라엘 지역의 문화권을 벗어나기 위해서는 이를 전하는 토대가 새로 구성되어야 했다. 누가복음은 세계 보편주의를 지향하면서 복음이 다양한 문화권에 적합한 표현과 전달 도구를 가지고 전파되도록 한다. 이스라엘 지역 문화권 안에서 이루어진 유대교와의 갈등 구조에서 이해되던 복음이 이제는 그 갈등 구조만으로는 설명되지 않기 때문에 **로마**라는 세계의 중심축을 이용해 펼쳐진다. 예수님은 온 민족에게 전파되어야 한다. 이를 위해 예수님은 예루살렘에서 십자가의 처형을 받았던 강도들의 경우처럼 자신의 죄로 인해 죽임당하지 않았다는 사실이 드러나야 했다. 즉, 그의 죽음은 인류 구원을 위한 숭고한 목적 때문이라는 것이 증명되어야 했다. 그래서 누가복음에는 예수님이 죄를 지었다고 터무니없는 주장을 하던 거짓 증인들이 등장하지 않을 뿐만 아니라 대제사장의 비난도 등장하지 않는다(22:66-71; 비교, 막 14:55-64). 오히려 예수님과 관련하여 유대인들의 불의가 적나라하게 드러난다(눅 20:20, 26; 23:5, 23, 25).

심지어 누가복음은 예수님의 무죄함에 대해 당시 세계의 공인 기관 격인 로마의 입을 빌려서 증언한다. 빌라도 총독은 예수님이 죄가 없다는 것을 세 번 선언한다(23:4, 13-14, 22). 그뿐 아니라 통치자 헤롯마저도 예수님의 죄 없음을 선언하며(15절), 로마의 군인 백부장 역시 예수님에 대하여 "이 사람은 정녕 의인이었더라"고 고백한다(47절). 예수님과 함께 십자가에 달렸던 행악자도 예수님을 비방하는 다른 행악자를 꾸짖으며 "우리는 우리가 행한 일에 상당한 보응을 받는 것이니 이에 당연하거니와 이 사람이 행한 것은 옳지 않은 것이 없느니라"며 예수님의 무죄함을 증언한다(41절).

예수님은 죄가 없이 죽으신 진정한 **의인**이다. 당시 세계의 심장부인 로마의 체제 안에서, 바로 그 체제에 의해 임명된 백부장을 통해서도 예수님은 최종적으로 **의인**으로 선포된다. 민족을 초월해서 메시야임을 입증하는 **하나님의 아들**이라는 용어의 범위와는 다른 차원에서 **의인**은 민족과 계층의 벽을 뛰어넘는 전 세계적인 복음의 선포를 지향한다. 복음이 이스라엘 지역 문화권을 벗어나는 장면을 보여주는 누가복음은 예수님의 죽음이 그의 죄 때문이 아니라 유대인의 불의에 기인한 것으로 제시한다. 또한 로마 당국을 통해서도 예수님의 무죄함을 입증할 뿐만 아니라, 오히려 예수님이 의인이었다고 규정한다. 예수님이 로마에 의해 의인으로 인정된 것은 당시의 관점에서 볼 때 전 세계에 의인으로 선포된 것이다. 이처럼 누가복음에서 예수님은 유대인들에 의해 씌워졌던 불명예의 굴레를 벗고 교회시대의 모든 민족에게 전파되어야 하는 복음으로 선포되며 소개된다.

21세기 그리스도인의 삶

21세기는 성령시대이다. 성령시대의 시작을 보여주는 누가복음은 다른 복음서보다도 기도와 이웃에 대해 두드러진 강조를 한다. 네 복음서에 등장하는 기도하는 예수님의 모습 가운데 70%이상이 누가복음에서 소개되며, 예수님의 족보도 민족의 한계를 초월하듯이 아브라함을 지나서 아담까지 이어진다(3:23-38). 예수님은 당시에 적대적 관계이던 사마리아인과 유대인을 차별하지 않으며(9:52; 10:33; 17:11-19), 사회적으로 소외된 계층인 가난한 자, 세리, 죄인 등(4:18; 14:12-13; 15:1-32)에게 관심을 나타내셨다. 뿐만 아니라, 베드로가 칼을 들어 친 대제사장 종의 귀를 치유했으며(22:51), 십자가에 달린 행악자와도 대화하셨다(23:40-43). 이러한 몇 가지 사례에서도 알 수 있듯이, 누가복음의 예수님은 유대인과 이방인이라는 인종 간의 장벽뿐만 아니라, 그 속에 내재된 사회적인 차별이나 구별마저 뛰어넘으신다.

누가복음은 이 시대를 시대의 전환점인 지상 예수의 시대를 이어가는 성령시대로 선포하고 있으며, 그리스도인들이 이 땅에서 실천해야 할 삶과 의무를 가르친다. 성령시대에는 복음이 인종과 계층의 장벽을 초월해서 전파되며, 그리스도인들은 예수님의 사역을 모본으로 삼아 이 사명을 실천할 수 있다. 성령시대에 그리스도인의 복음 전파와 실천하는 신앙은 새로운 **힘과 능력**을 주시는 성령을 통해서 이루어진다.

7. 광대성, 독수리의 투시와 날개로 선회하다!

요한복음은 시작부터 범상치 않다. 내용의 전개방식이 마태복음, 마가복음, 누가복음과 뚜렷하게 비교될 뿐만 아니라 이야기 전개의 시작부터 우리의 시야를 무한대로 확장한다. 흔히 요한복음을 독수리에 비유한다. 날짐승 가운데 최고인 독수리의 특성을 통해서 요한복음의 특징을 이해하려는 시도이다. 독수리의 신비에 대한 이야기는 다양하다. 비행기나 고층 빌딩이 없던 당시의 세계에서 독수리는 인간이 상상할 수 없는 높이에서 선회하다가 지상으로 내리꽂는 민첩성, 다시 공중으로 치솟는 날갯짓, 인간이 바라볼 수 없는 먼 곳까지 직시하는 시력 등을 가진 다소 신비스러운 존재였다. 그래서 구약성경에서도 독수리는 비유로 등장한다(사 40:31, "오직 여호와를 앙망하는 자는 새 힘을 얻으리니, 독수리가 날개 치며 올라감 같을 것이요 달음박질하여도 곤비하지 아니하겠고 걸어가도 피곤하지 아니하리로다"). 독수리의 비유적인 상징들이 요한복음의 특징을 적절하게 드러낸다.

로고스, 누구인가?

요한복음 1장 1절은 충격적인 선언으로 시작한다.

태초에 말씀(λόγος: 로고스)이 계시니라 이 말씀이 하나님과 함께 계셨으니 이 말씀은 곧 하나님이시라

요한복음의 시작(1:1)은 인간의 시공간 개념의 한계를 초월하면서 종종 창세기의 시작(1:1)을 반영하는 것으로 비교된다. 특히 요한복음의 창조는 부활하신 예수님이 창세기의 인간 창조를 상기시키는 행동과 함께 성령을 받으라는 선포 행위를 통해서도 확인된다(창 2:7; 요 20:22). 요한복음의 시작과 관련한 창조 개념과 로고스의 존재성은 여러 학자들을 통해서도 제시된다.

> 요한복음은 창세기의 첫 번째 창조를 상기시키면서 새로운 창조를 선언한다. – Leon Morris

> 요한복음의 시작은 창세기의 시작을 뛰어넘는 것으로 시간적(temporal)이라기보다는 질적(qualitative)인 측면이다. – Raymond E. Brown

> 요한복음의 **태초**는 로고스가 창조 이전부터 인격으로 존재하던 분이라는 점을 드러낸다. – Rudolf Schnackenburg

> 요한복음의 로고스는 그 의미의 다양성으로 인해서 이어지는 내용으로 보충되면서 인격이신 **하나님**으로 인식된다. – George R. Beasley-Murray

요한복음의 처음 시작 구절은 매우 독특하게 이 복음서의 전체적인 전개 방향을 예고해준다. 요한복음은 시작부터 시간의 범위와 공간의 규모를 우

주적으로 확장한다(1:1). 예수님의 성육신 이전의 존재를 지칭하는 **로고스**는 우주의 운행과 관련된 실체로 의인화된다. 이 로고스는 예수님의 출생기사를 뛰어넘을 뿐 아니라, 출생지에 대한 의미마저도 무의미하게 만든다. 이 로고스의 출현은 우주의 의미를 가진 **세상**과 결합하여 요한복음의 지평을 넓힌다. 로고스의 출현과 성육신은 **영원성**의 가시화를 전제로 한다(참조, 1:14). 이러한 전개를 위해서 요한복음은 인종과 계층의 구분마저도 초월하는 새로운 어휘와 개념을 택해서 복음의 광대한 확장성을 제시한다.

요한복음 1장 1절에서의 **태초**는 창세기 1장 1절의 **태초**와는 그 범위와 시점에서 크게 다르다. 인간이 알 수 있는 **시간**과 **공간**의 제한 속으로 하나님이 솜씨를 보인 것이 창세기의 **태초**와 **천지**이다. 반면 요한복음서의 태초는 한마디로 영원에서 영원까지이다. 태초에 천지가 창조되기 이전부터 계시던 로고스이다. 비록 창세기 1장 1절의 태초와 요한복음 1장 1절의 태초가 히브리어를 헬라어로 번역한 칠십인역(LXX)에서 동일한 단어로 사용되지만 이는 **존재**와 **행위**의 차이이다. 요한복음은 **존재성**이며 창세기는 **행위성**(기능성)이다. 요한복음의 존재성이 창세기의 천지창조 행위를 뛰어넘는다. 창세기의 태초부터 존재하시던 로고스가 아니라, 이미 창조가 있던 순간에도 존재하시던 로고스이다. 인간이 알 수 있는 태초를 비교 대상으로 삼아서 하나님의 영원성을 표현하는 것이다. 요한복음은 영원 전부터 계시던 로고스로 시작해서 그리스도인들의 영생으로 끝을 맺는다. 요한복음은 인간이 가늠하며 체험할 수 있는 시점과 지점을 뛰어넘는다. 예수님은 로고스로서 영원 전부터 하나님과 함께 계신 삼위일체 하나님이시다. 그래서 요한복음에서는 예수님의 출생지, 출생 과정, 족보 등을 소개하지 않고, 처음부터 예수님의 모습을 초월적이며 신비스러운 모습으로 제시한다.

헬라어인 **로고스**는 일반적으로 **말씀**이라고 번역되며, 그래서 로고스는 언어를 지칭하는 말씀으로 오해되기도 한다. 이로 인해 로고스가 하나님이 태초에 천지를 창조하실 때의 말씀과 비교되기도 한다. 그러나 요한복음의 로고스는 이러한 말씀이 아니라, 초월적인 존재를 지칭하는 용어이기 때문에 차라리 원어 그대로 **로고스**라고 부르는 것이 오해를 피하는 지름길일 수 있다. 로고스는 우주를 움직이는 존재, 초월적인 힘, 원리를 지칭하는 용어이다. 그래서 요한복음 1장 1절은 "영원 전부터 초월적인 존재가 있었는데 그분은 하나님과 함께 계셨고 바로 하나님이셨다"라고 번역할 수 있다.

신, 인간이 될 수 있는가?

로고스가 이 땅에 내려오셨다. 이를 소개하는 요한복음 1장 14절의 선언은 충격이다("말씀이 육신이 되어 우리 가운데 거하시매 우리가 그의 영광을 보니 아버지의 독생자의 영광이요 은혜와 진리가 충만하더라"). 요한은 초월적인 존재의 출생 장면을 보여주거나, 출생에 대한 예고도 하지 않고 갑자기 로고스가 육신으로 오셨다고 선언한다. 여기에서 사용된 **육신**이란 용어는 헬라어로 사르크스(σάρξ)인데, 이는 일반적으로 말하는 **육체**나 **살**(flesh)을 직접 일컫는 말이다. 요한복음은 성육신 사건을 말하면서 **몸**이나 **혼**과 같은 고상한 표현 대신에 직설적인 인간의 육체를 지칭하는 용어를 사용하여 충격을 더해준다. 1장 1절에서 14절까지 읽는 데 걸리는 시간은 대략 1분 정도일 것이다. 이 짧은 순간에 요한복음을 읽는 사람들은 매우 충격적인 선언을 듣는다. 당시 문화권에서는 상상할 수 없는 선언이다.

"로고스가 육신이 되셨다"

이 구절은, **초월적인 신이 인간이 되셨다**고 의역할 수 있다. 높은 공중에서 선회하던 독수리가 먹이를 발견한 순간 갑자기 지상으로 쏜살같이 내려온다. 얼마나 빠른 순간에 갑자기 내리치는지 파악할 수 없고 단지 충격과 놀라움만 남는다. 선재(Pre-existence, 先在)하던 로고스가 어떻게, 어떤 과정을 거쳐 육신이 되었는지에 대한 설명도 없이 단지 **되었다**(ἐγένετο: 에게네토)는 선언만이 등장한다. 영원에서 영원까지 바라보는 광대한 시계(視界)와 순식간에 로고스가 육신이 되었다는 선언은 요한복음을 긴장감 넘치는 복음서로 만든다.

이 긴장감에 놀라움을 안겨주는 요소가 또 있다. 바로 **신이 인간이 되었다**는 선언이다. 인간이 신이 되는 것과 달리 신이 인간이 되는 것은 헬라 문화에서는 뜻밖의 일이다. 신이 인간이 된다는 것은 무엇을 의미하는가? 그것은 천상계에서 죄를 범해서든지, 아니면 전쟁에서 패배해 지상 세계로 쫓겨난 것이다. 영원 전부터 천상에 계시던 로고스가 육신이 되었다는 것은 도저히 이해할 수 없는 자기 비하이므로 당시에 요한복음을 읽는 사람들의 충격과 긴장은 증폭될 수밖에 없었다.

세상

요한복음이 바라보는 시야의 폭은 얼마나 높고, 넓고, 깊을까? 로고스가 인간이 되었다면, 이 분은 초월적인 힘을 잃고 일부 지역과 인종에 국한되어 제한된 사명을 수행하지는 않을까? 그러나 **하나님이 인간이 되었다**는 것은 그러한 지리적, 인종적, 문화적 한계 설정을 초월한다. 그분은 우주적인 존재로서 이 **세상**의 모든 영역을 주관하며, 우리는 그 영광을 보는 것이다(1:14). 다른 복음서들과 비교할 때, 요한복음에서 두드러지게 사용하는 단어 중의 하나는 세상이다. 이 용어는 그리스도인이라면 대부분 외우고 있을 요한복음 3장 16절에도 등장한다.

> 하나님이 세상을 이처럼 사랑하사 독생자를 주셨으니 이는 그를 믿는 자마다 멸망하지 않고 영생을 얻게 하려 하심이라

세상이나 **우주**를 의미하는 **코스모스**(κόσμος)가 요한복음에서만 대략 80번 정도 등장한다. 이 용어가 요한복음을 우주적인 규모를 갖춘 복음서가 되도록 한다. 다른 복음서들은 이스라엘의 역사나 갑작스러운 예수님의 출현과 사건을 기준으로 삼아 그 시작을 열지만, 요한복음은 초월적인 존재의 알림부터 시작하여 그분이 이 땅에서 육신이 되는 과정을 수직으로 급전직하하듯이 전개한다. 시작부터 인간의 시간과 공간을 초월하면서 시간과 공간적으로 충격을 주는 복음서이다. 신이 인간이 된 장엄한 광경을 목도한 독자는 본격적으로 이 요한복음이 의도하는 내용을 따라가면서 그 초월적인 존재가 바로 나와 함께하는 **보혜사**(παράκλητος: 파라클레토스)라는 경이로운 체험을 하게 된다.

요한복음은 로고스의 정체를 하나님의 창조와 관련시킨다(1:3). 그런데 이 **로고스**와 **창조**는 보편적인 인간 집단을 의미하기도 하는 **세상**이란 어휘를 통해서 역사 속으로 구체화 된다(Rudolf Schnackenburg). 요한은 헬라-로마의 세계관 속에서 세상이란 용어를 반복하여 사용하면서 복음의 확장과 전개를 우주적으로, 즉 세상을 배경으로 전개하는데(Paula Fredriksen), 이 세

상은 그리스도인이 유대인과 이방인이나 모든 계층이라는 미시적인 분류를 초월하여 하늘에서 선회하는 독수리의 시각을 가지고 복음의 확장 범위를 바라보게 한다. 그래서 요한복음은 침례(세례) 요한을 통해서 예수가 "세상 죄를 지고 가는 하나님의 어린 양"이라고 그 정체를 밝힌다(1:29). 이 **죄**는 **세상**이라는 전제로 인해 모든 인종과 계층의 사람들에게 적용된다. 요한복음은 반복되는 유월절 이미지를 통해서 예수님의 희생적인 죽음을 강조하는데, 이 죽음의 성격은 이미 침례(세례) 요한의 증언에서 바로 세상의 죄를 지는 것이라고 규정된 것이다.

요한복음은 **세상 죄**의 해결이라는 관점에서 예수님의 부활보다도 죽음에 집중하여 이 죽음의 장면을 다른 복음서보다 세밀하게 묘사한다. 이에 맞추어 요한복음은 십자가의 명패도 당시 세계를 대표하는 세 가지 언어로 기록된 것을 소개함으로써 아이러니하게도 그가 **나사렛 예수 유대인의 왕**을 넘어 **세상의 왕**임을 선포한다(19:19-20). 요한복음은 예수님의 수난에 비중을 두면서 **예수는 그리스도이시다**는 그의 희생적인 죽음을 세상을 향해서 전개한다.

나는 나다, 내가 그라!

예수님, 그분은 누구신가? 그분의 정체는 무엇인가? 이에 대해 요한복음은 제삼자를 통해서가 아니라 예수님 스스로 자신이 누구인지를 밝히면서 그 실체를 드러낸다. 오직 요한복음에만 등장하는 **나는 …이다**(ἐγώ εἰμι: 에고 에이미)라는 진술과, 기적을 **표적**(σημεῖον: 세메이온) 이라고 부르는 사건들과 상징들은 예수님의 정체와 직접 관련된다. 예수님이 자신의 정체를 스스로 밝히는 전개 방식으로 요한복음이 펼쳐진다.

예수님께서 메시야라는 것을 점진적으로 밝히는 마가복음과 달리 요한복음은 처음부터 예수님이 누구인지 분명하게 소개한다. 로고스인 초월적 존재가 인간의 몸을 입고 우리 가운데 거하신다는 선언은 혁명적이다(1:14). 마침내 영원자이시고 창조자이신 삼위일체 하나님의 한 분이 가시적인 인간의 모습으로 오셨다! 그래서 인간은 그 누구도 보지 못했던 하나님을 볼 수 있게 된 것이다(1:18; 20:28). 그래서 안드레는 "우리는 메시야를 만났다"라고 대담하게 말하며(1:41), 예수님께서도 사마리아 여인이 "메시야 곧 그리스도라 하는 이가 오실 줄을 내가 아노니 그가 오시면 모든 것을 우리에게 알려 주시리이다"고 말하자 "내가 그라"고 하시며, 직접 자신의 정체를 드러내신다(4:26). 예수님은 **나는 …이다**는 선언을 통해서 더욱 직설적으로 자신이 누구인지를 밝힌다. 예컨대, "나는 생명의 떡이다"와 같은 말씀이다(나는 생명의 떡 6:35, 41, 51/ 나는 세상의 빛 8:12, 9:5/ 나는 부활이요 생명 11:25/ 나는 양의 문 10:7, 9/ 나는 선한 목자 10:11, 14/ 나는 길이요 진리요 생명 14:6/ 나는 참 포도나무 15:1, 5). 이러한 예수님 자신의 정체 확인은 모세에게 나타나신 하나님께서 자신에 대한 정체를 밝히는 말씀을 연상시킨다(출 3:14, "나는 스스로 있는 자이니라").

표적, 무엇을 지향하는가?

요한복음은 **나는 …이다**는 신의 현현을 연상시키는 선언과 함께 **기적**이란 표현 대신에 **표적**이란 용어를 사용하면서 이 표적들을 일정한 방식으로 배열하여 예수님의 정체가 드러나도록 한다. 이 표적들의 규모는 점진적으로 그 경이로운 정도를 더해간다. 표적들은 표적 자체로 단발적이지 않으며, 연속되는 표적들의 전개 과정 속에서 그 기능성이 부여된다. 그렇다면 이 표적들의 배열은 어떤 신학적인 목적을 담고 있을까? 요한복음의 첫 번째 표적은 마지막 표적을 지향한다. 첫 번째 표적은 나머지 이어지는 표적들의 방향을 제시하며 그 지향 목적을 밝힌다. 그래서 첫 번째 표적을 예수님의 **완전한 자기 계시의 출발점**이라고도 한다(R. Schnackenburg). 그런데 표적은 요한복음 13장 이후에는 등장하지 않는다. 표적은 11장의 죽은 나사로가 살아나는 사건에서 그 정점에 이르며, 13장부터는 예수님의 수난인 그의 **영광**의 이야기가 본격적으로 전개된다.

요한복음서는 일반적으로 공관복음서의 물질적인 성격(physical facts)을 보충해주는 영적인 복음서(a spiritual gospel)라고 일컬어지기도 한다. 그러나 이미 공관복음의 특징을 살펴본 바와 같이 각 복음서는 각기 다른 방식으로 전개되며 요한복음도 요한복음만의 독특한 방식으로 전개된다. 예컨대, 공관복음에서 예수님의 생애 후반부에 발생한 것으로 기록된 성전 정화 사건이 요한복음에서는 예수님 생애의 초반에, 즉 물이 포도주로 바뀐 첫 번째 표적 발생 직후에 등장하는데(2:13-22; 비교, 막 11:15-18), 이는 성전 정화 사건이 예수님의 부활을 예고하는 배경을 제공하면서 직전에 발생한 첫 번째 표적 사건의 방향을 확인시키기 때문이다.

표적은 그 자체가 목적이 아니라 무엇인가 지시하는 대상물이 있다. 표적 자체에만 집중할 때는 저자가 의도한 목적에서 벗어나게 된다. 요한복음에서 처음 등장하는 표적은 물이 포도주로 바뀌는 기적이다(2:1-12). 이 표적에 대한 이해가 남은 표적들을 이해하는 지름길이다. 비유적으로 볼 때, 첫 번째 표적은 지금도 계속해서 발생한다. 물을 듬뿍 머금은 포도나무의 가지에서 물과는 전혀 다른 달콤한 포도가 주렁주렁 열리는 기적, 노아시대 이후에도 계속되는 이 기적을 통해서 우리는 물이 포도주로 바뀌는 현장 속으로, 남은 표적들의 실체 속으로 매일 들어갈 수 있다(C. S. Lewis). 요한복음에서는 표적이 발생하면 항상 그 표적이 지시하는 교훈이 제시된다. 그런데 첫 번째 표적은 다른 표적들과 달리 표면적으로는 특별한 수혜 대상이 없는 것처럼 보인다. 첫 번째 표적의 **영광**이 그의 십자가의 죽음을 상징하기 때문이다.

> 예수께서 이 첫 표적을 갈릴리 가나에서 행하여 그의 영광을 나타내시매 제자들이 그를 믿으니라(요 2:11)

다른 복음서들과 달리 요한복음의 절정은 예수님의 부활이 아니라 십자가의 죽음이다(19:30, "다 이루었다"). 예수님의 부활은 그의 죽음의 목적을 드러내면서 이 죽음이 성육신의 완성임을 밝힌다. 바꾸어 말하면, 부활은 예수님의 죽음을 그의 사명의 완성으로, 그 사명의 완성을 그의 영광으로 만드는 마지막 표적이다. 요한복음의 절정인 십자가의 죽음이 마지막 표적인 그의 부활을 통해서 조명되는 것이다. 오병이어 표적이 예수님의 몸을 주는 비유적 상징이라면, 십자가의 죽음은 이에 대한 문자적인 실현이다. 앞으로 설명할 표적의 구조에서도 밝히겠지만, 예수님이 자신의 몸을 주신 사건은 바로 마지막 표적인 부활을 포함한 모든 표적이 지향하는 핵심이다. 첫 번째 표적은 성전정화 사건과 연결되면서 물이 포도주로 바뀌듯이 비유적으로 성전을 다시 세우는 예수님의 부활을 지향하며 남은 표적들의 성격을 예고한다. 남은 표적들은 **로고스**였던 분이 자신의 **육신**을 우리에게 주는 희생적인 죽음을 돋보이게 한다. 이 죽음은 모든 시대의 사람들이 바라보아야 할 표적의 의미이다.

이제 예수님의 정체와 관련하여 요한복음의 성격을 드러내는 표적들의 구체적인 내용과 전개과정을 살펴보겠다. 예수님이 누구인가를 밝혀주는 매개체인 표적들은 상호 관련성을 가지면서 점차 놀라운 표적으로 전개되는데, 그렇다면 요한복음의 표적들은 요한복음 안에서 어떤 기능을 하는가? 요한복음의 표적의 분류에서 오병이어 기적 후에 일어난 물 위로 걷는 장면은 이 기적에 대한 반응과 이 기적의 지향 목표가 없기 때문에 표적에 포함하지 않는다. 요한복음의 표적들을 정리하면 다음과 같다.

A. 거듭남의 표적 예고/ 빈 돌항아리와 새 포도주(2:1–12)
　B. 거의 죽게 된 자 고침/ 왕의 신하의 아들(4:46–54)
　　C. 질병 치유/ 38년 된 병자(5:1–9)
　　　D. 떡을 줌/ 오천 명 먹임(6:1–14)
　　C'. 질병 치유/ 날 때부터 맹인(9:1–12)
　B'. 죽었던 자 살림/ 나사로(11:1–44)
A'. 거듭남의 표적 실현/ 빈 무덤과 부활(20:1–18).

위의 일곱 개의 표적들을 통해서 알 수 있는 것은 표적들이 교차대칭구조를 형성하면서 점진적으로 크고 중대한 사건으로 발전한다는 점이다. 다시 말하면, 거의 죽게 된 환자를 치유하고, 38년 된 만성 병자를 고치고, 날 때부터 맹인 된 자를 고치며, 죽었던 자를 살리고, 다음에는 예수님 자신이 직접 죽었다가 부활하신다. 각 표적은 상호 비교되며 후자가 전자보다 더 중한 질병으로 대칭된다(A→A', B→B', C→C').

또한, 위의 구조에서 전혀 새로운 표적이 중간에 있는 것을 발견할 수 있다. 표적들의 중간에 있는 오병이어 기적은 단지 오천 명을 먹인 사건으로 끝나지 않는다. 이와 같은 교차대칭구조에서는 그 중간에 있는 요소가 중요성이 있다. 그렇다면 표적의 핵심 역할을 하는 오병이어 기적은 요한복음의 전체 구조에서 어떤 기능을 하는가? 이 표적도 지향하는 목적이 있다. 예수님께서는 오병이어 표적과 관련하여 다른 표적 사건들과 달리 세밀하게 설명하면서(6:1-15, 22-59), 자신의 정체를 직접 공표하는 **나-말씀**을 통해 자신이 **생명의 떡**임을 밝힌다(48절). 요한복음은 이 표적이 특정한 질병 치유가 아님에도 불구하고 인간의 생로병사를 내포하고 해결하는 모든 표적의 핵심이 되도록 하여 바로 예수님의 희생적인 죽음이 이 표적이 지시하는 대상임을 말해준다.

오병이어 표적이 예수님의 죽음을 상징하는 수난의 절정이라면, 요한복음은 이 죽음을 어떻게 해석하며 의미를 부여할까? 요한복음에서는 예수님의 수난을 영광으로 표현한다. **영광**은 요한복음의 특징 중의 하나인 이중적인 표현으로서 수난에 대한 다른 해석이다. 예수님의 **들리움**은 문자적으로 땅에서 들리는 십자가의 죽음을 의미하지만, 동시에 그의 영광을 비유적으로 상징한다(3:14, "모세가 광야에서 뱀을 든 것 같이 인자도 들려야 하리니"; 12:23, "예수께서 대답하여 이르시되 인자가 영광을 얻을 때가 왔도다"). 오병이어 기적은 예수님의 완전한 정체를 밝히는 그의 죽음과 영광을 드러내는 표적이다. 이 표적은 다른 표적들의 중심부에 위치하면서 이 표적들의 방향을 지시하는 방향타와 같이 예수님의 죽음의 성격을 드러내며, 마지막 표적인 예수님의 부활이 이루어지는 것을 기대하게 한다. 오병이어 표적은 예수님이 자신의 몸을 주는 것이며, 이를 통해서 사람들이 생명을 얻을 수 있게 되는 상징이다. 오병이어 표적의 완성을 위해서 모든 표적은 처음 표적에서 예고된 대로 그의 수난의 절정인 그의 영광의 순간을 지향하면서 마지막 표적인 부활에 수렴되는 것이다.

십자가의 죽음, 왜 자세하게 기록했을까?

텔레비전에서 100미터 육상경기를 중계할 때, 선수들이 달리는 전 과정을 보여준 후, 결승점에 도달하는 뒷부분은 느린 동작으로 클로즈업하여 다시 보여준다. 이때 시청자들은 선수들이 있는 힘을 다해 뛰는 모습을 자세히 볼 수 있다. 선수들의 팔과 다리의 꿈틀거리는 근육과 발을 디딜 때마다 흔들리는 얼굴 근육, 금방이라도 숨이 멎을 것 같은 고통스러운 호흡, 누가 먼저 아슬아슬하게 결승점에 도착하는지를 생생하게 볼 수 있다. 공관복음이 100미터 달리기의 전 과정을 동일하게 보여주는 복음서라면 요한복음은 선수가 마지막 결승선에 도달하는 짧은 순간을 느린 동작으로 세밀하게 보여주는 복음서라고 할 수 있다. 요한복음은 저자가 현미경으로 정밀하게 십자가 사건을 관찰하듯이 예수님의 죽음의 순간을 자세하게 묘사한다. 예수님의 공생애 전체를 볼 때도 공관복음은 갈릴리에서부터 예루살렘까지 여행하시는 예수님의 생애 전반을 균등하게 묘사하지만, 요한복음은 예수님께서 예루살렘에 상주하며 겪는 마지막 순간을 자세하게 소개한다. 지리적으로도 공관복음의 예수님은 공생애 기간 중 단 한 번의 유월절을 위해 예루살렘으로 여행한다. 그러나 요한복음의 예수님은 최소한 세 번에 걸쳐 예루살렘으로 여행하면서 그리스도인들이 유월절을 통해서 예수님의 죽음을 바라보도록 만든다. 이로 인해 요한복음에서 예수님의 공생애의 절정은 예루살렘을 중심으로 전개되며 십자가의 죽음도 다른 복음서에 비해 섬세하게 설명된다.

요한복음과 공관복음에 나타난 십자가 명패의 내용 비교도 흥미롭다. 요한복음은 다른 복음서와 달리 이 명패에 기록된 언어를 구체적으로 소개한다. 요한복음은 이 명패의 내용이 히브리어, 로마어, 헬라어로 기록되었을 뿐만 아니라, 그 내용도 **나사렛 예수 유대인의 왕**이라고 소개한다(19:19-20). 유대인들은 이 명패에 **자칭**이라는 단어를 추가하도록 빌라도에게 요구하나 거절당한다. 이미 유대인들은 자신들의 왕은 가이사 외에는 없다고 말한 바 있다(15절). 그러나 십자가의 명패는 아이러니하게도 그들의 진정한 왕이 예수 그리스도라는 것을 온 세상이 알 수 있는 언어로 선포하는 역할을 한다. 그렇다면 이 유대인의 왕의 정체는 무엇인가?

이제 십자가로 우리의 시선을 옮겨보자. 요한복음 기자는 밀려오는 긴장과 형언할 수 없는 경외심으로 십자가를 주시하면서, 그 위에서 벌어지는 미세한 내용까지 놓치지 않고 자세하게 기록한다. 예수님께서 **성경 말씀을 이루시려고, 목마르다**고 말씀하시자(19:28), 당시에 군병들의 갈증을 해소하던 음료인 신포도주가 예수님께 제공된다(29절). 갈릴리 가나의 포도주 기적 사건에서 연회장이 "사람마다 먼저 좋은 포도주를 내고 취한 후에 낮은 것을 내거늘 그대는 지금까지 좋은 포도주를 두었도다"(2:10)라고 한 말에서 알 수 있듯이, 예수님은 마지막에 자신의 몸인 좋은 포도주를 내지만, 사람들은 마지막에 신포도주를 예수님께 제공한다. 이에 더하여 십자가 사건에서 요한복음의 내용을 생생하고도 실감 나게 만드는 것은 피와 물이 쏟아짐이다(19:34, "그 중 한 군인이 창으로 옆구리를 찌르니 곧 피와 물이 나오더라").

요한복음 기자는 이 장면도 세밀하게 표현한다. 이 증언은 공관복음에 등장하는 백부장의 고백을 대신한다. 공관복음에 등장하는 백부장의 확고한 증언과 마찬가지로 요한복음에 등장하는 피와 물의 쏟아짐은 예수님의 죽음과 그 성격을 생생하게 증언한다. 예수님은 십자가에서 영적으로, 육적으로 모든 것을 다 쏟아 부으셨다. 피는 육적인 성격을, 물은 영적인 성격을 드러낸다. 십자가의 죽음은 예수님의 완전한 죽음이다. 요한복음은 십자가의 죽음을 예수님의 사명완성으로 본다. 따라서 이러한 죽음을 자세하게 묘사하는 요한복음만이 십자가에서 **다 이루었다**는 말씀을 소개하는 것이다(19:30, "예수께서 신 포도주를 받으신 후에 이르시되 다 이루었다 하시고 머리를 숙이니 영혼이 떠나가시니라").

그런데 바로 **다 이루었다**는 말씀 전에 요한복음만의 특징인 **그 영을 건네주셨다**는 설명이 있다. 이 말씀은 보통 영혼이 떠나가시니라, 운명하셨습니다로 번역된다. 그러나 헬라어 원전을 보면 **그 영을 건네주셨다**고 표현하는 것이 정확하다. 그렇다면 **그 영**(τό πνεῦμα: 토 프뉴마)은 언제 오셨다는 말인가? 침례(세례) 요한은 **그 영**은 비둘기같이 하늘로부터 내려와서 예수님 위에 머물렀다고 증언한다(1:32-33). 그리고 예수님께서 십자가에서 죽으실 때 **그 영**을 건네주셨고(19:30), 부활하신 후 숨을 내쉬며 **성령을 받으라**고 말씀하신다(20:22, "이 말씀을 하시고 그들을 향하사 숨을 내쉬며 이르시되 성령을 받으라"). 이미 십자가의 죽음에서 나사렛 예수의 사명은 완성된 것이다. 요한복음은 특징적으로 보혜사 성령을 반복하여 소개한다(14:16-17, 26; 15:26-27; 16:7-11, 13-15). 예수님께서 **성령을 받으라**고 명령하시는 순간에 등장하는 행위인 **숨을 내쉬며**는 창세기 2장 7절의 생기를 그 코에 **불어넣으시니**와 같은 표현이다. 구약을 헬라어로 번역한 칠십인 역에서 같은 단어의 사용을 찾을 수 있다. 요한복음은 예수님의 완전한 죽음의 결과로 얻어진 성령을 받는 것을 **제2의 창조**로 간주한다. 그래서 요한복음은 부활하신 주님이 새로운 창조로서 성령을 받으라고 명령하시기 전에 나사렛 예수의 사명이 십자가의 죽음에서 완성되는 것을 자세하게 보여준다.

예수님의 십자가 죽음은 성육신에 대칭되는 완전한 죽음이다. 말씀이 육신이 되신 성육신은 십자가의 죽음에서 완성된다. 이 죽음이 예수님의 정체를 확인시킨다. 오병이어 표적의 현장에서 상징적으로 자신의 몸을 주겠다고 했듯이, 실제로 예수님은 자신의 몸을 주셨다. 이 죽음이 바로 요한복음의 절정이며, **다 이루었다**는 것은 그의 사명의 완전한 성취를 뜻한다. 그래서 요한복음은 예수님 스스로 희생하는 죽음을 표적의 중심인 오병이어의 기적을 통해서 표출하며, 다 이루었다는 선포로 그 죽음(사명)의 대미를 장식한다. 요한복음 기자는 이러한 마지막 순간을 현미경으로 자세하게 들여다보듯이 정교하게 기록한 것이다.

미래가 현재, 과거도 현재?

계절이 바뀌며 해가 바뀐다. 선적인 시간 속에서 과거, 현재, 미래가 구별된다. 그렇다면 과거는 과거이고, 미래는 단지 미래로 끝나는 것일까?

이러한 구분에 대해서 요한복음은 어떤 관점을 가지고 있을까? 요한복음에는 과거와 미래가 현재로 융합되어 있지는 않을까? 즉, 과거, 현재, 미래를 현재라는 틀 속에 녹여서, 지금 여기에 있는 그리스도인들의 결단을 촉구하지는 않을까?

요한복음은 미래가 현재이고, 과거도 현재인 **현재성**을 강조한다. 즉, 영원한 현재성에 속하는 과거와 미래이다. 요한복음에는 미래와 관련되는 개념과 용어가 종종 등장한다. 예를 들어 메시야의 도래, 부활, 심판, 영생과 같은 용어들이다. 그런데 이 용어들이 지시하는 것은 예수 그리스도를 중심으로 펼쳐지는 미래가 아니라, 바로 오늘 여기에서 성취되어 현존하는 실체이다. 물론 부분적으로 미래적인 성격을 내포하는 경우도 있지만, 그런데도 오히려 현재가 강조된다.

> 내 아버지의 뜻은 아들을 보고 믿는 자마다 영생을 얻는 이것이니 마지막 날에 내가 이를 다시 살리리라 하시니라(요 6:40)

> 내가 진실로 진실로 너희에게 이르노니 내 말을 듣고 또 나 보내신 이를 믿는 자는 영생을 얻었고 심판에 이르지 아니하나니 사망에서 생명으로 옮겼느니라(요 5:24)

영생은 인간이 그리스도를 만남으로 얻게 되는 현존하는 실체이다. 이 영생은 미래의 한 순간에 성취되는 것이 아니라, 현재 완성되어 지속한다. 요한복음은 마태복음 24장, 마가복음 13장, 누가복음 21장의 묵시적인 내용을 생략하고, 대신에 현재 결단해서 받아들여야 하는 영생을 강조한다. 과거, 현재, 미래가 모두 현재성을 가진 영생이라는 틀 속에 녹아서 지금 여기에 있는, 어느 곳 어느 시대에나 속해 있는 그리스도인의 삶을 견인한다.

영원에서 영원까지

이미 설명한 바와 같이, 요한복음은 다른 복음서들이 예수님의 출생 예고나 장면을 소개하는 것과는 달리 영원 전부터 선재하던 로고스의 존재를 상기시키는 충격적인 선언으로 그 문을 연다(1:1, "태초에 말씀이 계시니라 이 말씀이 하나님과 함께 계셨으니 이 말씀은 곧 하나님이시니라). 창세기의 **태초**를 뛰어넘는 영원 속에 존재하시던 로고스가 육신을 입었다는 선언이다. 제한된 시간과 공간을 경험하며 살아가는 인간들의 사고로는 가늠할 수 없는, 아득히 먼 영원 속에서 계시던 그분, 바로 그분이 그리스도인에게 영원한 생명을 주신다. 특별히 요한복음은 한계성 있는 개념을 내포하는 생명 차원이 아닌 **영원한 생명**이라는 인간의 사고로는 측량할 수 없는 미래까지도 보증한다.

요한복음은 초월적인 천상 세계의 존재와 그분의 창조 역할을 소개하며, 장엄한 우주적인 규모의 시작을 전개하지만, 뜻밖에도 그 초점을 한 개인이 하나님의 자녀가 되는 초청에 맞춘다.

> 그가 세상에 계셨으며 세상은 그로 말미암아 지은 바 되었으되 세상이 그를 알지 못하였고 자기 땅에 오매 자기 백성이 영접하지 아니하였으나 영접하는 자 곧 그 이름을 믿는 자들에게는 하나님의 자녀가 되는 권세를 주셨으니 이는 혈통으로나 육정으로나 사람의 뜻으로 나지 아니하고 오직 하나님께로부터 난 자들이니라(요 1:10-13)

영생은 요한복음의 특징적인 구원론 개념이다. 요한복음의 **영생**은 **영원**

(αἰώνιος: 아이오니오스)과 **생명**(ζωή: 조에)의 조합을 통해서 각 단어의 본래 의미 대신에 새롭게 정의된 구원사상이다(G. Van Der Watt). 예수님은 로고스로서 영원 전부터 존재(Pre–existence)하는 분이기 때문에 이에 상응하는 영원한 생명을 주신다. 이 선존재는 영원부터 영원까지 현존하는 삼위일체의 **하나님**으로서 요한복음의 시작과 도마의 고백을 통해서 재확인된다(1:1; 20:28). 요한복음은 로고스의 존재론적인 영원에서 그리스도인의 영원한 생명까지 아우르는 영원성을 한 개인에게 초점을 맞추어 적용한다. 요한복음은 시작부터 영원을 전제로 예수님의 기원을 소개하면서, 그리스도인에게 이 영원을 전제로 한 생명을 준다고 보증하는 것이다. 로고스는 영원성을 가진 선존재로서 "예수는 그리스도이시다"는 복음의 영원성을 보증하면서, 이 복음이 세상으로 지평을 넓혀 모든 세대에게 적용되도록 만드는 힘의 원천이다. 이 복음의 **영원성**이 **영생**에 대한 보증이다.

영생과 영원한 보혜사

영생은 요한복음의 특징 중의 하나인 **보혜사**와 밀접한 관련을 가진다. 요한복음은 영원 속에서 선재하던 로고스의 내려오심의 목적을 처음부터 분명하게 밝히며, 그를 받아들이는 것에 대한 중요성을 표명한다. 영원 전부터 전개되는 요한복음의 시작이 영원한 생명을 주는 구원으로 연결되며 한 개인에게 목적이 맞추어진다. 장엄한 우주 규모의 사건이 결국 한 개인의 구원과 직결되는 것이다. 이를 위해 요한복음은 공중에서 선회하던 독수리가 갑자기 내려오듯이 예수님이 어떻게 초자연적으로 이 땅에 오셨는지, 그리고 예수님이 어떻게 배척받으셨고, 죽으셨으며, 부활하셨는지를 보여준다. 그래서 요한복음은 예수님의 영속성으로 또 다른 보혜사인 성령을 강조하는 것이다.

요한복음의 구원론과 성령론은 보혜사와 밀접한 관련을 가진다. 예수님은 세상에 복음을 전파하여 확장시키는 주체가 자신이 아니라 보혜사라고 제시하면서, 이 보혜사가 자신의 뒤를 이어 자신과 같은 사역을 펼칠 것을 예고하신다(14:26; 15:26; 16:7, 16). 예수님께서는 분명하게 또 다른 보혜사를 보내주겠다고 약속하셨다(14:16, "내가 아버지께 구하겠으니 그가 또 다른 보혜사를 너희에게 주사 영원토록 너희와 함께 있게 하리니"). 이 구절들을 통해서 알 수 있듯이, 예수님은 보혜사이며 성령도 **또 다른 보혜사**이다.

예수님은 유대인이나 이방인이나 혹은 어떤 특정한 인종의 혈통과 계층을 통해서 출현하신 것이 아니라, 하늘로부터 하나님이 보내신 분으로서 모든 이념, 사상, 민족, 신분의 장벽을 뛰어넘는 인격이시다. 보혜사는 **봄**과 **보지 못함**의 교훈을 주신 예수님을 모든 세대에게 보여주는 나사렛 예수의 현존이다(20:29, "예수께서 이르시되 너는 나를 본 고로 믿느냐 보지 못하고 믿는 자들은 복되도다 하시니라"). 보혜사, 즉 영으로 오신 예수님은 인종과 계층의 장벽을 뛰어넘어 영원한 생명을 주는 복음이 모든 민족과 계층을 포괄하는 것을 보증하는 실체이다. 영원 전부터 계시던 로고스, 하나님으로 선포되는 그리스도, 영원까지 우리를 보증하는 파라클레토스(보혜사), 결국 삼위일체 하나님의 손에서 지금 여기에 있는 우리의 구원이 우주 속에서 이루어지며 영원까지 보증된다. 요한복음의 미래는 현재이며, 과거도 현재화되어 그리스도인이 **영원한 생명**을 **지금 여기에서** 소유하고 누리게 한다. 현존하는 **보혜사 성령**이 미래의 파루시아(παρουσία: 재림)인 예수님의 재림을 현재화시킨다.

8. 펼쳐지는 복음: 한 복음 속의 네 복음서

네 복음서는 서로 다른 신학적 관점으로 **예수는 그리스도이시다**는 복음을 전개하는데, 이 전개 과정에서 사용하는 기본적인 틀은 종교적 인종 개념인 **유대인**과 **이방인**이라는 구분이다. 모든 민족을 총칭하는 유대인과 이방인의 도식은 네 복음서의 지리적, 문화적 토대인 A.D. 1세기의 유대교와 함께 헬라-로마 문화와 정치의 융합 상황에서 활동하시던 예수를 주인공으로 한 복음의 확장성을 설명하기에 적합한 구조이다. 이 구조를 축으로 삼은 네 복음서는 각자 다른 신학적인 전개방식을 취한다. 네 복음서의 전개 방식에 대한 이해를 위해 이를 로마서의 구원론 전개의 일부분과 간략하게 비교해보겠다.

태생적인 유대교를 비롯해 헬라-로마 문화와 정치 환경의 다문화적인 삶에 익숙했던 바울은 로마서에서 이러한 개념을 모두 활용하여 복음의 신학화(이론적 체계화)를 이루었다. 로마서는 이방인의 본성(양심)에 기록한 율법(1:18-32)과 유대인의 문서에 기록한 율법(2:1-3:8) 준수의 실패로 인해 모든 인간이 죄인이기 때문에 이방인과 유대인 모두 구원의 대상이 된다고 해석한다(3:9-20). 바꾸어 말하면, 로마서는 율법의 종류를 두 가지 다른 계시의 차이로 구분하면서, 이 구분을 이방인과 유대인이라는 도식에 적용한다.

유대인과 이방인의 구조로 모든 민족에게 전파되는 복음의 통일성과 다양성을 어떻게 이해할 수 있을까? 네 복음서는 논리적 내용 전개의 산물이 아니라, 사실에 근거한 의미 제공이 목적이다. 네 복음서 저자는 하나의 각도와 초점으로 사진을 촬영하듯이 나사렛 예수를 전하지 않고 각각의 관점으로 사물을 화폭에 담는 화가처럼 나사렛 예수를 묘사한다. 예수 그리스도를 각기 다른 관점에 바라본 결과가 네 복음서로 표출된 것이다. **예수는 그리스도이시다**라는 사실에 기초하면서도 사실 전달의 목적을 넘어서 그 사실의 의미를 전하는 것이 네 복음서 기자의 목적이다. 이러한 목적이 각 복음서 기자의 **신학**이다. 이에 따라 네 복음서는 예수의 행적과 교훈을 모두 기록한 것이 아니라, 그 가운데서 각 복음서의 목적에 맞는 행적과 교훈을 선택했고, 그 배열의 순서도 다르게 정리했다. 이를 통일성과 다양성의 구조로 이해할 수 있다. **나사렛 예수가 그리스도이시다**라는 통일된 신학 안에서 다양하게 복음을 전개한 구조의 결과가 네 복음서이다. 이러한 통일성과 다양성은 신약성서 전체의 신학에도 적용된다. 27권의 다양한 성경은 결국 한 권의 성경으로 역할을 수행한다.

네 복음서는 서로 다른 전개방식을 보이면서도 예수는 그리스도이시다는 복음의 통일성을 이룬다. 네 복음서는 나사렛 예수가 그리스도이신 선포를 각기 다른 구조로 펼치며 각 복음서의 지향 목적을 완성한다. 이러한 결과로 각 복음서의 기독론 칭호들(예컨대, 하나님의 아들, 인자, 다윗의 자손, 주)을 수렴하는 **그리스도**는 **나사렛 예수**와 일치되면서 확장되는 복음의 근원이 된다.

복음의 통일성은 네 복음서의 전개 방식의 다양성을 배경으로 하며, 이 다양성은 복음서 간의 긴장과 균형 속에서 확장성의 토대로 발전한다. 네 복음서는 어떤 다양한 특징을 가지고 통일성을 형성하는가? **예수는 그리스도이시다**라는 선언을 마태복음은 모든 사람과 민족을 포함하는 포용성의 복음으로, 마가복음은 율법의 울타리를 뛰어넘어 이방인마저도 흡수하는 수용성의 복음으로, 누가복음은 인종의 장벽을 뚫고 모든 계층에게 미치는 평등성의 복음으로, 요한복음은 인종이나 계층의 차원을 초월하여 온 세상(코스모스)을 아우르는 광대성의 복음으로 전파된다.

네 복음서라는 정경은 나사렛 예수를 혼합하여 획일화하고 정형화한 예수 그리스도로 제시하는 분류 체계가 아니라, 복음서의 다양한 관점(신학)을 상호 보완시키는 정경 속의 입체성이다. 이 입체성을 통해서 **예수가 그리스도이시다**라는 선포는 우주적으로 모든 인종과 계층 속으로 침투하는 복음이 된다. 한 분 예수를 각 복음서 기자는 다른 신학(관점)으로 네 개의 복음서 속에서 선포하는 것이다. 이렇게 선포되고 펼쳐지는 복음은 네 복음서의 각각 다른 전개 방식을 통해서 확장성의 극대화를 이룬다.

6장

교회가 세워지다

– 사도행전 –

6장 교회가 세워지다

– 사도행전

신약성경은 교회가 설립되는 과정을 어떻게 제시하고 있을까? 이 시대의 교회는 신약교회를 계승하는 정통성을 유지하는가? 사도행전이 이에 대한 답을 준다. 사도행전은 교회의 정통성과 연속성을 역사적인 기술형태로 제시하면서 성령행전의 신학을 보여준다. 사도행전은 초대교회의 역사(history)를 기록한 고전이 아니다. 사도행전의 역사(works)는 지금도 계속되며, 이 역사의 이어짐은 이 땅의 모든 교회가 설 수 있는 토대이다.

사도행전과 네 복음서의 근본적인 성격의 차이가 있다. 사도행전은, 예수님의 승천 이후에 복음이 선포되며 교회가 설립되는 과정을 역사 형태로 제시한다. 네 복음서는 공통으로 **예수는 그리스도이시다**라는 복음을 선포한다. 복음서는 **신학화된 역사**(theologized history)이지만 사도행전은 이와 달리 **역사화된 신학**(historicized theology)이다. 사도행전은 복음이 전파되면서 형성되는 교회 설립과 그 과정에 나타난 성령의 활동을 생생하게 증언하는 초대교회의 간증이다. 따라서 성령체험이 없이 사도행전을 바라볼 때는 이해의 한계를 가질 수밖에 없다. 물론 한 개인의 체험이 절대적일 수 없으며, 모든 체험을 사도행전을 통해 입증하려는 무리한 시도는 배제되어야 한다.

사도행전에 나타난 사건과 현상들의 **받아들여짐**은 교회 현장과 신학자들 사이에서 보이지 않는 갈등과 함께 그 이해의 격차는 동(東)이 서(西)에서 먼 것처럼 거리감을 주기도 한다. 영국 런던에 그리니치 천문대(Greenwich Observatory)가 있다. 경도의 원점으로서 세계 표준시의 시점이며 우리나라가 동방에 있는 나라가 되도록 동과 서를 나누는 선이 시작되는 곳이다. 한없이 먼 거리처럼 느껴지는 동쪽과 서쪽이 단지 선 하나를 기점으로 한 지점에서 만난다. 그래서 관광객들은 한 발은 동쪽에, 다른 한 발은 서쪽에 딛고 기념사진을 촬영한다. 이론적으로는 가능하지 않은 동쪽과 서쪽의 만남이 자신의 한 몸을 통해서 그 극단적인 틈을 극복하는 것이다. 신앙과 신학의 간극, 이론이 아니라 성령체험으로 극복할 수 있다.

1. 베드로의 보증, 바울의 사명

사도행전의 시작은 네 복음서의 내용 요약과 이후 과정의 도입부 같은 인상을 주면서 복음이 전 세계에 전파되는 원리를 표본처럼 제시한다. 사도행전은 네 복음서에 나타난 예수 그리스도의 부활에 대한 증언과 성령의 도래에 대한 예고로 시작한다. 이 증언은 예수 그리스도의 복음의 연속성에 대한 보증이며, 나사렛 예수의 승천 이후 새로운 성령시대(교회시대)의 도래를 선포하는 것이다. 사도행전은 네 복음서의 종합적인 결론과 같은 "성령을 받으라"는 요한복음(20:22)의 선언을 이어받아, "요한은 물로 침례(세례)를 베풀었으나 너희는 몇 날이 못 되어 성령으로 침례(세례)를 받으리라"(행 1:5)는 예수님의 약속을 새로운 사명의 시작으로 소개한다. 곧이어 이 약속의 성취인 성령의 강림이 소개되고 본격적인 복음의 위력이 발휘되면서 네 복음서의 중요 인물인 베드로와 바울의 사역이 펼쳐진다.

펼쳐지는 복음

사도행전은 복음의 연속성과 사역의 연계성으로 지상의 예수와 초대교회 사이의 교량 역할을 한다. 사도행전과 네 복음서를 **복음**이라는 측면에서 구분한다면, 복음서는 예수를 그리스도로 선포하는 복음이며, 사도행전은 예수 그리스도를 전파하는 복음이다. 예수가 그리스도이신 복음의 주체는 나사렛 예수이며, 나사렛 예수 이후 시대 복음의 주체는 성령이다. 이러한 구분이 복음서와 사도행전에서 분명하게 드러난다. 또한, 복음의 전개 과정을 중심으로 복음서와 사도행전을 구분할 수 있다. 복음은 유대의 중심이 되는 예루살렘을 축으로 전개되며, 유대 지역을 벗어나면서부터는 안디옥을 거쳐 로마를 축으로 전개된다. 즉, 예루살렘을 중심지로 삼아 유대교와 그 생활 문화를 배경으로 전개되던 복음이 그 틀을 벗어나서는 헬라-로마의 문화 구조 속에서 로마를 배경으로 전개된다.

그렇다면 사도행전에서 제자들의 복음전파는 누구에 의해서 보증되는가? 다시 말하면, 어떻게 복음의 정통성이 그들에게 부여될 수 있을까? 지상의 예수가 부재하는 상황에서 그 공간을 대신할 분이 성령이라고 하는데, 그에 대한 정당성은 어떻게 확보했을까? 지금 우리 손에는 사도행전이라는 문서화되고 역사화된 말씀이 있지만, 이러한 성경이 없던 초대교회

당시 상황에서 그리스도인들은 자신들에게 현실적으로 존재하는 성령의 역사를 무엇으로 입증하였을까? 예수 그리스도의 사역이 지속된다고 그리스도인들은 어떻게 확신할 수 있었을까? 무엇보다도 어느 날 갑자기 성령 충만을 받았다고 등장한 바울이 어떻게 나사렛 예수와 관련한 그의 활동의 정당성을 보증받을 수 있었을까? 이러한 질문들이 교회가 설립되고 전파되는 과정에서 제기되었다.

어느 날 은혜 받은 바울, 어떻게 사명을 이어가는가?

사도행전에서는 베드로와 바울이라는 걸출한 두 제자가 무대의 주연으로 등장한다. 사도행전의 전반부에는 베드로가, 이후에는 바울이 주요 인물로 활동한다. 사실 베드로는 이미 복음서에서도 맹활약하던 인물이기에 그의 등장은 새삼스러울 것이 없다. 사도행전은 바울이 예루살렘을 중심으로 활동하던 베드로의 영역을 뛰어넘어 전 세계에 복음을 전파하는 과정을 소개한다. 그렇다면 사도행전에 굳이 베드로의 사역이 기록될 필요가 있었을까? 필요했다. 중요한 점은 베드로의 등장으로 바울의 활동이 정통성을 갖게 되었다는 점이다. 사도행전은 베드로를 통해서 네 복음서와 연속성을 가지며, 바울의 사역은 베드로와의 연계성을 통해 나사렛 예수의 생애 및 사역과 연속성을 가진다. 사도행전 이야기 속에서 바울은 베드로를 통해 정통성을 확보한다.

이와 같이 네 복음서의 주요 인물인 베드로는 사도행전에서 복음서와 사도행전을 연결하는 동시에 복음서의 기초를 바울과 연결하는 보증인의 기능을 수행한다. 바울의 사도직은 베드로와의 연계성을 나타낼 뿐만 아니라 기능에 의한 **사도** 칭호임을 알 수 있다. 이에 대한 이해를 돕기 위해 베드로와 바울을 간략히 비교해 보겠다. 베드로의 사도직은 예수님에 의해서(by Jesus) 이루어진다. 그러나 바울의 사도직은 지상에서 활동하시던 예수님과의 관계나 사도 자격 조건의 제한을 뛰어넘어 예수님과 하나님에 의해서(by Jesus and God) 직접 이루어진다.

> 사람들에게서 난 것도 아니요 사람으로 말미암은 것도 아니요 오직 예수 그리스도와 그를 죽은 자 가운데서 살리신 하나님 아버지로 말미암아 사도 된 바울은(갈 1:1)

사도행전의 사도 선출 기준에 따르면 바울은 지원서조차도 낼 수 없는 자격 미달이다.

> 요한의 침례(세례)로부터 우리 가운데서 올려져 가신 날까지 주 예수께서 우리 가운데 출입하실 때에 항상 우리와 함께 다니던 사람 중에 하나를 세워 우리와 더불어 예수께서 부활하심을 증언할 사람이 되게 하여야 하리라 하거늘(1:21–22)

그런데 바울은 이 자격 기준을 초월해서 지상의 예수뿐 아니라, 그를 죽은 자 가운데서 살리신 하나님께 직접 임명받아 사도가 되었다고 주장한다(갈 1:1). 물론 이 변증 구절을 통해서 바울의 사도직은 끊임없는 논쟁거리였음을 짐작할 수 있다. 어쨌든, 바울의 사도직은 유대 배경이 아니라, 이를 초월한 전 세계를 향한 사명의 부여로서 베드로의 사도직과는 그 배경과 지향 목적에서 뚜렷하게 대비된다. 어떤 면에서 바울의 사도직은 베드로를 뛰어넘지만, 그런데도 베드로와 바울의 사역은 바로 **사도** 칭호를 통해서도 연계성과 연속성을 가진다. 복음서에서 대표되는 인물인 베드로와 사도행전의 주요 인물인 바울의 사역을 통해서 사도행전의 복음은 네 복음서의 복음과 동일한 것임을 보여준다. 이 두 인물의 연계성과 사역의 연속성은 새로운 시대인 성령시대에 지상 예수의 부재 상황을 극복하게 해준다. 네 복음서 가운데 주요 인물인 베드로를 통해서 복음의 정통성이 바울과 다른 제자들의 활동 영역까지 이어진다. 지금의 우리에게까지도!

2. 예수님의 승천, 역사의 분기점인가?

예수님의 승천 장면이 복음서에는 부분적으로 등장하지만, 사도행전은 특징적으로 이를 자세히 소개한다(1:9-11). 네 복음서는 이상하게도 예수님의 승천 사건에 관심이 없는 것처럼 보인다. 마가복음에서 이 승천 이야기는 단편적으로 소개되며(16:19, "주 예수께서 말씀을 마치신 후에 하늘로 올려지사 하나님 우편에 앉으시니라"), 누가복음에서는 이보다 더 흐릿하게 승천을 짐작하는 이야기만 등장할 뿐이다(24:51, "축복하실 때에 그들을 떠나 하늘로 올려지시니"). 요한복음은 상징적인 예수님의 **들리움**이나 **올라감**을 언급하지만(12:32; 20:17 등), 구체적인 승천 장면은 소개하지 않는다. 그렇다면 이렇게 사도행전의 특징을 이루는 예수님의 승천은 사도행전의 전체적인 구조에서 어떤 의미를 내포하고 있을까?

네 복음서의 승천 이야기

네 복음서는 어떤 이유로 예수님의 승천 장면의 흔적만 소개할까? 마태복음은 "내가 세상 끝날까지 너희와 항상 함께 있으리라"(28:20)는 말씀으로 이 복음서의 대미를 장식한다. 마태복음은 다른 복음서들과 달리 이미 예수님의 출생과 관련하여 **임마누엘**을 소개한다(1:23). 우리가 잘 알고 있듯이 임마누엘은 **하나님이 우리와 함께 계시다**는 뜻이다. 그러므로 마태복음은 예수님의 승천 장면을 소개하는 대신에 그 예수님이 우리와 항상 함께하신다는 보증으로 이 복음서의 처음과 끝의 구조를 완성한다. 마가복음은 예수님께서 승천하신 후 하나님의 우편에 계심을 소개함으로써(16:19), 초자연적이며 초월적인 강력한 기독론을 연장한다. 누가복음은 예수님이 제자들에게 약속하신 것을 받으라는 명령과 함께 예루살렘에 머물라는 당부를 소개하면서, 단지 예수님의 승천을 짐작만 할 수 있도록 표현한다. 그래서 누가복음은 나사렛 예수의 사역 종결을 의미하는 승천보다도 그분이 약속하신 것을 기다리는 제자들의 상황을 반영하며, 이어지는 사도행전을 통해서 그 약속의 성취를 기대하게 한다. 요한복음은 공관복음에서 종종 등장하는 **하늘 나라** 또는 **하나님 나라** 대신에 **영생**이 그리스도인들에게 주어진다고 소개한다(3:16). 특히 요한복음은 보혜사 성령을 통해 미래적인 구원보다는 바로 오늘 여기에서 영생을 얻는 구원의 현재화를 강조한다. 요한복음에서 예수님의 승천은 **영생**이라는 무시간적이며 무공간적인 개념으로 흡수된다. 이러한 이유로 인해 네 복음서는 승천 상면을 언급하지 않거나 그 흔적만 소개할 뿐이다.

사도행전의 승천 이야기

사도행전은 "데오빌로여 내가 먼저 쓴 글에는 무릇 예수께서 행하시며 가르치시기를 시작하심부터 그가 택하신 사도들에게 성령으로 명하시고 승천하신 날까지의 일을 기록하였노라"(1:1-2)고 시작하면서 승천 이야기가 이미 제시되었다고 전제한다. 그런데도 사도행전은 마치 다른 복음서들을 포함해서 특히 누가복음에서도 흐릿하게 소개하는 승천 이야기를 보충하듯이 세밀하게 이 장면을 묘사한다. 이 내용의 압권은 예수님께서 성령에 대한 보증과 그 보증 선언 직후에 하늘로 올라가시는 장면이다.

> 오직 성령이 너희에게 임하시면 너희가 권능을 받고 예루살렘과 온 유대와 사마리아와 땅 끝까지 이르러 내 증인이 되리라 하시니라 이 말씀을 마치시고 그들이 보는데 올려져 가시니 구름이 그를 가리어 보이지 않게 하더라 올라가실 때에 제자들이 자세히 하늘을 쳐다보고 있는데 흰 옷 입은 두 사람이 그들 곁에 서서 이르되 갈릴리 사람들아 어찌하여 서서 하늘을 쳐다보느냐 너희 가운데서 하늘로 올려지신 이 예수는 하늘로 가심을 본 그대로 오시리라 하였느니라(행 1:8-11)

누가복음은 소망에 대한 기대로 끝을 맺지만, 사도행전은 그 소망의 성취와 더불어 시작한다. 바울은 역경 가운데 있던 데살로니가의 교인들이 예수님의 재림 시기와 재림 전에 죽은 자들의 운명에 대해 깊은 관심을 기울일 때, 이들에게 편지를 보내면서 예수 그리스도의 재림을 생생하게 전한다.

> 주께서 호령과 천사장의 소리와 하나님의 나팔 소리로 친히 하늘로부터 강림하시리니 그리스도 안에서 죽은 자들이 먼저 일어나고 그 후에 우리 살아남은 자들도 그들과 함께 구름 속으로 끌어 올려 공중에서 주를 영접하게 하시리니 그리하여 우리가 항상 주와 함께 있으리라(살전 4:16-17)

그리스도인들(데살로니가의 교인들)은 이 장면을 읽으면서 예수님의 재림에 대한 확신을 하게 된다. 예수님의 승천이 이와 비교된다고 할 수 있다. 사도행전은 세밀한 예수님의 승천 장면을 소개함으로써, 확실한 지상 예수의 부재를 확인시킨다. 마가복음이나 누가복음이 단지 한 구절로만 소개하는 승천 장면과 달리, 사도행전의 생생한 묘사는 더 이상 나사렛 예수가 이 땅에 계시지 않음을 분명하게 증언한다. 사도행전은 예수님께서 부활하신 후의 활동을 명확하게 마무리하면서 성령강림을 기다려야 하는 때를 제시한다. 이 성령강림과 더불어 민족과 이념을 초월하는 전 세계적인 복음전파의 사명이 시작된다. 그래서 승천하신 예수 그리스도와 이 예수를 대신하여 오시게 될 성령의 교차가 사도행전 초반에 등장한다. 예수님의 승천과 이어지는 성령강림은 역사의 분기점이며 새로운 시대의 시작이기 때문에, 사도행전은 지상 예수의 활동을 지속하는 성령의 사역을 처음부터 본격적으로 전개하는 것이다.

상징적으로, 구약성경이 예루살렘을 지향한다면, 신약성경은 많은 땅 끝들(the ends of the earth)을 지향하며 그 내용을 펼친다. 사도행전은 제자들이 기대했던 이스라엘 나라의 회복이라는 지리적 공간 개념의 국가 회복(1:6)이 아니라, 민족 개념을 뛰어넘는 전 세계적인 구원 사건의 시작을 소개한다. 사도들의 사명도 지리적이며, 지엽적인 한계성에 머물러 있는 것이 아니라, 땅 끝까지 확장되는 새로운 시대의 증인이 되는 것이다. 사도행전에 나타난 예수님의 승천은 이스라엘의 회복에 대한 국지적인 기대를 극복하고 초월하게 해주며, **성령시대**의 도래를 선포하는 전주곡이다.

3. 영계의 전투현장, 성령시대!

교회는 이단과 사회의 타락과 부패의 근원인 사악한 영들을 늘 경계한다. 그리스도인의 삶은 영적 전투의 현장 속에 놓여있다. 그리스도인이 영적인 전투에서 승리하기 위해서는 반드시 성령의 인도와 보호하심을 받아야 한다. 성령의 역사는 영적 전투의 현장에서 그 위력을 계속해서 발휘하고 있다. 영적인 전투가 벌어지는 내면을 사도행전이 밝히 보여주며 승리의 길을 제시한다. 예수님은 지금도 영계(靈界)를 다스리신다(막 3:11; 5:7).

보혜사, 성령님

예수님께서는 분명하게 또 다른 보혜사를 보내주겠다고 약속하셨고(요 14:16), 부활하신 후에는 성령을 받으라고 단정적으로 선포하신다(20:22). 예수님은 보혜사이며, 성령도 보혜사이다. 비유적으로, 구약 시대의 하나님은 "아브라함아! 아브라함아!"라고 위에서 말씀하셨고, 지상에서 활동하시던 나사렛 예수님은 바로 옆에서 말씀하셨는데, 우리가 사는 이 시대는 성령이 우리 가운데 **내주하시며**(indwelling) 말씀하신다.

혹자는 사도행전 시대와 우리 시대가 다르다고 주장하기도 한다. 그렇지 않다. 사도행전 시대와 우리 시대는 같은 교회시대인 성령시대이다. 동일한 시대의 표본을 사도행전이 제시한다. 누가복음과 사도행전을 비교해보면, 누가복음은 지상의 예수님을 중심으로 기록되었고, 사도행전은 성령을 중심으로 기록되었는데, 이 둘은 상호 대칭적이다. 예수님을 닮는 삶이 결국 성령과 동행하는 삶이라는 것은 누가복음과 사도행전의 비교를 통해서 분명하게 드러난다. 2천 년 전에 활동하시던 지상의 예수님이 어떻게 우리의 주님이 될 수 있고, 그분의 활동이 어떻게 우리에게 미칠 수 있는가? 이는 오직 성령이 보혜사이시기 때문에 가능하다. 같은 보혜사로서 지상의 예수님과 성령의 사역은 동일하다. 그래서 성령시대에는 성령이 주인 되는 삶이 바로 예수님과 더불어 사는 삶이다. 사도행전의 시대나 현재 우리의 시대는 동일한 성령의 사역이 펼쳐지는 공간이다.

사도행전 사건들, 선(線)위에서 보지 말고 원(圓) 속에서 보라!

사도행전의 역사(works)는 이미 초대교회 시대에 끝났고, 이제는 말씀으로 살아야 한다는 주장이 종종 제기된다. 그렇다면 사도행전의 기록을 단지 문자의 결합으로 이해하자는 말인가? 말씀의 실체는 무엇인가? 신학자 무어(Stephen D. Moore)는 말씀이 육신이 되었고, 이제는 그 육신이 문자가 되었다는 재미있는 표현을 한다. 즉, 본문 속의 문자들이 상호 역할에 의해 새로운 의미를 끊임없이 산출한다는 것이다. 문학비평을 선호하는 신학자들이 이런 주장을 하는 경향이 있다. 심각한 문제다. 사도행전은 문학작품이거나 또는 과거를 가르치는 역사책이 아니라, 지금도 계속되는 생생한 성령의 활동과 역사를 보여준다. 그러기에 사도행전을 읽을 때 성령체험 없이 그 내용을 이해한다는 것은 실제로 매우 어렵다고 할 수 있다.

우리에게, 사도행전에 나타나는 사건의 실체를 이어주는 매체는 성령체험이다. 사도행전은 누가가 자신의 체험을 통해서 당시에 발생한 일들을 신학적으로 정리하고 자신이 목적한 **차례**(신학)를 따라 기록한 산물이다(눅 1:1-4). 같은 성령체험을 한다는 것은 사도행전 기자의 관점과 체험을 획득하는 것이고, 이는 사도행전의 현상들을 동일하게 이해하고 받아들일 뿐만 아니라 같은 체험을 공유하는 것을 의미한다. 따라서 사도행전의 증언은 지금 우리와 같은 공간 안에서 발생했던 그리고 발생하는 일들에 대한 고백이며 선포이다. 우리 시대는 순차적으로 이어지는 사도행전 이후의 시대를 넘어 공간적으로 사도행전 안에서 동일하게 존재하는 시대이다. 사도행전의 세계와 동일하게 하나님의 구속사가 인간의 역사 속에서 진행되며 표출되는 한 부분이 우리의 시대이다.

4. 성령침례(성령세례)와 성령충만, 같은가, 다른가?

개인이나 교단의 상황에 따라 다양한 견해를 보이는 신학 논제 중의 하나가 성령침례(성령세례)에 관한 내용이다. 성령침례(성령세례)는 성령충만과 비교되며, 이 두 가지의 실체가 무엇인지, 또 어떤 시점과 상태에서 이 두 현상을 체험했다고 할 수 있는지 등에 대한 질문이 끊임없이 제기된다. 물론 각 교회의 신학적인 배경이나, 각 개인의 신앙 체험에 따라 질문의 방향은 다르며 기대하는 답변의 성격도 차이가 있다. 교회 현장에서 이 둘의 관계성이 많은 관심을 불러일으키는 민감한 주제임에도 불구하고, 이에 대한 통일된 견해 대신에 다양한 견해가 존재한다. 이러한 상황에서 성령침례(성령세례)와 성령충만의 관계를 어떻게 정의할 수 있는지에 대해 사도행전에 나타난 성령 사건들을 중심으로 원론적인 측면에서 살펴보고자 한다.

유대인의 오순절, 이방인의 오순절

성령침례(성령세례)를 받을 것이라는 예수님의 약속(행 1:5)은 당연히 이 성령침례(성령세례)의 실현을 기대하게 한다. 그런데 이상하게도 사도행전에는 성령침례(성령세례)로 불리는 사건이 구체적으로 소개되지 않는다. 사도행전은 성령 사건들 가운데 어떤 것을 지칭해서 바로 이 사건이 예수님께서 예고하신 **성령침례(성령세례)이다**라고 규정하지 않는다. 그래서 성령침례(성령세례)와 성령충만의 관계성에 대해서는 이 둘이 같은 사건인지, 아니면 다른 사건인지에 대한 이슈가 주목받는다. 어쨌든 성령침례 예고 후에 가장 처음에 발생한 성령 사건은 사도행전 2장에서 등장하는데, 사도행전 저자는 이 사건을 **성령충만**이라고 부른다. 이러한 정황이 성령침례(성령세례)와 성령충만의 관련성을 유추하게 한다.

우리 주변의 도서관과 인터넷의 수많은 자료가 이 문제를 다루고 있다. 이 관계에 대한 정리는 교단이나 개인마다 차이를 보이지만, 중요한 것은 **성령체험**의 여부에 따라 이 정의가 다르게 표현될 수 있다는 점이다. 성령의 나타나심은 단순하게 획일화되지 않으며, 사도행전은 복음이 어떻게 선포되고 교회가 설립되는지, 그리고 그 과정에서 어떻게 성령께서 역사하는지를 보여주기 때문에 단지 사도행전에 나타난 현상만이 전부라고 할 수도 없다. 물론 사도행전은 그리스도인들이 지속해서 성령체험을 비춰 보아야 할 전형의 한 표본임에는 분명하다.

많은 논쟁에도 불구하고 성령충만과 성령침례(성령세례)의 관계는 우선 사도행전의 성령 사건들에 대한 이해를 통해서 정리할 수 있다. 유대인의 오순절이라고 지칭되는 사도행전 2장의 성령강림과 이방인의 오순절로 일컬어지는 10장의 고넬료 사건의 비교는 성령침례(성령세례)와 성령충만의 관계를 조명하는 출발점이다. 사도행전의 주요 인물인 베드로는 이 두 사례에서 핵심적인 역할을 수행한다. 베드로는 이 두 사건을 같은 성령체험 사건으로 일치시킨다.

> 내가 말을 시작할 때에 성령이 그들에게 임하시기를 처음 우리에게 하신 것과 같이 하는지라 내가 주의 말씀에 요한은 물로 침례(세례)를 베풀었으나 너희는 성령으로 침례(세례)를 받으리라 하신 것이 생각났노라 그런즉 하나님이 우리가 주 예수 그리스도를 믿을 때에 주신 것과 같은 선물을 그들에게도 주셨으니 내가 누구이기에 하

나님을 능히 막겠느냐 하더라(행 11:15-17)

베드로가 고넬료의 경험을 자신의 경험과 일치시킴으로써 고넬료의 성령 사건에 대한 표현인 **임하심**은 한 가지 사건에 대한 다양한 표현의 결과로 간주할 수 있게 된다. 이는 2장의 성령강림 사건을 규정하는 **성령충만**이란 용어를 10장의 고넬료 사건에도 적용할 수 있게 한다. 성령 사건과 관련한 중심적인 용어인 성령침례(성령세례)나 성령충만이 다른 용어들을 수렴하면서, 이 두 용어는 여러 성령 현상들을 수반하고 포괄하는 기능을 수행한다.

사도행전은 예수님의 승천 사건을 소개하는데, 이미 설명한 바와 같이 생생한 승천 사건의 묘사는 확실한 지상 예수의 부재와 성령시대의 도래를 확인해주는 장치이다. 이 상황에서 예수님은, 요한은 물로 침례(세례)를 주었지만, 너희는 몇 날이 못 되어 성령으로 침례(세례)를 받을 것이라고 확인시키며(1:5), 땅 끝까지 이르는 복음의 증인이 되기 위해서는 권능을 받아야 하고, 권능을 받기 위해서는 성령을 받아야 한다고 명령하신다(8절). 그 후, 몇 날이 못 되어 오순절 성령강림 사건이 발생한다. 즉, **몇 날이 못 되어 성령으로 침례(세례)를 받을 것**이라고 말씀하신 후, 실제로 몇 날이 못 되어 오순절 성령강림 사건이 발생하며 제자들은 권능을 받고 세계 각국(땅 끝)에서 온 사람들에게 복음의 증인이 된다. 사도행전은 이때 성령강림 사건을 설명하면서 이를 **성령으로 충만한**것이라고 소개한다(2:4). 이를 정리하면, 예수님은 몇 날이 못 되어 제자들이 성령침례(세례)를 받을 것이라고 선포했는데, 실제로 몇 날이 못 되어 성령강림이 발생했으며, 사도행전 기자는 이를 **성령으로 충만을 받았다**고 소개한다.

이와 같이 비교해 볼 때 성령충만은 성령침례(성령세례)와 용어상으로 상호 보완적인 기능을 수행하면서, 성령체험과 성령의 나타나심에 대한 현상을 전달하는 기능을 한다. 지상 예수의 승천 이후에 도래한 성령시대를 선포하는 성령강림은 사도행전 2장의 오순절 사건에서 뚜렷한 발자취를 남기면서 다른 성령 사건의 모본이 된다. 오순절 성령강림은 뒤따르는 성령 사건의 전형으로서 하나의 완성된 성령침례(성령세례)와 그 결과를 보여준다. 따라서 오순절 성령강림은 이 시대에도 발생하는 성령 사건의 표본이다.

새로운 시대의 도래인 성령강림은 성령침례(성령세례)를 통한 개인화를 통해 성취된다. 성령침례는 **침례**의 개별성을 전제로 하는 성령체험의 개인화를 의미한다. 성령강림은 시대의 변화이지만 이 변화는 개인을 통해서 이루어진다. 성령침례(성령세례)는 이러한 현상의 외적 표현으로 성령충만을 통해서 실감하게 한다. 성령충만은 성령의 임재와 체험을 가시화하는 표현 중의 하나이며, 예수님이 선포하신 성령침례(성령세례)의 실현이다. 외부적으로 물로 충만한 **물침례**와 비교되는 **성령으로 침례**는 내부적으로는 성령으로 가득한 **성령으로 충만함**이며, 성령충만은 성령침례의 실현을 인격적으로 표현하는 것이다.

성령침례(성령세례)와 침례(세례)

성령침례(성령세례)의 배경이 되는 침례(세례)에 대한 이해는 성령침례(성령세례)의 의미 파악에 도움을 줄 것이다. 성령침례(성령세례)는 성령충만의 외적인 형태로서 침례(세례)를 적용하여 그 실체를 전달하는 표현이다. 물로 충만하게 되는 침례(세례)는 성령으로 충만하게 되는 성령침례(성령세례)의 적절한 비교점이다. 침례(세례)의 의미나 형식에 성령 사건이 결합하였다면, 이 침례(세례) 자체의 의미와 형식에 대한 이해가 우선할 필요가 있다. 침례(세례)의 의미는 당시에 한 가지로 정의할 수 없을 정도로 다양했다. 예수님 당시의 사회에서 여러 가지 개념을 담고 있던 침례(세례)와 같이 성령침례(성령세례)도 포괄적인 용어이다. 여기에서 포괄적이라고 하는 것은 성령침례가 침례의 외형적인 의미 속에 다양한 성령사건들을 반영하기 때문이다. 성령침례(성령세례)는 물에 잠기는 침례(세례)의 형식에 성령의 강림, 내려오심, 임하심 등을 융합시킨 표현이다.

그런데 침례(세례)와 관련한 베드로의 선포로 인해 침례(세례)가 구원받은 상징인지 아니면 구원의 전제 조건인지에 대한 질문이 제기될 수 있다.

> 베드로가 이르되 너희가 회개하여 각각 예수 그리스도의 이름으로 침례(세례)를 받고 죄 사함을 받으라 그리하면 성령의[을] 선물을[로] 받으리니(행 2:38)

그러나 이는 당시의 침례(세례)의 시점에 대한 오해에 기인한 것이다. 사도행전에서 침례(세례)는 구원 사건과 분리되지 않고 즉시로 시행된다. 베드로의 표현은 이러한 상황을 반영한다. 회개, 침례, 죄사함, 성령을 선물로 받는 것은 동시적이며 하나의 통합적인 실체이다. 이를 순차적으로 풀어서 표현한 것이 2장 38절이다. 그래서 회개의 다른 면이 침례이고, 침례의 다른 면이 죄사함이고, 죄사함의 다른 면이 성령을 선물로 받는 일이다.

이 구절에 나타난 침례의 배열 순서는 구원과의 전후 관계가 아니라, 구원 받은 즉시 지체하지 않고 행해지던 당시의 침례(세례)를 반영한 표현이다.

사도행전의 침례(세례)는 물속에 완전히 잠기는 형식이다. 이를 달리 표현하면 물로 충만하게 되는 모습이다. 침례(세례)가 외형적인 표현이라면, 충만은 내면적인 상태를 드러내는 비유적인 표현이다. 침례(세례)의 외형적인 상태는 성령의 임재와 관련하여 적절한 비교점으로 사용된다. 물속에 잠기는 침례(세례)의 외형적인 모습을 통해서 성령침례(성령세례)의 모습과 상태가 무엇인지를 밝히는 것이다. 사도행전은 당시에 다양성을 가지고 있던 침례(세례)의 의미보다는, 그 외형적인 모습을 통해서 성령침례(성령세례)를 묘사한다. 물침례(세례)에 대한 당시의 신학적, 종교적 의미보다는 그 외형적인 형태를 고려한 적용이 사도행전에서 이루어진다. 이렇듯 사도행전은 성령침례(성령세례)를 침례(세례)의 외형적인 상태를 통해서 설명한다.

5. 성령의 나타나심, 바람처럼 불처럼!

그리스도인들은 성경공부를 넘어서, 신학생들은 신학의 탐구를 넘어서 성령의 사람이 되어야 한다. 간혹, 성령을 강조하면 신학이 부족한 듯하고, 신학이 깊다고 하면 성령과 무관한 것처럼 보인다고 한다. 그러나 이는 바람직하지 않은 편견이다. 신학과 신앙의 분리가 아닌 실천하는 신학, 영성에 뿌리내린 지성이 이루어져야 한다. 그 첩경은 예수님이 먼저 본을 보이신 부르짖는 기도이다. 예수님도 **심한 통곡과 눈물**로 부르짖는 기도를 하셨다(히 5:7). 기도의 양(量)이 차면 역사가 나타난다.

깊은 영적 세계에 들어가기 위해서는 부단한 열정과 노력이 필요하다. 물론 하나님께서 선취권적으로 은혜를 부어주셔야 하지만, 한 개인이 이를 수용할 그릇이 되기 위해서는 치열한 영적 삶이 필요하다. 신학과 신앙을 분리한다고 할 때 어떤 일이 발생할까? 유명한 신학자들 가운데 무신론자도 있다. 영국의 BBC 방송에도 출연하는 유명한 대학의 한 신학자가 사실은 무신론자이다. 그를 통해 신학자들이 배출된다. 신학교에서 **신학**하는 이유가 무엇인가? 분명한 성령의 체험 없이 신학이 가능한가? 나는 이에 대해 무척 회의적이다. 아니 불가능하다고 본다. 성경공부나 신학 연구가 어렵지, 어떻게 해서 성령체험과 기도가 어려운 것이냐고 호기를 부릴 일이 아니다.

지금은 성령시대이며 교회는 성령공동체이다. 현재가 왜 성령시대일까? 누가복음은 시대를 구분하며 이에 대한 답을 준다(비교, 16:16). 인류 역사를 가시적으로 뚫고 나온 여러 시대가 있다. 율법과 예언자의 시대, 지상 예수의 시대, 그리고 성령시대이다. 그런데 어떤 사람들은 이 시대가 지나치게 성령 중심으로 치우친다고 염려 아닌 염려와 비판을 한다. 때로는 이러한 비판이 신선하고 건전한 것처럼 보이기도 한다. 실제로 그럴까? 그렇지 않다. 우리에게 가장 중요한 신앙의 핵심은 혈과 육을 가졌던 2천 년 전의 그 나사렛 예수가 시대를 뚫고 나에게 구세주가 된다는 점이다. 이는 오직 성령을 통해서, 성령에 의해서, 성령 안에서 이루어진다.

성령, 삶의 알파와 오메가

사도행전에는 다섯 번의 중요한 성령 사건이 등장한다(2장, 8장, 9장, 10장,

19장). 첫 번째 성령 사건은 승천하시는 예수님께서 성령을 약속하신 후 몇 날이 못 되어 오순절에 발생한 성령강림이다. 이때 특징적인 것은 급하고 강한 바람 같은 소리가 들렸고 불의 혀 같이 갈라지는 것이 보였다는 점이다. 베드로는 이 성령체험을 물질적이며 가시적인 현상의 나타남으로 증거한다.

> 하나님이 오른손으로 예수를 높이시매 그가 약속하신 성령을 아버지께 받아서 너희가 보고 듣는 이것을 부어 주셨느니라(2:33)

성령의 나타나심은 보고 들을 수 있다. 고넬료 집안의 개종 사건에서도 베드로는 성령의 나타나심에 대한 가시적인 현상을 소개한다.

> 내가 말을 시작할 때에 성령이 그들에게 임하시기를 처음 우리에게 하신 것과 같이 하는지라(11:15)

오순절 성령강림은 분명하게 **보고 듣는** 성령의 나타나심이 있었다. 바람은 어디서 와서 어디로 가는지 모르지만, 그런데도 충분히 느낄 수 있다. 이처럼 성령체험도 충분히 느낄 수 있다.

성령에 대한 강조가 때로는 신비주의나 혹은 지나치게 한쪽에 치우친 입장이라는 등의 오해와 비판을 불러일으키기도 한다. 또는 이를 특정한 교단 안에서 유행하는 현상으로 취급하며 성령에 대한 무관심의 정당성을 부여하기도 한다. 물론 기독교인 일부가 지나치게 표적을 지향하면서 건강한 그리스도인의 삶을 유지하지 못하여 비판을 초래하는 부분적인 경향도 있다. 그렇다고 해도 성령은 기독교의 일부가 아니라 전부이다. 개인과 교회의 상황에 따라 강조의 정도가 다르다고 해도 성령의 역사는 신비스럽게도 변함없이 지속하며 그리스도인에게 삶의 동력을 제공해준다. 인간이 예수님을 믿고 구원받는 것이 신비 아닌가? 신비이다. 바울도 구원의 신비를 말한다(롬 11:25). 어떤 면에서 성령은 그리스도인에게 삶의 알파와 오메가이다. 로마서는 성화의 삶은 성령을 통한 삶이라는 것을 8장에서 분명하게 밝힌다. 매일의 삶에서 매 순간 성령을 찾고, 성령을 의지하고, 성령과 대화하며, 성령의 나타나심 속에서 건강한 그리스도인의 삶을 살 수 있다.

지금은 사도행전의 역사가 지속하는 성령시대이다. 성령은 시대와 문화의 장벽을 뛰어넘는 그리스도인의 성화와 복음전파의 동인이며, 민족과 이념의 차이를 극복하고 복음전파를 가능하게 한다. 이 과정에서 성령은 그리스도인에게 **경외함과 위로**를 동시에 준다.

> 그리하여 온 유대와 갈릴리와 사마리아 교회가 평안하여 든든히 서가고 주를 경외함과 성령의 위로로 진행하여 수가 더 많아지니라(9:31)

주를 경외함과 성령의 위로는 그리스도인의 삶과 교회 부흥의 필수적인 요소이다. 이 둘의 조화가 초대교회를 이끄는 원동력이었다. 신약교회는 사도행전 교회이며, 사도행전은 바로 성령행전이다. 바람처럼 불처럼 성령의 나타나심이 있는 교회가 이 시대의 교회가 재현하고 따라가야 할 교회의 전형이다.

성령, 생활 속의 나타나심

성령은 기독교 2천 년 역사를 지탱해 온 기둥이며 보금자리이다. 성령의 역사와 나타나심은 초대교회에서만 발생한 현상으로 종료되지 않는다. 지혜와 지식의 말씀, 방언, 통역, 예언, 질병 치유, 귀신축출, 성령의 아홉 가지 열매를 비롯한 성령의 역사는 여러 오해와 편견을 불식하고 지금도 지속한다. 성령은 시대를 초월하며, 복음전파의 기원이고, 신앙생활의 활력이며, 교회 미래의 보증이다.

성령과 관련하여 흔하게 제기되는 문제는 성령충만과 성령침례(성령세례)의 관계를 비롯한 인격적인 삶에 관한 것이다. 성령충만과 성령침례(성령세례)의 결과는 무엇인가? 성령충만의 삶이 생활에서 어떻게 표현되어야 하는가? 성령을 강조하는 사람들의 삶에서 간혹 드러나는 이해할 수 없는 인격은 성령의 나타나심에 대한 진위성의 논란을 불러일으키기도 한다. 또한, 성령충만의 삶을 단지 몇 가지 초자연적인 은사들의 체험으로 오해하는 경우도 있다. 이로 인해 차원 높은 고상한 신앙생활은 성령의 나타나심과 역사를 부정하거나, 기피하면서 성령충만을 일상생활의 윤리적 삶의 영역 속에 제한시키기도 한다. 다른 한편으로는, 평온한 신앙생활의 환경에서는 초월적인 현상들에 대해 부정적이거나, 별다른 관심을 두지 않다가 삶의 큰 변화나 역경 등에 처할 때 성령의 나타나심과 역사하심에 수반되는 은사들의 필요성을 절감하기도 한다.

이 시대는 성령시대이다. 요한복음은 **또 다른** 보혜사를 소개하는데, 이는 예수님도 보혜사이지만, 지상 예수를 대신할 보혜사가 예수님의 부활

승천 후에 오신다는 표현이다. 사도행전의 오순절 성령강림이 바로 또 다른 보혜사의 오심이다. 번역할 경우 위로자, 보호자, 변호사 등 폭 넓은 의미를 전달하는 용어인 **파라클레토스**로 표현되는 성령이 이 시대에 2천 년 전의 예수가 그리스도가 되신 사건을 현재화시킨다. 성령은 예수의 죽음과 부활을 개인의 인격 속에 체화되게 만든다. 성령은 단지 능력이 아니라 인격이며, 그 나타나심을 생활 속에 구체화하는 삶이 그리스도인의 삶이다.

회개, 성령충만, 교회

한국교회가 부흥의 기적을 이룬 중요한 요인 중의 하나가 성령운동이다. 외국 선교사들이 가르쳐주지 않은 새벽기도, 밤샘기도, 통성기도 등 성령의 역사를 통한 회개와 신앙의 열정이 교회 부흥의 중요한 기반이었다. 비록 그 강도와 정도의 차이가 있다고 할지라도, 한국교회의 저변에 흐르는 기도의 열정과 성령의 역사하심은 부정할 수 없는 하나님 나라 확장의 중요한 요소이다. 교회 현장에서는 변함없이 성령의 나타나심이 있어야 한다. 그것이 초자연적인 현상이든지, 아니면 고결한 윤리적인 삶이든지 간에 그 내면에는 철저한 회개와 성령체험과 이 체험에 기초한 능력과 표현이 뒤따라야 한다. 선교 현장의 삶도 마찬가지여야 한다. 성령시대에 성령의 나타나심과 현상이 수반되는 본질적인 갖춤이 선교사의 사역에 필요하다. 베드로는 성령충만한 삶의 본질을 직시하고 있다. 베드로는 **회개**를 외친다(행 2:38). 회개는 성령체험의 필수적인 요소이다. 성령체험은 초자연적인 은사 체험뿐만 아니라 일상의 삶까지도 변화시킨다.

성령의 은사는 교회 안에서 활용되어야 한다. 교회는 은사를 서로 나누는 영적 공동체이다. 어떤 은사이든지 그 은사 하나가 완전한 것은 아니다. 어떤 특정한 은사가 최고이거나, 혹은 모든 문제를 해결하는 만능열쇠가 아니다. 각 은사는 교회 공동체의 다른 은사들을 통해서 보완되어야 하는 성격을 가진다. 교회는 다양한 은사를 가진 사람들의 공동체인 것이다. 에베소서는 교회가 그리스도의 몸으로서 교회 구성원들의 삶이 서로 얽혀있는 관계를 설명하면서 그리스도 안에 있는 통일을 강조한다. 다양한 은사의 나눔을 통해, "하나님의 아들을 믿는 것과 아는 일에 하나가 되어 온전한 사람을 이루어 그리스도의 장성한 분량이 충만한 데까지" 이를 수 있다(4:13).

신학은 신앙의 논리적인 표현인 동시에 신앙을 견인하는 지침이다. 신학과 신앙은 서로 분리할 수 없다. 교회를 위한 신학, 신앙을 정예화하는 신학이 필요하다. 성령은 신학의 현장에서 그 신학이 교회를 위해 순기능을 수행하도록 힘을 주신다. 그리스도인의 삶 가운데서 성령의 나타나심이 드러날 때 교회가 세상과 구별되며 어둠을 이기고 나아갈 수 있다(요 1:5 표준새번역, "그 빛이 어둠 속에서 비치니, 어둠이 그 빛을 이기지 못하였다"). 성령체험은 교회와 이 세상을 구분하는 경계석이다.

6. 성령, 유대교와 기독교를 구분하다

바울의 고향 다소는 그리스의 아테네, 이집트의 알렉산드리아와 함께 바울 당시에 널리 알려진 교육과 문화가 발달한 지역이었다. **사도 바울**은 철저한 율법주의자였다. 유대인, 히브리인 중의 히브리인, 바리새인으로서 완고한 사람이라는 인상이 그에게서 떠오를 수 있다. 최초의 기독교 순교자로 성경에 기록된 스데반의 죽음을 마땅히 여기며 돌을 던져 그를 죽이던 사람들의 옷을 지키던 사울이 변화되어 위대한 사도가 된 극적인 삶의 반전은 어디에 있을까? 사도행전에서 소개하는 사도 바울의 변화 사건은 매우 독특하며 돌발적이다.

바울, 개종인가, 아니면 소명인가?

바울의 변화는 성령의 주권적인 개입 외에 어떠한 예비적인 징조나, 혹은 점진적인 과정도 신약성경에 소개되지 않는다. 개인적인 고뇌와 번민, 사상의 갈등과 같은 단계도 없이 한순간에 과거가 통째로 무너지고 새로운 미래가 그에게 주어진다. 하나님의 주권에 의해 바뀌는 바울의 삶은 그에 대한 하나님의 큰 사랑의 표현인지, 변화시키는 하나님의 위대한 능력을 보여주는 사건인지, 아니면 이 둘의 절묘한 균형인지, 아무튼 신비이다. 갈라디아서에 따르면, 바울은 이 극적 체험 후에 아라비아에서 3년 동안 생활한다. 아마도 그의 극적인 삶의 변화를 추스르는 기간이었을 것이라고 여겨진다.

사도행전 9장의 기록이 바울의 개종(회심)인지, 아니면 유대교에 대한 소명인지에 대한 토론이 신학자들 사이에서 벌어지기도 한다. 바꾸어 말하면, 바울의 변화 사건을 유대교에서 기독교로 건너온 개종 사건으로 간주할 수 있는지, 아니면 유대교 안에 머물면서 그 유대교를 바로 세우는 소명을 받은 것으로 볼 수 있는지에 관한 것이다. 신약성서에 따르면 기독교인들은 지상 예수의 시절에는 **그리스도인**이라고 불리지 않았다. 복음이 예루살렘을 벗어나 이방 세계로 확장되는 과정에서 **그리스도인**이라는 집단 칭호가 안디옥에서 처음 등장한다(행 11:25–26, "바나바가 사울을 찾으러 다소에 가서 만나매 안디옥에 데리고 와서 둘이 교회에 일 년간 모여 있어 큰 무리를 가르쳤고 제자들이 안디옥에서 비로소 그리스도인이라 일컬음을 받게 되었더라"). 안디옥에서 비로소 그리스도인들이 유대교의 한 분파인지, 아니면 유대교와는 관련 없는 새로운 집단인지에 대한 정체성 확인에서 벗어나 교회를 중심으로 모이는 새로운 집단으로 여겨진 것이다.

바울의 변화가 성령의 개입으로 이루어진 것처럼, 기독교가 유대교의 경계선을 돌파하는 과정이 성령을 통해서 제시된다. 사도행전은 스데반 사건을 복음이 지리적으로 확장되는 전기로 만들면서, 이때 바울(사울)을 살짝 등장시킨다(7:58). 스데반의 순교와 바울의 등장, 한 편의 드라마 같은 극적인 대비이다. 복음전파의 첨병이 될 인물이 복음전파를 가로막는 첨병으로 등장한다. 스데반의 순교가 복음전파의 의미 있는 사건으로 해석되게 만드는 주인공은 성령이다. 이 성령의 역사로 바울의 극적인 변화가 이루어진다. 사도행전은 바울의 변화 이전과 이후의 논리적인 설명과 이해가 아니라, 성령의 개입으로 이루어진 바울의 변화를 소개한다. 이것이 바울의 개종이든지, 아니면 소명이든지 간에 결과적으로 성령은 바울을 유대교에 속했던 인물에서 그리스도를 따르는 인물로 변화시킨 주체였다. 지금의 관점에서 바울의 변화 사건을 보면 개종이지만, 당시의 관점에서 보면 유대교 안에 머물면서 그 유대교를 바로 세우는 소명이다. 바울은 율법과 유대교 안에서 살았지만, 성령이 그의 삶 속에 개입한 이후에는 이 틀을 성령을 통해서 재해석하며 복음의 보고로 삼았다.

유대교와 구분되는 기독교

초기의 그리스도인들은 자신들을 유대교와 분리된 새로운 집단으로 인식하지 않은 것으로 보인다. 오히려 이들은 자신들을 유대교의 한 분파로 여기며 계속 그 안에 머물러 있었다. 어떤 면에서, 사도행전의 초기에서 알 수 있듯이 그리스도인들의 정체는 유대교와 기독교의 경계선 위에 놓여있었다. 예수님의 부활과 승천 이후에도 제자들은 성전에 출입한다. 심지어 2장의 성령침례(성령세례) 사건 후에도 기도하러 성전에 출입한다(3:1). 바울도 이러한 흐름에서 벗어나지 않았다. 실제로 바울은 헬라-로마 문화권이 주류를 이루는 지역에서는 유대인의 회당을 거점으로 삼아 복음을 전하기도 했다. 특히 비시디아 안디옥에서의 설교는 그의 메시야 사상이 구약에 기초했음을 분명히 밝힌다(13:16-41).

바울이 그리스도인들을 핍박하러 다메섹에 가던 사건은 율법에 대한 열심에 기초한 것이고, 그렇다면 바울은 이러한 그리스도인들에 대한 박해를 율법에 대해 그릇된 입장을 가진 유대교의 분파를 처벌하는 행위로 여긴 것이다. 바울은 **그리스도교**라는 전혀 새로운 집단에 대한 박해가 아니라, 유대교를 변절한 또는 잘못된 길로 가는 유대교의 한 분파에 대한 박해를 시도한 것이다. 현재 우리의 관점에서 볼 때 기독교와 유대교는 분명하게 구분되지만, 신약성경은 이 둘을 구분하기가 쉽지 않았던 상황을 반영한다.

그렇다면 기독교와 유대교를 구분하는 요소는 어디서부터 시작하며, 어떤 과정에서 이 둘의 분리가 드러나는가? 이 분기점의 시작은 성령체험이다. 지상의 예수 그리스도에 대한 구약성경의 역할을 베드로와 스데반의 설교에서 찾을 수 있다. 이들의 설교는 구약성경부터 시작해서 어떻게 예수가 그리스도가 되는지를 밝힌다. 구약성경과 무관한 예수가 아니라, 구약성경과 밀접하게 관련하는 예수 그리스도를 선포한다. 이 예수를 그리스도로 인식하게 만드는 분이 성령이다. 성령이 없는 구약성경은 유대교 경전이지만, 성령을 통해 바라본 구약성경은 복음의 출발점이다. 그래서 성경은 구약성경이 아니라 신약성경부터 먼저 읽어야 하며, 신약성경을 통해서 구약성경을 바라보아야 한다. 신약성경의 성령체험이 구약성경에 대한 바른 해석을 낳는 것이다. 지상 예수의 승천과 성령으로 침례(세례)를 받으라는 최후의 당부에 따른 성령충만 사건 이후에, 베드로는 이 성령을 선물로 말하며(행 2:38), 선물로 주어진 이 성령은 점차로 기독교와 유대교를 구분하는 척도가 되었다. 보혜사 성령, 이 성령체험은 유대교와 기독교를 구분하는 결정적인 분기점이다.

베드로가 이르되 너희가 회개하여 각각 예수 그리스도의 이름으로 침례(세례)를 받고 죄 사함을 받으라 그리하면 성령의 선물을 받으리니(개역개정)

베드로가 가로되 너희가 회개하여 각각 예수 그리스도의 이름으로 침례(세례)를 받고 죄 사함을 얻으라 그리하면 성령을 선물로 받으리니(개역한글)

베드로가 대답하였다. 회개하십시오. 그리고 여러분 각 사람은 예수 그리스도의 이름으로 침례(세례)를 받고, 죄 용서를 받으십시오. 그리하면 성령을 선물로 받을 것입니다(표준새번역)

베드로가 이렇게 대답하였다. 회개하시오. 그리고 여러분은 한 사람도 빠짐없이 예수 그리스도의 이름으로 침례(세례)를 받고 여러분의 죄를 용서받으시오. 그리하면 성령을 선물로 받게 될 것입니다(공동번역)

헬라파 유대인, 히브리파 유대인

이미 설명한 바와 같이 그리스도인들은 초기에 자신들을 유대교와 구분되는 새로운 집단으로 인식하지 않았다. 사도행전은 기독교가 유대교의 한 분파인지, 아니면 그리스도를 중심으로 한 새로운 공동체의 출현인지에 대한 정체성 확인 과정을 반영한다. 그렇다면 유대교와 기독교의 결정적인 충돌을 보여주는 스데반의 죽음은 이러한 흐름에서 어떤 의미가 있을까?

유대교와 기독교를 구분 짓는 가시적인 사건이 사도행전에서 발생한다. 스데반 사건은 사도행전에서 회당과 교회가, 율법과 복음이 구분되는 분기점이다. 사도들이 말씀 전파와 기도에 전념하기 위해 구제하는 일을 맡도록 선택된 일곱 명 가운데 한 명이 바로 스데반이다(6:1-6). 그는 헬라파 유대인들과 히브리파 유대인들 간의 갈등 과정에서 파생된 문제를 해결하기 위해 선출된다. 그런데 스데반은 구제하는 일을 수행하는 과정에서가 아니라, "은혜와 권능이 충만하여 큰 기사와 표적을 민간에 행하며"(8절) 복음을 전파하다가 죽임을 당한다.

스데반의 설교는 새로운 관점에서 구약성경을 관통하는 내용 전개로 유명하다. 그의 설교는 사도행전에서 제일 긴 설교이며, 베드로의 설교와 비교할 때 분명한 차이점을 보인다. 베드로의 설교는 지속해서 구약성경의 예언과 성취를 반복한다. 그러나 스데반의 설교는 이와 다르다. 스데반은 그리스도의 출현이 구약성경에서 한줄기 강같이 흐르는 하나님의 섭리라는 것을 강조하는데, 이를 입증하기 위해 그는 아브라함의 삶을 이방 땅인 메소포타미아에서부터 소개하며 기술한다. 베드로가 구약성경을 부분적으로 인용하며 설교하는 것과는 달리 스데반은 구약성경의 마침(완성)인 그리스도의 출현을 강조하기 때문에 그에게 구약성경은 이미 지나간 내용이다. 그래서 스데반은 유대인들의 신앙의 구심점 역할을 하는 성전에 대해서도 이 성전에 하나님이 계시지 않는다는 놀라운 선언을 하며(7:47-48), 심지어는 이들을 향해 살인자라고 지적한다(52절).

> 솔로몬이 그를 위하여 집을 지었느니라. 그러나 지극히 높으신 이는 손으로 지은 곳에 계시지 아니하시나니 주께서 이르시되 하늘은 나의 보좌요 땅은 나의 발등상이니 너희가 나를 위하여 무슨 집을 짓겠으며 나의 안식할 처소가 어디냐(7:47-48)

> 너희 조상들이 선지자들 중의 누구를 박해하지 아니하였느냐 의인이 오시리라 예고한 자들을 그들이 죽였고 이제 너희는 그 의인을 잡아 준 자요 살인한 자가 되나니(7:52)

이러한 점은 그리스도인 공동체 안에서 구제로 인한 헬라파 유대인과 히브리파 유대인의 갈등은 단지 그리스도인 공동체 내의 갈등뿐 아니라 스데반의 죽음의 원인에서 표출되듯이 성전과 관련한 그리스도인과 유대인 간의 신학적인 갈등이라는 사회 구조도 반영한다고 짐작할 수 있다. 스데반의 당돌한 설교 내용에 예루살렘의 유대인들은 전율하였고, 성전을 출입하던 그리스도인들도 큰 충격을 받았을 것이다. 사도행전은 스데반의 순교와 같이 극단적인 박해가 유대인들로부터 오는 것을 보여준다.

스데반과 사울, '죽음과 죽임'의 순간

스데반이 순교할 때 철저한 율법주의자인 사울(바울)이 등장한다. 시간의 절묘한 순간이며 사건의 맞물림이다. 복음 확장의 기폭제 역할을 하는 스데반과 그 역할을 거부하는 사울이 극적인 **죽음과 죽임의 순간**에 맞닥뜨린다. 역사의 충돌이다. 하나님의 구속사가 이 땅의 역사에서 용암처럼 표출될 때 죽음을 초래하는 강렬한 저항이 시작된다. 복음이 이 저항을 헤치고 나갈 수 있을까? 이제 역사는 어떤 방향으로 흐를 것인가? **죽음과 죽임은** 땅 끝까지 전해지는 복음에 대한 순종과 저항의 충돌이다.

스데반을 죽이기 위해 돌질을 하던 사람들의 겉옷을 지키던 청년 사울(행 7:58, "성 밖으로 내치고 돌로 칠 새 증인들이 옷을 벗어 사울이라 하는 청년의 발 앞에 두니라"), 그는 율법에 대한 충성심으로 젊음의 피를 폭발시키던, 소중한 생명의 사라짐을 마땅히 여기던 사람이었다. 그러나 히브리인 중의 히브리인 사울은 이제 스데반의 죽음의 공간을 대신해서 채워 나가야 한다. 스데반으로부터 흘러나온 순교의 피를 따라가야 할 사울, 엘리야의 몸에서 떨어진 겉옷을 부여잡았던 엘리사처럼(왕하 2:13), 사울은 이제 바울로 불리며 스데반의 흔적을 부여잡고 예루살렘을 떠나 땅 끝까지 가야 하는 것이다. 순교의 피가 복음의 씨앗이 되었다!

사울은 복음에 역반응 하던 사람이다(행 7:54, "그들이 이 말을 듣고 마음에 찔려 그를 향하여 이를 갈거늘"). 베드로의 설교를 듣던 사람들은 복음에 순반응 한다(2:37, "그들이 이 말을 듣고 마음에 찔려 베드로와 다른 사도들에게 물어 이르되 형제들아 우리가 어찌할꼬 하거늘"). 하루에 삼천 명이 회개하고 침례(세례)를 받는다. 성경은 복음에 대한 순반응과 역반응 모두를 생동감 있게 보여준다. 이 두 가지의 반응이 반영하듯이 기독교는 본격적으로 유대교와 분리된 실체로 등장한다. 어쨌든, 이미 오순절 성령강림 사건에서 땅 끝까지 복음이 전파되는 예언의 성취가 증명되듯이(1:8; 2:1-11, 성령충만과 권능을 받고 방언과 함께 세계 각국에서 온 사람들에게 15개 이상의 언어로 복음전파), 성령충만한 스데반의 죽음은 땅 끝까지 복음이 전파되는 실현과정을 보여준다. 스데반의 경우에서 드러나듯이 기독교는 본격적으로(가시적으로) 유대교의 틀을 벗어나 지구촌 구석구석까지 복음을 전파하는 사명을 수행하게 된다.

7. 방언 속의 언어(외국어), 성령의 임하심, 권능의 임함

사도행전을 읽을 때 놀라움으로 와 닿는 내용 중 하나는 2장의 성령강림 사건일 것이다. 이 사건은 사도행전에 기록된 것으로 끝나지 않고 시대를 초월해서 모든 사람에게 커다란 영향을 준다. 특별히 이 성령강림 또는 성령충만 속에 나타나는 방언은 전혀 새로운 현상이고 체험이다. 많은 그리스도인이 하나님으로부터 방언을 받아 유익을 얻지만, 어떤 이들은 이 방언을 부정하며 비판하기도 한다. 일부 신학자들 역시 방언 현상은 이미 끝났으며, 다른 사도행전의 현상들도 이미 중단되었다고 주장하는 경우도 있다. 이 방언 현상에 대해 부정적인 태도를 견지하는 측은 사도행전에 나타난 방언이 고린도교회의 방언과 다르다는 주장과 함께 일부의 지나친 방언 중시 현상 때문에 이 방언이 유익하지 않다는 결론을 내리는 경우도 있다. 이 책에서 전제하는 것은, 방언은 하나님께서 주시기 때문에 방언을 하거나, 혹은 하지 못함을 신앙의 우열로 구분할 수 없다는 점이다. 이러한 방언은 지금도 지속하는가?

비록 방언 사건이 사도행전의 전체 내용 중 일부분이라고 해도 이 방언 현상은 사도행전에 등장하는 일련의 사건들을 신뢰하는지에 대한 척도가 되기도 한다. 성령시대를 살아가는 이 시대의 그리스도인들에게 사도행전의 성령강림과 더불어 소개되는 방언의 수용 여부가 사도행전의 전체 내용에 대한 수용 여부로 귀결될 수 있다. 사도행전에 나타난 방언을 이해하기 위해서는 사도행전의 전체적인 특징에 대한 파악이 필요하다. 이미 전제한 바와 같이 사도행전은 역사화된 신학이다. 사도행전에 등장하는 내용과 사건들은 단순히 연대기적인 순서가 아니며, 사도행전의 목적(신학)에 따라 배열되었다. 이러한 배열의 특징은 네 복음서에도 동일하게 나타난다. 이미 이 책의 앞부분에서 그 신학들을 제시한 바 있다. 사도행전의 사건들을 단순히 연대기적으로 이해할 때는 바울 서신의 사건들과 시기적으로 일치하지 않는다. 예컨대, 바울의 개종 후 예루살렘 방문 시기의 차이이다. 사도행전에서는 바울이 개종 후 바로 예루살렘을 방문하지만, 갈라디아서에서는 이와 달리 아라비아에 간 후 3년 만에 예루살렘을 방문한다.

그의 제자들이 밤에 사울을 광주리에 담아 성벽에서 달아 내리니라 사울이 예루살렘에 가서 제자들을 사귀고자 하나 다 두려워하여 그가 제자 됨을 믿지 아니하니 바나바가 데리고 사도들에게 가서 그가 길에서 어떻게 주를 보았는지와 주께서 그에게 말씀하신 일과 다메섹에서 그가 어떻게 예수의 이름으로 담대히 말하였는지를 전하니라 사울이 제자들과 함께 있어 예루살렘에 출입하며(행 9:25-28)

또 나보다 먼저 사도 된 자들을 만나려고 예루살렘으로 가지 아니하고 아라비아로 갔다가 다시 다메섹으로 돌아갔노라 그 후 삼 년 만에 내가 게바를 방문하려고 예루살렘에 올라가서 그와 함께 십오 일을 머무는 동안 주의 형제 야고보 외에 다른 사도들을 보지 못하였노라(갈 1:17-18)

사도행전은 사도행전만의 특징(신학)을 가지고 그 자체로 이해할 필요가 있다. 이러한 관점에서 사도행전 2장의 사건도 사도행전의 전체 구조 속에서 해석해야 한다. 사도행전 2장의 방언을 단순히 언어(외국어) 사건으로 간주하는 것은 사도행전의 흐름과 일치하지 않는다. 2장의 방언은 사도행전에서 중요한 의미가 있다. 성령강림과 더불어 나타난 이 사건은 사도행전의 전개 방향을 미리 예시해주는 역할을 한다.

성령강림과 방언: 유대인의 오순절, 이방인의 오순절, 모든 민족의 오순절

사도행전의 중요한 성령체험 장면(2장, 8장, 9장, 10장, 19장) 가운데 세 장면(2장, 10장, 19장)은 방언 현상을 수반하면서 상호 유사성을 가진다. 이 성령체험은 그 성격에서 복음의 지리적, 인종적 확장 개념을 내포한다. 특히 에베소는, 유대인의 예루살렘과 이스라엘의 서편 지중해 연안 도시이며 이방인 고넬료의 거주지인 가이사랴를 벗어난 지역이라는 상징성을 가진다. 그래서 예루살렘에서 제자들에게 발생한 사도행전 2장의 성령강림을 유대인의 오순절, 10장의 고넬료 사건을 이방인의 오순절이라고 부르고, 이에 덧붙여 에베소에서 발생한 19장의 성령체험은 이스라엘 지역을 뛰어넘어 유대인과 이방인의 구별을 없애는 모든 민족의 오순절이라고 할 수 있다. 이와 같은 여러 성령체험의 특징을 비교할 때 방언과 성령체험의 관계를 깊이 이해할 수 있다.

사도행전 10장의 방언 사건이 2장의 방언 사건과 같다는 것을 어떻게 알 수 있을까? 이는 베드로의 증언과 사도행전 기자의 설명을 통해서이다. 유대인의 오순절로 불리는 사도행전 2장의 성령체험과 같은 사건이 이방인의 오순절로 지칭되는 10장에서 제시된다. 이 두 사건에서 공통된 가시적인 현상은 성령을 체험한 사람들이 방언을 말하는 것이며, 특징적인 것은 2장에서 성령강림을 체험한 베드로가 10장의 고넬료의 체험을 자신의 체험과 동일하게 여기고, 사도행전 기자는 이러한 베드로의 해석을 방언 사건을 통해서 입증한다는 점이다(10:44-46). 방언을 통해서 고넬료와 그의 집안사람들의 성령체험을 목격하고 확인한 베드로는 그가 무할례자들과 함께 식사했다고 비난하는 예루살렘의 할례자들에게 자신이 오순절에 받았던 성령체험과 같은 체험을 고넬료가 가졌다고 설명한다(11:15-17). 베드로와 고넬료는 같은 성령의 임재와 방언을 체험한 것이다.

> 베드로가 이 말을 할 때에 성령이 말씀 듣는 모든 사람에게 내려오시니 베드로와 함께 온 할례 받은 신자들이 이방인들에게도 성령 부어 주심으로 말미암아 놀라니 이는 방언을 말하며 하나님 높임을 들음이러라(행 10:44-46)

> 내가 말을 시작할 때에 성령이 그들에게 임하시기를 처음 우리에게 하신 것과 같이 하는지라 내가 주의 말씀에 요한은 물로 침례(세례)를 베풀었으나 너희는 성령으로 침례(세례)를 받으리라 하신 것이 생각났노라 그런즉 하나님이 우리가 주 예수 그리스도를 믿을 때에 주신 것과 같은 선물을 그들에게도 주셨으니 내가 누구이기에 하나님을 능히 막겠느냐 하더라(행 11:15-17)

베드로와 고넬료의 체험과 같은 성령체험의 가시적인 현상이 에베소에서도 나타난다. 바울이 성령을 알지 못하고 단지 요한의 침례(세례)를 받았다는 에베소 사람들에게 주 예수의 이름으로 침례(세례)를 주고 안수하니 성령이 그들에게 임하시므로 그들이 방언도 하고 예언도 한다. 특히 에베소는 번창하던 소아시아의 수도로서 유대 지역인 예루살렘과 로마 총독이 거주하던 항구 도시인 가이사랴를 벗어나 땅 끝까지 이르는 길목으로서의 상징성을 가진다고 할 수 있다(참조, 행 1:8). 사도행전 기자는 에베소에서 발생한 성령체험의 정체를 방언과 예언을 통해서 입증한다.

> 아볼로가 고린도에 있을 때에 바울이 윗지방으로 다녀 에베소에 와서 어떤 제자들을 만나 이르되 너희가 믿을 때에 성령을 받았느냐 이르되 아니라 우리는 성령이 계심도 듣지 못하였노라 바울이 이르되 그러면 너희가 무슨 침례(세례)를 받았느냐 대답하되 요한의 침례(세례)니라 바울이 이르되 요한이 회개의 침례(세례)를 베풀며 백성에게 말하되 내 뒤에 오시는 이를 믿으라 하였으니 이는 곧 예수라 하거늘 그들이 듣고 주 예수의 이름으로 침례(세례)를 받으니 바울이 그들에게 안수하매 성령이 그들에게 임하시므로 방언도 하고 예언도 하니(행 19:1-6)

위에서 살펴본 시대의 전기와 같은 세 번의 성령체험은 외부로 표출되는 현상을 수반한다. 예수님의 직제자들, 고넬료와 그의 친척과 친구들, 에베소의 12명쯤 되는 사람들은 성령을 체험할 때 방언을 했다. 사도행전에서 성령침례(성령세례)의 예고(1:5, 8) 후에 나타난 성령충만(2장), 성령의 부어주심(10장), 성령의 임하심(19장)은 동일하게 방언 사건을 수반함으로써 모든 민족에게 성령침례(성령세례)의 예고가 실현되는 것을 가시적으로 보여준다.

사도행전 2장, 방언과 언어

사도행전에서 성령강림과 더불어 나타난 현상 중의 하나가 방언이다. 특별히 사도행전 2장에서 성령의 충만함과 더불어 **다른 방언**(2:2-4)이 말해지는데, 이 방언은 이후에 발생하는 외국어 현상(6-11절)과 함께 그 성격에 대한 논쟁을 불러일으킨다. 종종 사도행전 2장에 등장하는 방언을 고린도 교회의 방언과 구분하기도 한다. 그러나 이러한 구분은 부분적으로만 맞는다. 사도행전 2장에 등장하는 방언 현상을 **언어 사건**이라고 부르기도 한다. 이는 최소한 15개의 다른 지역에서 온 사람들이 각기 자신들의 말로 알아들을 수 있는 언어를 제자들이 구사했기 때문이다. 그러나 사도행전 2장의 방언 현상을 단지 언어 사건으로만 간주한다면 이 사건의 중요한 본질을 놓칠 수 있다.

사도행전 2장의 언어(외국어) 사건은 방언 현상과 구분되는가? 그렇다. 방언과 언어는 분명하게 구분된다. 신약성경 헬라어 원전의 2장 4절과 11절에서는 방언을, 6절과 8절에서는 언어를 지칭하는 단어가 사용된다. 물론 11절에서 방언이라는 용어가 사용되지만, 문맥을 볼 때 이는 언어를 지칭한다. 즉, 2장에서는 방언과 언어를 지칭하는 단어들이 혼용된다. 여기에서 중요한 것은 2장 11절의 단어가 비록 방언을 지칭하는 용어임에도 불구하고 문맥의 의미상 언어를 지칭한다고 해서, 역시 4절에서 사용된 방언이라는 단어가 단순히 언어를 지칭한다고 볼 수 없다는 점이다. 이에 대해서는 사도행전의 다른 곳에서 발생한 방언 현상들과 비교할 때 분명해진다. 이방인 고넬료와 그의 집안사람들이 성령의 부어주심을 받고 방언을 말하기 시작했으며(10:46), 에베소에서 바울이 안수하자 성령이 그들에게 임하시므로 그들이 방언도 말하고 예언도 했다(19:6). 이때 등장하는 **방언**은 이미 2장 4절에 사용된 **방언**과 같은 단어이며 언어를 지칭하지 않는다.

구체적으로 방언과 언어를 구분해서 이 두 사건의 의미를 찾아보겠다. 방언과 언어 현상을 구분하기 위해서 먼저 이 두 가지를 지칭하는 용어들의 번역을 비교할 필요가 있다.

> 그들이 다 성령의 충만함을 받고 성령이 말하게 하심을 따라 다른 언어들로 말하기를 시작하니라(행 2:4)

> 이 소리가 나매 큰 무리가 모여 각각 자기의 방언으로 제자들이 말하는 것을 듣고 소동하여(행 2:6)

> 우리가 우리 각 사람이 난 곳 방언으로 듣게 되는 것이 어찌 됨이냐(행 2:8)

> 그레데인과 아라비아인들이라 우리가 다 우리의 각 언어로 하나님의 큰 일을 말함을 듣는도다 하고(행 2:11)

사도행전 2장의 방언(6절과 8절)을 언어(4절과 11절)와 구분하는 신약성서 한글 번역본(개역개정)이 있다. 이는 헬라어 원전의 표기에 따른 것으로 보인다. 즉, 4절은 **다른 언어들**, 6절은 **자기의 방언**, 8절은 **난 곳 방언**, 11절은 **각 언어**로 소개된다. 사전적으로 표준어에 비교되는 각 지방 특유의 언어를 지칭하기 위해서 2장 6절과 8절을 언어와 같은 성격의 방언이라고 번역할 수도 있다. 그러나 사도행전 10장 46절에 등장하는 방언을 비롯해 19장 6절("바울이 그들에게 안수하매 성령이 그들에게 임하시므로 방언도 하고 예언도 하니")의 방언은 2장 4절과 11절에서 사용된 방언과 같은 헬라어 단어이지만 교회에서 일반적으로 사용하는 방언으로 번역되었다. 2장 4절 및 11절과 같은 헬라어 단어가 고린도전서에서 등장할 때도 역시 방언으로 번역되었다(고전 14:2 등). 따라서 일부 한글 번역본의 방언과 언어의 모호한 구분은 이 둘을 마치 하나의 현상처럼 만들어 방언 현상이 언어 사건에 귀속되도록 영향을 줄 수 있다. 만일 구분을 시도한다면 제한된 사전적인 용어 활용 대신에 교회에서 정착된 신학 용어를 사용하여 사도행전 2장 4절과 11절에서는 방언으로, 6절과 8절에서는 언어로 일관성 있게 번역하는 것이 타당했을 것이다. 의역한다면 의미를 살려 2장 11절을 언어로 번역할 수도 있다. 그래서 비록 사도행전 2장에서 방언과 언어를 지칭하는 용어가 혼용되었다고 해도 이 책에서는 2장 4절을 고넬료나 에베소 교회에서 발생한 일반적인 **방언**으로, 6, 8, 11절을 **언어**(외국어)로 구분해서 설명한다.

	한글개역개정판 성경전서	헬라어 원전	이책의 구분
행2:4	"그들이 다 성령의 충만함을 받고 성령이 말하게 하심을 따라 다른 언어들로 말하기를 시작하니라"	방언	방언 (방언)
행2:6	"이 소리가 나매 큰 무리가 모여 각각 자기의 방언으로 제자들이 말하는 것을 듣고 소동하여"	언어	언어 (외국어)
행2:8	"우리가 우리 각 사람이 난 곳 방언으로 듣게 되는 것이 어찌 됨이냐"	언어	언어 (외국어)
행2:11	"그레데인과 아라비아인들이라 우리가 다 우리의 각 언어로 하나님의 큰 일을 말함을 듣는도다 하고"	방언 (언어)	언어 (외국어)

권능의 표, 외국어로 말하다

오순절 성령강림 때 발생한 방언과 언어 사건에서 간과할 수 없는 것은 사도행전 2장 4절의 진술이다("그들이 다 성령의 충만함을 받고 성령이 말하게 하심을 따라 다른 언어[방언들]로 말하기를 시작하니라"). 이미 설명한 바와 같이 사도행전 2장에서는 방언과 언어(외국어)를 지칭하는 단어가 혼용된다. 반면 고넬료 사건에서는 이에 대한 혼용이 없다(행 10:45-46, "베드로와 함께 온 할례 받은 신자들이 이방인들에게도 성령 부어 주심으로 말미암아 놀라니 이는 방언을 말하며 하나님 높임을 들음이러라"). 사도행전 2장은 지상의 예수께서 승천하시기 직전에 예고하신 성령의 임하심 또는 침례(세례)에 대한 성취를 보여주는 전형적인 사건이다. 사도행전 1장 8절의 성취가 사도행전 2장에 그대로 반영된 것이다. 제자들에게 성령이 임하니 그들이 급하고 강한 바람 같은 소리를 듣고 불의 혀같이 갈라지는 것을 보고 방언들을 말하며, 권능을 받아(성령이 임한 결과로 문화 장벽을 극복하는 각국의 언어를 말하는 능력을 받아) 세계 각국에서 온 사람들에게 (결과적으로 땅 끝까지 가서) 복음을 전파한다.

사도행전 2장의 방언 현상은 뒤이어 발생한 외국어로 말하는 언어 현상과 구분된다. 성령의 나타나심과 더불어 방언이 임했으며, 권능의 표로 제자들이 여러 외국어를 말하며 복음을 전파한다. 당시의 사람들은 헬라어를 보편적으로 사용했기 때문에 디아스포라 유대인들과 각처에서 온 사람들을 위해서 굳이 그들이 흩어져 살던 지역의 언어로 복음이 선포될 필요가 없었다. 이 언어 사건 표적은 그들에게 충격을 주었고, 이어진 베드로의 설교를 통해서 회심 사건이 발생한다. 여기에서 중요하게 논란이 되는 내용은 성령이 임했을 때 제자들에게 발생한 방언을 방언 자체로 보지 않고 단지 외국어로 간주하는 문제이다. 사도행전 2장의 방언이 언어(외국어) 현상인지 아니면 이 둘이 구분되는 사건으로 발생한 것인지에 대해서는 추가적인 설명이 필요하다.

우선, 이 둘을 같은 사건으로 간주하지 말고 각기 분리된 사건으로 보면, 이 내용에 대한 이해가 분명해진다. 사도행전 2장 4절의 성령충만은 이미 사도행전 1장 5절과 8절에서 예고된 성령강림 또는 성령침례(성령세례)의 성취이며, 사도행전 2장 6절은 권능의 표로 외국어 사건이 발생한 것이다. 이때 2장 2절과 3절의 급하고 강한 바람 같은 소리와 불의 혀같이 갈라지는 현상을 수반한 성령강림은 바로 고넬료에게 임했던 성령의 부어주심에 대한 전형이며, 그 결과로 고넬료에게 임했던 것과 같은 방언이 말해진다. 성령의 임하심으로 방언을 말하고, 권능이 임함으로 외국어를 말한 것으로, 방언 사건 속에 언어 사건이 발생한 것이다. 이를 통해서 그들은 청각적, 시각적, 언어적으로 성령의 나타나심에 대한 전인격적인 체험을 한다(2:33, "하나님이 오른손으로 예수를 높이시매 그가 약속하신 성령을 아버지께 받아서 너희 보고 듣는 이것을 부어 주셨느니라"). 이 체험과 더불어 제자들은 권능의 표로 각기 다른 외국어(언어)로 복음을 전파함으로 땅 끝까지 복음이 선포되는 모본을 성취한다. 사도행전은 성령이 임하면 권능을 받고 땅 끝까지 복음을 전파하는 사명의 성취를 언어 사건을 통해서 미리 보여준다. 이 언어 사건과 방언 현상은 구별된다. 제자들은 성령충만의 현상으로 방언을 말했고, 권능을 받은 표로 땅 끝까지 복음을 증거 하는 수단인 여러 외국어를 말했다. 그러므로 사도행전의 오순절 성령충만 현장에서 발생한 방언은 고린도교회의 방언과 같은 방언이고, 이에 더하여 사도행전의 언어는 권능의 표로 받은 외국어이다.

바벨탑 사건으로 인해 인간의 언어는 혼잡하게 되었다(창 11:1-9). 그런데 사도행전 2장은 바벨탑 사건을 통해서 나뉜 언어가 오순절 성령 강림을 통해서 회복되는 모습을 보여준다. 방언 현상에 뒤이은 언어 사건은 성령의 역사로 복음전파와 교회 설립의 획기적인 전기가 이루어진 표상이다. 언어의 장벽이 일순간에 무너진다. 세계 각국에서 온 사람들 가운데 하루에 삼천 명이 회개하고 침례(세례) 받는다. 동독과 서독을 가르던 장벽보다도 더욱 견고하던 장애물이 성령의 역사를 통해서 무너짐으로써 복음전파의 보편성이 성취되는, 온 세계에 복음이 선포되는 전기를 맞이한다. 방언 현상과 언어 사건은 성령을 통해 복음이 땅 끝까지 전파되는 가능성을 구체적으로 보여준 것이다. 사도행전의 사건은 이 시대와 같은 공간에서 발생하는, 우리와 동시대에 발생하는 사건과 현상이다. 사도행전의 현상은 지금도 교회 안에서 이루어지며 동일하게 지속한다.

방언들, 여러 방언이 있는가?

그렇다면 사도행전 2장 4절의 **다른 방언[들]**은 무엇을 의미하는가? 신약성경 헬라어 원전에 등장하는 이 구절의 방언은 정확하게 복수인 **방언들**이다. 성령의 강림과 나타나심으로 제자들은 다른 방언들을 말한다. 바울도 한 가지 방언만을 말한 것이 아니라, **방언들**이란 복수를 사용하여 자신이 여러 종류의 방언을 말한다는 것을 보여주며, 이를 통해서도 방언이 여러 종류라는 것을 알 수 있다(고전 14:18, "내가 너희 모든 사람보다 방언[방언들]을 더 말하므로 하나님께 감사하노라"). 또한, 바울은 성령의 은사 가운데 각종 방언 말함과 이 방언들을 통역함을 제시한다(고전 12:10, 28).

외국어가 여러 종류인 것과 마찬가지로 방언도 모두 같은 방언이 아니라, 여러 종류이다. 이 시대에 성령체험을 통해서 나타나는 방언도 같은 한 가지 방언이 아니듯이 성경도 여러 가지 방언을 제시한다. 실제로 기도 가운데 방언이 달라지며, 그리스도인들도 다른 언어처럼 각기 다른 방언들을 말한다. 오순절 방언(행 2:4), 고넬료에게 임했던 방언(10:46), 에베소에서 바울이 안수했을 때 임한 방언(19:6), 바울의 방언(고전 14:18)에서 공통적인 것은 이 방언들이 한결같이 **방언들**이라는 복수로 표현된다는 점이다. 이와 같은 현상들을 볼 때 사도행전 2장 4절의 **다른 방언[들]**은 언어 사건과 분리된 방언 현상이라고 간주할 충분한 이유가 있다.

하늘의 언어, 은사인 방언

이미 베드로가 자신의 오순절 경험과 고넬료의 경험을 일치시킨 데서 알 수 있듯이, 방언은 성령의 임재와 더불어 주어지는 현상 가운데 하나이다. 물론 대부분의 일이 그렇듯이 아무리 좋아도 절제하지 않으면 남용이 되고, 아무리 좋은 것이라도 균형이 맞지 않으면 오히려 덕스럽지 못할 수 있다. 성령의 은사도 마찬가지다(갈 5:22-23, 성령의 아홉 가지 열매 가운데 마지막이 절제이다).

사도행전에서 증거 하는 현상들과 사건들이 각 개인의 경험과 체험의 차이에 의해서 부정되거나 끝난 것이라고 단정될 수 없다. 때로는 신학적으로 모호한 부분이 체험을 통해서 분명하게 밝혀지기도 한다. 성경은 고백 언어로 기록되어 전인격적인 체험을 선포하기 때문이다. 특히 사도행전의 방언은 이러한 체험이 수반될 때 충분히 이해할 수 있는 요소이다. 방언은 성령의 나타나심이고, 기도에 유익을 주며 지금도 지속된다. 고린도전서에서 바울은 방언의 유익성을 분명하게 제시한다. 다만 덕을 위해서 이에 대한 절제를 말한다. 이러한 절제가 방언의 유익성을 제재하는 방편으로 사용되어서는 안 될 것이다. 어쨌든, 사도행전에서는 오순절 성령이 충만할 때 다른 방언들이 나왔고, 바울 역시 여러 방언을 제시한다. 그래서 바울은 여러 방언을 더 말함으로 하나님께 감사드렸다. 이는 그가 방언의 유익함을 알기 때문이다.

사도행전이나 바울 서신에 기록된 **성령의 나타나심**은 교회를 세상 공동체와 구별시키면서 **신앙**과 **신념**(이념)을 구분 짓게 만드는 주요 요소이다. 방언은 하나님께서 주신 은혜의 선물이라는 점에서 하늘 언어이다(고전 12:7, 11; 14:2). 고린도전서에서 집중적으로 이에 대해 언급하듯이 방언은 남을 위하는 은사와 달리 특별히 자신을 위한 은사이기 때문에(14:4) 구하는 자들이 많이 선물로 받는 은총이다. 오순절 성령강림 사건이 혀의 사건인 방언과 언어 사건으로 표출되어 바벨탑의 혼잡을 극복했듯이, 이제는 세계가 새로운 언어인 인터넷 사용으로 밀접하게 소통하고 교류하는 상황에서 교회와 가정 깊숙이 파고드는 다문화와 종교다원주의 사회의 혼잡을 성령의 체험과 만국 공통어인 방언을 통해 극복할 필요가 있다.

8. 예루살렘에서 안디옥으로, 유대인에게서 이방인에게로

사도행전에서는 바울이 **이방의 사도**로 불리기 전에 베드로가 유대교의 틀을 벗어나 이방인들에게 복음을 전하는 사명을 수행한다. 당시 그리스도인들마저도 자신들을 유대교의 한 분파로 여길 정도의 고정관념을 가지고 있던 상황에서 나사렛 예수가 민족적인 그리스도가 아니라 모든 인류의 구세주라는 신앙은 상상하기조차 어려운 개념이었다. 당시의 관점에서 이웃의 범주도 제한적이었으므로 베드로처럼 유대교의 장벽을 넘어서는 복음 전파는 획기적인 발상의 전환이다(행 15:7-8). 그런데 복음이 전파되고 이방인들이 개종함에 따라 이들이 유대인의 율법을 따라야 하는지에 대한 문제가 제기된다. 또한, 이 문제는 그리스도를 영접한 유대인들의 계속된 율법 준수 의무에 대한 논쟁도 발생시킨다. 복음이 예루살렘을 벗어나면서 본격적으로 신학적인 문제가 발생한 것이다.

어떤 사람들이 유대로부터 내려와서 형제들을 가르치되 너희가 모세의 법대로 할례를 받지 아니하면 능히 구원을 받지 못하리라 하니(15:1)

이러한 갈등은 이미 베드로가 고넬료의 집에 머물던 상황을 반영한 할례자들의 비난에서도 찾을 수 있다. 고넬료의 개종 후 예루살렘에 돌아온 베드로는 할례자들의 비난을 받는다. 베드로가 무할례자인 고넬료의 집에서 식사한 것에 대한 비난이다. 이방인들이 음식을 어떻게 만들었는지, 무엇으로 만들었는지 모르는 상황에서 식사에 동참하는 것은 구약의 율법을 위반할 수 있다고 본 것이다.

베드로가 예루살렘에 올라갔을 때에 할례자들이 비난하여 이르되 네가 무할례자의 집에 들어가 함께 먹었다 하니(11:2-3)

하나님께서 할례받지 않은 자들을 구원할 수 있다는 문제는 유대교의 구조 안에서 자란 그리스도인들에게 심각한 고민을 안겨주었다. 율법 준수가 생활이던 유대인이나 율법 준수를 요구받던 개종한 이방인들에게 율법 준수 여부는 심각한 갈등 요인일 수밖에 없었다. 이 갈등이 신학적인 논쟁을 발생시킨 것이다.

갈등과 해결

믿는 유대인들은 어떤 이유로 할례와 율법 준수를 중요하게 받아들였을까? 이들은 율법에 명시되었듯이 하나님과 아브라함의 계약에서 할례가 매우 중요하다고 생각했다. 할례가 유대인을 이방인과 구별시키는 경계석으로 여긴 것이다. 이들은 구원이 그리스도를 통한 약속의 성취이기 때문에 하나님과의 약속인 할례도 아브라함의 자손이 되는 중요한 수단이라고 여겼다. 하나님의 약속이 할례받은 예수 그리스도에 의해 성취되었다고 본 것이다(눅 2:21, "할례할 팔 일이 되매 그 이름을 예수라 하니 곧 잉태하기 전에 천사가 일컬은 바러라"). 그래서 믿는 유대인들은, 이방인이 예수님을 통해 성취된 아브라함의 약속된 축복 속에 들어오기 위해서는 먼저 할례를 통해서 아브라함의 자손이 되어야 한다고 생각한 것이다. 이와 함께, 이미 믿는 이방인들도 할례와 모세의 율법을 준수해야 한다는 주장이다.

이방인(세계) 전도의 중심지인 시리아의 안디옥교회에서 파생된 이와 같은 문제를 해결하기 위해 예루살렘회의가 소집된다. 사도행전 기자는 15장의 예루살렘회의를 통해서 복음을 전파할 때 발생하는 복음과 문화의 충돌에 대한 해법을 소개한다. 이 회의는 복음이 전파되는 어떤 곳에서든지 발생할 수 있는 문화적인 갈등을 해결하는 모본을 보여준다. 이 장면에서 등장하는 베드로의 설교는 선교 역사의 한 획을 긋는 선언이며 간증이다.

많은 변론이 있은 후에 베드로가 일어나 말하되 형제들아 너희도 알거니와 하나님이 이방인들로 내 입에서 복음의 말씀을 들어 믿게 하시려고 오래 전부터 너희 가운데서 나를 택하시고 또 마음을 아시는 하나님이 우리에게와 같이 그들에게도 성령을 주어 증언하시고 믿음으로 그들의 마음을 깨끗이 하사 그들이나 우리나 차별하지 아니하셨느니라(7-9절)

베드로는 이방인들을 위한 자신의 사명을 상기시킨다. 그는 이미 이방인에게도 생명 얻는 회개를 주셨다는 결과를 얻은 바 있다(행 11:18). 베드로의 체험적인 간증과 선언에 회중은 잠잠해진다. 베드로는 자신이 받은 것과 같은 성령의 부어주심이 고넬료에게 임한 것을 알았고, 이는 그의 사명의 중요한 분기점이었다. 이러한 베드로의 체험은 야고보의 이방 선교에 대한 신학적 근거를 제공한다. 야고보의 선교 신학은 복음이 문화와 충돌할 때 어떻게 해결하는 지에 대한 방법을 제공함은 물론 복음의 본질을 변질시키지 않는 한계에서 문화의 수용과 거부의 원리를 제시한다.

선지자들의 말씀이 이와 일치하도다 기록된 바 이 후에 내가 돌아와서 다윗의 무너진 장막을 다시 지으며 또 그 허물어진 것을 다시 지어 일으키리니 이는 그 남은 사람들과 내 이름으로 일컬음을 받는 모든 이방인들로 주를 찾게 하려 함이라 하셨으니 즉 예로부터 이것을 알게 하시는 주의 말씀이라 함과 같으니라 그러므로 내 의견에는 이방인 중에서 하나님께로 돌아오는 자들을 괴롭게 하지 말고 다만 우상의 더러운 것과 음행과 목매어 죽인 것과 피를 멀리하라고 편지하는 것이 옳으니 이는 예로부터 각 성에서 모세를 전하는 자가 있어 안식일마다 회당에서 그 글을 읽음이라 하더라(15-21절)

사상과 이념의 대결로 복음 전파를 방해하는 장벽이 무너진 것이 아니라, 같은 성령체험을 통해서 인종적, 지리적, 문화적인 충돌과 갈등의 장애물이 제거된다. 이를 통해서 사도행전에서는 이방인과 유대인의 구분이라는 도식이 사라졌으며, 복음이 선포되어야 할 지향점인 온 인류를 위한 **땅 끝까지**라는 개념이 확장되어 정립된다.

사라지는 베드로, 떠오르는 바울

예루살렘회의를 분기점으로 사도행전의 전반부에서 활동하던 베드로가 사라진다. 베드로는 비록 자신이 이방인들을 위해 택함 받았다는 선언을 하지만, 실제로 이방인들에 대한 전도 활동은 바울이 승계하여 촉진한다. 예루살렘을 중심으로 활동하던 베드로와 달리 바울은 안디옥을 중심으로 본격적인 복음전파 활동을 한다. 안디옥을 중심으로 복음이 확장되면서 예루살렘보다는 안디옥이 초기 기독교의 중심지로 발돋움한다.

그렇다면 이 시점에서 베드로의 역할은 무엇일까? 무엇보다도 중요한 점은 베드로가 바울의 활동에 정통성을 부여한다는 사실이다. 네 복음서의 주요 인물인 베드로가 어느 날 갑자기 등장한 바울의 활동에 개입하면서 이스라엘 지역에서 선포되던 복음이 바울을 통해서 땅 끝까지 확장되도록 기폭제 역할을 한다. 만일 사도행전에서 베드로가 등장하지 않는다면 바울의 사역은 그 기원과 정통성에서 많은 논란을 불러일으킬 것이다. 바울은 베드로의 사역을 통해서 이방 선교뿐만 아니라 자신의 역할에 대해서까지 보증받는다. 이러한 베드로의 활동이 견고한 유대인과 이방인의 장벽을 무너뜨리면서 이방 선교의 정당성을 부여했을 뿐만 아니라 그의 사역의 연속성이 안디옥을 근거지로 한 바울을 통해서 이루어진다.

9. 바울: 사도, 선교사, 전도자

베드로와 바울은 사도행전에서 교회 설립이라는 하나님 나라 확장 과정에서 등장하는 대표적인 인물이다. 특히 바울의 행적은 다문화와 종교다원주의의 발흥으로 인한 급속한 사회변화의 소용돌이 가운데서 예수 그리스도의 명령을 수행하면서 그리스도인답게 살아야 하는 이 시대의 그리스도인들에게 끊임없이 자신을 돌아보게 만드는 거울이다. 이러한 사도 바울의 활동을 통해서 그리스도인은 바울의 사명의 성격을 알 수 있고, 그 사명을 자신의 다양한 환경에서 따라가야 할 모본으로 삼을 수 있다.

선교인가, 전도인가?

선교와 전도의 차이는 무엇인가? 이에 대한 몇 가지 주장이 있다. **선교**는 다른 문화권에서 행해지는 복음 선포이고, **전도**는 같은 문화권 안에서 이루어지는 복음 선포라는 고전적인 구분이 있고, **선교**는 직접 복음을 전하는 행위인 전도를 포함하는 전반적인 교회활동이라는 포괄적인 정의도 있다. 다른 한편으로는, 선교가 문화 우월주의 입장에서 상대편에 대한 일방적인 개화 시도와 더불어 복음을 전하는 행위라고 정의하는 비판적 구분도 있다(이로 인해 복음 전파 과정에서 상대편의 문화에 대한 이해와 존중의 필요성이 제기되기도 한다). 이와 함께 이도 저도 구분할 수 없고, 단지 용어상의 선호이며 두 가지 다 하나님 나라 확장을 위한 사명이라는 대답이 등장하기도 한다. 그렇다면 바울의 활동과 행적은 전도사역과 선교사역으로 구분되는가, 아니면 이 둘은 그의 사명 속에서 분리할 수 없는 상호 보완적인 개념을 내포하는가?

유럽을 여행할 때 국가와 국가 간의 경계의 장벽을 별로 느끼지 못하는 경우가 있다. 런던의 한복판에서 기차를 타고 세 시간 쯤 달리면 파리 중심에 도착한다. 다양한 문화 간의 급속한 교류이며, 다문화의 생활화를 보여준다. 국경을 넘어서야만 타문화를 만날 수 있는 것이 아니다. 삼면이 바다로 둘러싸여 있고, 북쪽의 국경은 차단되어 남북이 서로 왕래할 수 없는 한국 문화에서는 **해외**라는 개념이 곧 **타문화**의 개념이었다. 그러나 현재의 한국 현실은 통신과 교통의 발달, 외국과의 잦은 교류로 국경과 상관없이 다문화 사회로 진입해 있으며, 전통적인 전도와 선교의 구분마저도 어렵게 만드는 상황이다. 우리의 특수한 환경을 바탕으로 **해외는 곧 타문화**라는 전제로 선교와 전도의 차이를 구분하는 고전적인 견해는 이 양자의 개념을 축소할 수밖에 없다.

바울은 다문화 사회에서 그 사회에 적합한 방법으로 복음을 전하고 교회를 세웠다. 바울 서신의 다양성이 이를 반영한다. 지역적인 개념이나 혹은 우월적인 문화전파의 개념으로 바울의 복음 전파 활동을 선교나 진도로 구분하기에는 한계가 있다. 바울의 선교는 전도이다. 바울의 사명의 궁극적인 도달점은 결국 교회를 세우고 유지하는 일이었다. 바울의 복음 전파 사역을 선교라고 한다면, 그 귀결점은 교회를 세우는 일이며, 이를 전도라고 해도 마찬가지다.

사도: 직분인가, 기능인가?

사도행전은, 안디옥교회가 바울과 바나바를 파송한 것은 성령이 주신 사명임을 보여준다(13:2). 교회 공동체가 금식하며 기도할 때 성령께서 바울과 바나바를 따로 세우도록 명령하신다. 이 명령에 따라 바울과 바나바가 구별되며 이들은 사도로 불린다(14:4, 14). 그런데 바울은 나사렛 예수로부터 직접 부름을 받지 않았을 뿐만 아니라 그를 직접 대면하지도 않았기 때문에 그의 사도성은 도전을 받는다(고후 12:11-12; 갈 1:1; 비교, 행 1:21-22). 바울을 사도라고 부를 때 이 사도 칭호가 직분을 의미하는지, 아니면 이 용어의 의미를 내포한 기능성에 대한 칭호인지에 대한 논란은 지금도 지속된다.

바울에 대한 사도 칭호의 직분성과 기능성은 구체적으로 무엇을 말하는가? 바울은 자신이 계시의 주를 만났다고 해도 이를 나사렛 예수와 동일한 분으로 여겨 자신이 나사렛 예수를 만난 것으로 표현한다(고전 9:1, "내가 자유인이 아니냐 사도가 아니냐 예수 우리 주를 보지 못하였느냐 주 안에서 행한 나의 일이 너희가 아니냐"). 따라서 바울은 사도행전 1장 21-22절의 사도 자격을 갖추었다는 주장이다. 그렇다고 해도 바나바에 대한 사도 칭호는 신약성경에서 바나바와 나사렛 예수와의 관계를 밝혀주는 명확한 자료가 없기 때문에 논란이 있다.

다른 한편, 바울과 바나바는 **보내심을 받았다**는 사실에서 이들에 대한 사도 칭호의 기원을 찾기도 한다. 기능성은 **사도**라는 용어에 담긴 의미에 기인한다. **사도**(ἀπόστολος: 아포스톨로스)라는 용어가 특별한 사명을 위해서 **보냄을 받은 자**라는 의미를 담고 있기 때문에 바울과 바나바도 직분으로서보다는 역할에 의해 사도로 불릴 수 있다는 것이다. 바꾸어 말하면, 사도행전이 복음을 전하며 교회를 세우는 모본적인 역할을 수행하는 바울과 바나바에게 사도라는 기능성을 부여한다는 것이다. 아무튼, 바울과 바나바의 경우에 직분성과 기능성 모두 가능성이 있다. 바울의 사도성은 양면성이 있으며, 기능성은 바나바의 사도성을 보완한다. 이러한 면이 바울과 바나바의 사도 칭호에 대한 특성이다. 그런데 여기에서 주목해야 할 것은, 계시의 예수님을 통해서 직접 선택받은 바울은 그의 사도성을 지상의 예수를 뛰어넘어 하나님의 권위까지 관련시킨다는 점이다.

> 사람들에게서 난 것도 아니요 사람으로 말미암은 것도 아니요 오직 예수 그리스도와 그를 죽은 자 가운데서 살리신 하나님 아버지로 말미암아 사도 된 바울은(갈 1:1)

신약성경에서 바울의 사도성은 사도행전 1장에 나타난 사도의 자격 기준과는 다른 차원이다. 사도행전이 바울과 바나바를 사도라고 호칭할 때는 이들의 사명에 기인한다. 기능성에 대한 강조이다. 이 기능성은 예수그리스도와 그를 죽은 자 가운데서 살리신 하나님으로부터 직접 받은 사명 수행이다. 이에 따라 사도행전은 바울과 바나바를 사도로 호칭한다.

복음전파를 통한 교회 설립, 설립된 교회를 통한 복음전파

바울의 복음 전파는 독특하며 일정한 구조로 전개된다. 바울은 이스라엘을 벗어난 지역을 방문할 때 주로 유대인의 회당에 들어가서 복음을 전파한다. 그 결과로 이 복음을 받아들이는 자들과 복음을 거부하는 자들이 발생하며, 심지어 바울은 반대자들로부터 박해도 받는다. 바울은 질병 치유와 귀신축출 등을 소통의 수단으로 삼고, 이방 문화의 사상과 철학을 활용해서 복음을 전한다.

사도행전은 교회가 어떻게 설립되는지를 베드로와 바울을 통해서 그 실례를 보여준다. 그 설립의 주체는 성령이며, 이 점에서는 베드로와 바울의 경험이 일치한다. 사도행전은 바로 성령이 복음 전파와 교회 설립의 주체가 됨을 보여준다. 바울의 전도/선교 사명의 종착지는 교회 설립이고, 이 교회가 하나님 나라 확장이면서 동시에 그 사명을 수행하는 구체화한 결과물이다. 바울은 복음 전파를 통한 교회 설립, 설립된 교회를 통한 복음 전파의 도식 속에서 **보냄을 받은 자**의 사명을 다한다. 선교와 전도는 그 개념 속에 서로의 기능을 내포하므로 이 둘의 구분은 사실상 의미가 없다. 바울은 선교사/전도자이며, 전도자/선교사이다. 바울의 사명은 교회 설립과 성장으로 귀결된다. 보냄을 받아 이 기능을 수행하는 사람이 선교사이고 전도자이다. 그래서 사도행전 기자는 이 사명을 위해 보냄을 받았다는 의미를 가진 **사도**로 바울을 호칭한다.

10. 신념, 신앙, 신약교회

구속사의 흐름에서 이 시대는 성령시대이다. 성령체험은 그리스도인을 크로노스(χρόνος)인 선(線)적인 시간에서 카이로스(καιρός)인 양(量)적이며 질적인 시간에 들어오게 한다. **하나님의 때**와 **사람의 때**가 다르다는 것은 이 두 종류 시간의 차이를 말한다. 신약교회에 속한 그리스도인의 삶은 새로운 시간이 지배하는 성령시대에 속한다.

간혹 언론을 장식하는 일련의 크고 작은 교회 관련 사건들은 사회적인 반기독교 정서에 불을 붙이기도 한다. 기독교 사회에서 중요한 사건이라고 볼 수 없는 조그만 일들이 상황에 따라 이슈화되면서 빠른 통신 수단을 통해 기독교와 그리스도인의 사회적인 평판에 커다란 영향을 주기도 한다. 이러한 결과들로 인해 바람직한 신앙생활이 **지성화**(知性化)라는 형태의 분위기에 편승하는 현상을 보이기도 한다. 즉, 윤리적인 행위로 신앙생활의 패러다임을 변화시키는 것이 성숙의 지표인 것 같은 분위기가 유행처럼 번지면서 성령체험을 다소 원시적인 신앙행태로 간주하는 것이다. 이로 인해 신념과 신앙의 구별이 모호해지기도 한다. 신앙과 신념의 차이는 무엇인가?

신념, 신앙

신념과 **신앙**은 서로 구별된다. 하나님의 섭리로 이루어지는 그리스도인의 구원은 관점에 따라 그 섭리의 의미가 다르게 평가되기도 한다. 로마서의 칭의 부분에서는 모든 사람이 구원의 대상이지만, 구원받은 이후의 성화 과정에서 이 구원은 이미 하나님께서 예정하신 것으로 고백된다. 어떤 관점에서 보느냐에 따라 **주의**와 **주장**이 달라지는 것이다. 로마서에서 강조하는 중요한 주제 중의 하나가 믿음을 통한 구원인데, 이 믿음은 눈에 보이지 않고 손으로 만질 수도 없으므로 때때로 그리스도인의 구원이 무엇인지에 대한 막연함이 따르기도 한다. 구원은 무엇인가? 항간에는 교인과 그리스도인을 구별해야 한다는 지적도 한다. 그리스도인 공동체가 교회이기 때문에 같은 의미의 말이겠지만, 교회의 현실이 이 구분을 낳는 것이다.

구원받은 신자가 아니라도 성경에 기초한 이념이나 신념으로 살아갈 수 있다. 즉, 역사 속의 인물로서 예수님의 행적과 그 가르침을 윤리적인 삶의 모범으로 간주하며 따라가는 삶이다. 진정한 회심의 체험이 없는 사람을 그리스도인이라고 할 수 있을까? 공산주의 이념을 가지고 살면 공산주의자가 되듯이 기독교적인 이념을 가지고 살면 그리스도인이 될 수 있을까? 때로는 회심의 체험에 대한 느슨한 인식이 만연된 것을 볼 수 있다. 이는 성령을 지식으로 인지하는 삼위일체에 대한 동의 수단이나, 이념적 존재의 대상물로 취급하기 때문이라고 여겨진다. 혹은 성령의 존재는 인정하되, 성령이 생활 속에 직결되는 인격적인 현존이 아니라 어딘가에 계시는 신비한 존재로 인식하기 때문일 것이다. 신념은 죽은 나무의 십자가를 붙잡고 자신의 의지로 사는 것이며, 신앙은 내주하시는 성령의 체험과 은총으로 사는 것이다. 그렇다면 성령체험과 신앙의 관계는 무엇인가?

성령체험, 신앙

성령체험은 한 사람이 가지고 있는 믿음이 **신앙**인지, 아니면 **신념**인지 구별하도록 만드는 요소이다. 성령체험이 없는 삶은 신앙이라기보다는 신념의 생활이라고 할 수 있다. 분명한 회심을 체험할 때 그리스도인이 된다. 믿는 것에서 믿어지는 것으로의 전환이 필요하다. **예수는 그리스도이시다**는 고백이 신앙인지, 혹은 성경의 가르침이 이념화되어 그 이념을 따라 살겠다는 신념인지를 구별할 필요가 있다. 성경 말씀이 믿어지고, 예수께서 그리스도이심이 믿어지는 일은 성령체험을 통해서 이루어진다. 2천 년 전의 예수가 지금의 나에게 그리스도가 되는 것은 나에게 보혜사 성령이 역사하기 때문이다. 신념이 아니라 신앙으로 예수는 그리스도가 되는 것이다. 바울의 사역 기초는 성령체험이며, 그래서 사도행전은 바울의 이 간증을 반복해서 소개한다(9장, 22장, 26장). 오순절 성령강림 사건 이후에도 성령충만은 복음전파의 원동력이었다(4:30-31, "손을 내밀어 병을 낫게 하시옵고 표적과 기사가 거룩한 종 예수의 이름으로 이루어지게 하옵소서 하더라 빌기를 다하매 모인 곳이 진동하더니 무리가 다 성령이 충만하여 담대히 하나님의 말씀을 전하니라").

성령체험과 신앙은 동전의 양면성과 같이 상호 같이 분리되지 않는다. 신앙생활은 곧 성령체험의 생활이다.

〈회복〉(2010, 이스라엘을 향한 하나님의 계획을 조명)이라는 다큐멘터리 영화에서 한 유대인이 어떻게 2천 년 전에 죽은 그 사람이 우리를 구원할 수 있는가에 대해 반문하며 강하게 기독교를 비판하는 말을 한다. 성령이 계시지 않는다면 그 유대인의 말은 사실이고 상식이 될 것이다. 실제로 그럴 수 있다. 유대인과 기독교인의 구별이 성령을 통해서 이루어지듯이, 성령은 그때 그 사건을 지금 여기에서 나와 관련시키고, 효력 있게 만든다. 이미 죽으시고 부활하시고 승천하신 나사렛 예수는 성령께서 내주하실 때 나의 그리스도가 되신다. 그래서 사도들도 예수님의 부활과 승천 이후에 바로 그 예수님이 지금 여기에 계신 **또 다른 보혜사**로 오시기까지 예루살렘에 머물면서 기도에 전념했다.

유대인 남자들이 조그맣고 동그란 형태의 모자처럼 키파(kippah)를 머리에 쓰고 있는 것을 종종 볼 수 있다. 이 키파가 그들 위에 항상 계시는 하나님의 존재를 느끼도록 만드는 상징이라면, 그리스도인들에게는 성령의 내주하심이 바로 예수 그리스도의 임재를 항상 체험하게 한다. **외주**(外住)하시는 하나님이 아니라, **내주**(內住)하시는 하나님을 체험하는 그리스도인이 되는 것이다. 성령의 나타나심은 현상을 동반한다. 사도행전의 성령 사건들은 한결같이 현상들을 수반하면서 그 증거를 드러낸다. 그리스도인은 일상생활에서 내주하는 성령의 음성을 듣고, 성령의 존재성을 생활 속에서 드러낼 때 성령체험의 증거와 열매를 맺을 수 있다. 물론 성령의 나타나심은 다양하므로 어떤 한 가지 현상을 모본으로 제시할 수는 없다. 그렇지만 비록 그 형태의 다양함에도 불구하고 분명한 체험이 수반된다는 점은 모든 그리스도인에게 공통적이다. 이러한 전인격적인 회심의 체험을 배제할 때 구원을 단순화하거나 지나치게 관념화하여 의지에 의한, 건물에 출입하는, 기독교 이념을 소유한 교인을 만들 수 있다.

회심(회개)은 역사 속의 현자인 예수를 존경하여 화석화된 그분의 자취를 따르는 것이 아니라, 지금 여기에서 부어주시는 성령체험으로 내 삶의 모든 영역까지 영향을 미치는 인격적 현존이신 그 예수를 따르는 삶이다. 성령체험에 대한 반동으로 삶의 열매를 강조하는 지성화의 물결은 근원적인 사람의 변화를 이루지 못한다. 내주하시는 성령과의 인격적 소통과 그의 통치에 대한 전인격적인 순종이 사회와 교회와 가정을 건강한 집단으로 바꾸어 놓는다. 성령은 한 개인의 본질을 변화시키는 축복의 근원이며, 질서 있는 삶을 살도록 만드는 정의의 통로이다. 사도행전은 성령행전이다. 사도행전에서 보여주는 성령의 역사와 나타나심이 재현되는 교회가 건강한 교회이며 신약교회이다. 오직 성령으로!

7장

복음이 신학화되다

– 로마서 –

7장

복음이 신학화되다

– 로마서 –

로마서는 서구 사회의 신학뿐만 아니라 철학과 정치 등 삶의 전반적인 영역에 큰 사상적인 영향을 끼친 것으로 인정받고 있다(C. H. Dodd). 로마서는 바울의 다른 서신과 달리 지역 교회의 문제에 반응하는 성격의 대응 서신이 아니다. 로마서는 바울 서신 가운데서도 독보적인 위치를 차지하며 한 편의 신학 논문 형식으로 기독교 신학의 진수를 보여준다. 구원의 원리와 그리스도인의 거룩한 삶의 방법이 로마서에서 체계를 갖추면서, 선포되던 복음이 신학화 과정을 거친다. 사도행전이 복음 선포를 통한 교회 설립과 그 과정에서 나타나는 성령의 역사를 보여준다면, 로마서는 그 내면의 신학을 정리해준다고 할 수 있다. 그래서 로마서는 예수가 그리스도이신 사건이 어떻게 모든 사람에게 적용될 수 있는지, 구원받은 그리스도인이 어떻게 일상생활에서 그 구원을 유지하며 살 수 있는지를 칭의와 성화의 통합적인 구조로 제시한다.

1. 칭의와 성화, 두 날개로 비상하는 삶

로마서는 율법이 아닌 오직 믿음으로 구원받는 교리를 제공하는 성경이라고 보편적으로 알려져 있다. 그래서 로마서는 간혹 오직 믿음으로 구원받는다는 교리에 집중하며 생활 윤리적인 성화를 소홀히 취급하는 것으로 오해받기도 한다. 그러나 로마서는 **칭의**(Justification) 및 일상생활과 직결되는 **성화**(Sanctification)의 내용을 균형 있게 전개하며 두 날개로 새가 공중을 날듯이 그리스도인의 생활이 건강하게 비상하도록 이끌고 있다.

네 복음서와 로마서

네 복음서의 본질은 예수는 그리스도이시다는 선포이다. 이 선포의 대상 영역이 지리적으로 확장되는 과정을 사도행전이 세밀하게 보여준다면, 로마서는 이러한 선포를 이론으로 체계화한다. 이스라엘 지역의 문화권 안에서 선포되던 복음이 헬라-로마 문화권으로 전파되면서 이 복음에 대한 이론화의 필요성이 발생한다. 메시야를 대망하던 이스라엘 지역에서 그 메시야가 바로 **나사렛 예수**라는 일치는 복음의 핵심으로서, 부연 설명이 필요하지 않았다. 그러나 메시야를 소망하지 않던 헬라-로마 문화권에서 단지 예수는 그리스도이시다는 선포는 불충분한 정보였으며, 따라서 이에 대한 보충적인 해석과 설명이 필요했다. 이런 상황에서 바울은 당시 로마제국의 심장부인 로마에 있는 교회에 편지를 보내면서 서론, 본론, 결론을 갖춘 불멸의 신학 논문을 완성하여 기독교의 진수를 보여준다. 불필요한 가정이지만, 만일 로마서가 없다면 복음이 무엇인지에 대한 체계화된 정리와 구원의 방법이 문화권마다 다르게 형성되었을 것이다. 그만큼 로마서는 기독교 신학 체계의 핵심이며, 이를 통해서 우리는 **오직 믿음으로**와 **오직 성령으**

로라는 균형을 갖춘 **칭의**와 **성화**의 은총을 체험하고 있는 것이다.

로마서의 맥

로마서는 크게 칭의와 성화의 구조로 이해할 수 있다. 로마서의 전체적인 내용은 **칭의 → 성화 → 칭의 → 성화**의 도식으로 전개된다. 로마서 구조에 대한 이해는 내용에 대한 이해와 밀접한 관련을 가진다. 따라서 우선 로마서의 전체 구조를 개략적으로 제시한다.

1. **서론**/ 1:1-17

   의의 출현(1:17)

2. **칭의**/ 1:18-4:25

   이방인의 죄(1:18-32)

   유대인의 죄(2:1-3:8)

   모든 사람의 죄(3:9-20)

   의롭게 되는 방법(3:21-4:25)

3. **칭의 & 성화**(칭의의 결과 및 성화의 시작)/ 5:1-21

   화평과 은혜의 생활(5:1-11)

   사망과 생명(아담과 그리스도 5:12-21)

4. **성화**/ 6-8장

   죄로부터 자유(6:1-23)

   율법으로부터 자유(7:1-25)

   생명의 성령(8:1-39)

5. **칭의**(이스라엘의 거절과 구원)/ 9-11장

6. **성화**(그리스도인의 삶과 의무)/ 12:1–15:13

7. **결론 및 인사**/ 15:14–16:17

이 구조에서 알 수 있듯이 로마서는 시작부터 다른 서신과 다른 특징을 보인다. 로마서의 도입부는 간단한 인사 형식을 갖춘 다른 서신들과 달리 여러 구절에 걸쳐 확장되어 있다. 일반적인 편지 형식의 **A가 B에게 문안하노니**라는 단순한 도입과 달리 로마서에는 이 인사가 무려 일곱 구절에 걸쳐 확대된다(1:1–7). 성령으로 충만한 바울이 깊은 성령의 감동 속에서 로마서의 내용을 불러주고, 이를 더디오가 받아 또박또박 기록하는 장면을 연상할 수 있다(롬 16:22, "이 편지를 기록하는 나 더디오도 주 안에서 너희에게 문안하노라"). 바울은 자신의 목적을 위해 자신이 설립하지 않고, 방문해보지도 않은 로마교회에 이 편지를 보낸다. 베드로가 로마에 복음을 전했다는 전승이 있지만, 그러나 로마서 16장에서 바울이 안부를 전하는 명단에 베드로의 이름이 빠진 것으로 보아 이 가설은 확증될 수 없는 것으로 간주된다. 어쨌든 디아스포라 유대인들과 같이 예루살렘을 방문하여 복음을 들었던 사람들이 로마에 돌아갔고, 복음을 전파했고, 그 결과들로 로마교회가 설립된 것으로 보인다. 그러므로 바울은 자신과 직접 관련 없는 로마교회에 편지를 보내면서 자신을 자세히 소개할 필요를 느꼈을 것이며, 동시에 자신이 알고 있는 복음이 로마교회가 믿고 있는 복음과 차이가 없음을 증명하기 위해 이를 구체적으로 설명했을 것이다. 이러한 이유로 로마서의 인사말과 서언이 다른 서신들보다도 확대된 것이다.

서언에 이어서 바울은 본격적으로 칭의와 성화의 교훈을 제시한다. 바울은 쇠를 쇠로 무르듯이 먼저 율법을 통해서 율법의 역할을 분석하고 이를 통해서 믿음의 필요성을 제시하는데, 이 믿음도 율법에 근거해서 설명한다. 바울은 로마서 4장까지 보편적인 칭의에 대한 이론을 전개한 뒤에 6, 7, 8장에서 성화의 원리와 방법을 제시한다(5장은 칭의와 성화의 연결고리이다). 이어서, 예상되는 유대인들의 질의, 즉 그들이 구원에서 제외되었는지에 대한 반론에 대해 바울은 9, 10, 11장에서 칭의의 원리를 적용하여 특정한 민족인 유대인의 구원을 자세히 설명한다. 그 결과 복음은 유대인이나 이방인을 모두 포함하는 우주적인 복음으로 이해된다. 다시 말하면, 칭의와 성화의 원리에 뒤이어 율법을 처음 받는 특권을 가졌던 유대인들도 반드시 칭의에 포함될 수 있다는 내용이 반복되는데, 유대인들에 대한 이와 같은 칭의의 새로운 적용은 결과적으로 이 칭의가 모든 인류에 해당함을 말해준다(9-11장). 이 법칙에 뒤이어 12장부터는 이미 6, 7, 8장에서 제시했던 성화의 구체적인 적용이 소개된다. 그래서 바울은 12장부터 그리스도인이 일상생활에서 거룩하게 살아야 하는 성화의 삶이 생활 윤리와 직결됨을 밝힌다. 즉, 바울은 일상생활에서 구체적인 삶의 실천을 통해서 성화가 이루어짐을 제시한다.

로마서는 칭의와 성화를 균형 있게 조화시키며 하나의 과정으로 통합한다. 율법과 비교되는 믿음과, 율법이 아닌 성령을 통한 삶이 로마서의 전반에 걸쳐 흐른다. 그래서 로마서의 핵심은 **믿음을 통한 구원**과 **성령을 통한 성화의 삶**이라고 압축할 수 있다. 이는 **예수는 그리스도이시다**라는 복음이 무엇이고, 어떤 삶이 복음적인지에 대한 새로운 해석이다. 그러한 면에서 로마서는 복음서의 **선포된 복음**을 해석하고 설명한 **해석된 복음**, 또는 **신**

학화된 복음이다.

2. 해석된 복음, 신학화된 '의'(義)

바울은 모든 사람이 죄인이라는 사실을 유대인과 이방인이라는 구조로 설명한다. 신약시대의 상황에서 부분적으로는 인류를 헬라인과 야만인으로 구분하기도 한다(물론 헬라 문화의 우월주의라는 당시 세계의 보편적인 관점에서). 하지만, 로마서는 종교적인 측면에서 유대인과 이방인의 구분 도식을 활용하여(유대적인 관점에서) 유대인과 이방인이 모든 인류를 대표하는 집단성을 가지게 한다. 그래서 바울은 유대인과 이방인이라는 구분을 통해서 어떻게 모든 인류가 죄 아래 있으며 의가 필요한지를 설명한다.

모든 인류는 죄인이다

이 땅의 모든 사람은 왜 죄인인가? 아담의 죄에 동참한 일도 없고, 많은 세월이 흘렀음에도 불구하고 어떤 이유로 사람들은 죄 아래 있는 것일까? 억울하지 않은가? 이 죄에서 벗어나기 위해 왜 **의**(義)가 필요할까? 윤리적으로 바르고 착하다는 사람들에게도 **의**가 필요한가? 바울은 로마서에서 이러한 문제를 어떻게 설명하고 있는가? 바울은 로마서의 서론을 끝내는 1장 17절에서 **의**의 출현을 말하면서도 정작 이 의에 대해서는 3장 21절부터 소개한다. 그렇다면 로마서 1장 18절부터 3장 20절까지는 어떤 내용이 전개될까? 이상하게도 1장 18절부터는 이미 17절에서 제시한 의에 대해서 말하지 않는다. 대신에 이 의가 왜 필요한지, 그 필요성에 대해 제시한다. 만일 정수기를 판매하거나 혹은 구매한다고 가정해보자. 구매자의 입장에서는 정수기의 필요성을 느낄 때 구매 의욕이 발생할 것이다. 판매자가 구매자의 구매 의욕을 발생시키기 위해서는 현재 사용하고 있는 수돗물이 오염되었다든지, 혹은 빗물의 산성화 같은 문제들을 제기할 수 있을 것이다. 만일 내 주변의 물이 오염되어 마시기에 주저되는 현실을 인식했다면 구매자는 맑은 물을 공급해주는 정수기에 관심을 쏟을 것이다.

바울은 의의 출현을 선포하면서 의의 필요성을 밝히려고 시도하는데, 그 시도는 의에 대한 추가적인 설명을 통해서가 아니라 모든 인류가 죄인이라는 사실을 알리는 데서부터 시작한다. 바울은 모든 인류가 죄인이라는 사실을 입증하기 위해 우선 이방인의 죄를, 다음에는 유대인의 죄를 밝힌다. 로마서가 이러한 죄론을 전개하는 것은 그 죄에서 벗어날 수 있는 방법을 제시하기 위한 전(前) 단계인 의의 필요성을 밝히는 것이다. 그래서 바울은 의가 무엇인지 제시하기 전에 이 의의 필요성에 대해서 논리적인 설명을 한다. 이 필요성의 전제를 요약하면 다음과 같다.

이방인은 죄인이다

└→ 마찬가지로 유대인도 죄인이다

└→ 그러므로 모든 사람은 죄인이다

└→ 그 결과 모든 사람은 심판받아야 한다

└→ 이 심판은 보편적인 동시에 공정한 심판이다

└→ 그러므로 누구든지 구원의 울타리 속에 들어와야 한다

└→ 그런데 이 구원 속에 들어오기 위해서는 **의**가 필요하다

└→ 이 **의**가 바로 여기에 있다

이 구분은 크게 **본성(양심)에 쓴 율법**과 **종이에 쓴 율법**이라는 도식으로 이해할 수 있다. 바울은 이방인을 향해서는 본성에 기록된 율법을, 유대인을 향해서는 의식 문서에 기록된 율법을 통해서 죄를 비추어준다.

> 율법 없는 이방인이 본성으로 율법의 일을 행할 때에는 이 사람은 율법이 없어도 자기가 자기에게 율법이 되나니 이런 이들은 그 양심이 증거가 되어 그 생각들이 서로 혹은 고발하며 혹은 변명하여 그 마음에 새긴 율법의 행위를 나타내느니라(2:14-15)

기록된 율법이 없는 이방인들은 본성과 주변의 천하 만물을 통해서 창조주 하나님을 알 수 있지만, 고의로 이를 무시하고 하나님을 버리거나, 동물이나, 생명 없는 조각으로 대치하며 이를 하나님으로 숭배한 것이다. 바울은 하나님을 떠난 우상숭배의 결과로 나타나는 온갖 추악하고 음란한 삶을 지적한다.

> 이는 하나님을 알 만한 것이 그들 속에 보임이라 하나님께서 이를 그들에게 보이셨느니라 창세로부터 그의 보이지 아니하는 것들 곧 그의 영원하신 능력과 신성이 그가 만드신 만물에 분명히 보여 알려졌나니 그러므로 그들이 핑계하지 못할지니라 하나님을 알되 하나님을 영화롭게도 아니하며 감사하지도 아니하고 오히려 그 생각이 허망하여지며 미련한 마음이 어두워졌나니 스스로 지혜 있다 하나 어리석게 되어 썩어지지 아니하는 하나님의 영광을 썩어질 사람과 새와 짐승과 기어다니는 동물 모양의 우상으로 바꾸었느니라 그러므로 하나님께서 그들을 마음의 정욕대로 더러움에 내버려 두사 그들의 몸을 서로 욕되게 하게 하셨으니 이는 그들이 하나님의 진리를 거짓 것으로 바꾸어 피조물을 조물주보다 더 경배하고 섬김이라 주는 곧 영원히 찬송할 이시로다 아멘(1:20-25)

이방인의 죄를 지적한 바울은, 이어서 유대인의 죄를 날카롭게 지적한다. 유대인들은 의문, 즉 의식 문서에 기록된 율법을 갖는 특권을 가졌음에도 불구하고 이 율법을 지키지 못했다. 특권을 받았음에도 불구하고, 이 특권 속에 머물러 있으면서 의무를 행하지 않던 유대인들은 율법에서 금하는 죄를 행하며 이방인들과 같이 하나님을 욕되게 했다.

> 곧 나의 복음에 이른 바와 같이 하나님이 예수 그리스도로 말미암아 사람들의 은밀한 것을 심판하시는 그 날이라 유대인이라 불리는 네가 율법을 의지하며 하나님을 자랑하며 율법의 교훈을 받아 하나님의 뜻을 알고 지극히 선한 것을 분간하며 맹인의 길을 인도하는 자요 어둠에 있는 자의 빛이요 율법에 있는 지식과 진리의 모본을 가진 자로서 어리석은 자의 교사요 어린 아이의 선생이라고 스스로 믿으니 그러면 다른 사람을 가르치는 네가 네 자신은 가르치지 아니하느냐 도둑질하지 말라 선포하는 네가 도둑질하느냐 간음하지 말라 말하는 네가 간음하느냐 우상을 가증히 여기는 네가 신전 물건을 도둑질하느냐 율법을 자랑하는 네가 율법을 범함으로 하나님을 욕되게 하느냐 기록된 바와 같이 하나님의 이름이 너희 때문에 이방인 중에서 모독을 받는도다(2:16-24)

바울은 **믿음으로 의롭게 되는** 사실을 선포하기 전에 어떻게 해서 모든 사람이 죄인인지를 밝힌다. 바울은 로마서에서 인류를 이방인과 유대인으로 분류하면서 본성(양심)에 쓴 율법을 가지고 있던 이방인과 의식 문서에 쓴 율법을 가지고 있던 유대인이 한결같이 하나님을 하나님으로 대우하지 않음으로 하나님을 영화롭게 하는 데 실패했음을 밝힌다. 바울은 종이(파피루스나 양피지)에 기록된 율법이든지 아니면 사람의 본성에 기록된 율법이든지 간에 그 구별은 단지 계시의 차이일 뿐이며, **율법** 그 자체가 사람을 구원하지 못한다고 선언한다. 이방인과 유대인의 구분은 단지 계시 방법의 차이일 뿐이지 죄성에 대해서는 차이가 없다는 것이다. 인류는 본성과 율법을 통해서 충분히 하나님을 하나님으로 알 수 있었다. 그러나 양자 모두 고의로 이를 기피하고 우상을 숭배했다. 이를 다르게 표현하면, 이방인이나 유대인은 모두 같은 죄 아래 있으며, 이 죄에서 벗어나기에는 본성이나 율법으로는 가능하지 않다는 것을 로마서가 보여준다. 그렇다면 이 죄에서 벗어나기 위해서는 본성과 율법 대신에 무엇이 필요할까? 바로 **의**다. 이를 제시하기 위해서 바울은 그의 죄론을 먼저 전개한 것이다.

신학화된 '의'

바울은 이스라엘 지역 문화권을 벗어나면서부터는 복음서의 **예수는 그리스도이시다**라는 선포를 **어떤 예수가 어떻게 그리스도가 되는지**라는 해석된 복음으로 신학화시켜 당시의 문화와 상황 속에서 전파했다. **의**는 바울 당시 헬라-로마 사회의 가치 있는 덕목으로서 예수 그리스도가 누구신가를 드러내는 적절한 수단이었다. 그래서 바울은 다문화의 틀을 유지하는 헬라-로마의 문화와 사회에서 그 시대에 적합한 의의 개념을 활용해서 복음을 전한 것이다. 이 의를 사용한 배경은 이미 복음서를 연구할 때 제시한 바 있는 마가복음과 누가복음에 나타나는 백부장의 고백을 비교한데서도 드러난다(막 15:39; 눅 23:47). 마태복음의 의는 하나님의 뜻을 행하는 것이며, 누가복음의 의는 사회적인 덕목이며, 로마서의 의는 어떤 관계성에 들어오는 것이다. 즉, 로마서는 어떤 관계 속에 들어왔을 때 이를 **의**라고 간주하고, 우리는 이를 신학적으로 **칭의**(Justification)라고 말한다.

3. 할례 받지 않은 아브라함 vs. 할례 받은 아브라함

히브리서 11장은 믿음의 거장들을 즐비하게 소개한다. 그런데 그리스도인들은 그중에서 유달리 아브라함을 **믿음의 조상**이라고 즐겨 칭한다. 이 칭호의 기원은 어디에 근거하고 있을까? 로마서에서 아브라함과 바울의 관계는 불가분리이다. 아브라함이 없이는 바울 신학이 정립될 수 없고, 아브라함을 통하지 않고는 바울의 **이신칭의**(以信稱義, 믿음으로 의롭다고 칭함) 혹은 **이신득의**(以信得義, 믿음으로 의롭다함을 얻음) 혹은 **이신의인**(以信義認, 믿음으로 의롭다고 인정받음) 주장을 세울 수 없게 된다. 바울은 많은 구약성경의 인물 가운데 아브라함을 대표로 내세워 그의 신학을 전개한다. 로마서는 다른 서신들과 달리 지역 교회의 구체적인 상황을 반영하지 않을 뿐만 아니라 지역 교회의 당면한 문제 해결을 위해서 기록되지도 않았다. 한 편의 신학 논문과 같은 성격의 로마서는 바울 복음의 진수를 보여준다. 이러한 로마서에서 바울은 모든 인류를 대표하는 믿음의 표상으로 아브라함을 제시한다. 그 이유는 무엇일까?

할례, 율법, 믿음

바울은 율법의 위치를 **의**와 관련하여 정리한다. 그는 새로운 구원의 통로인 믿음을 통한 **의**를 소개하면서 율법의 임무가 완성됨을 단언한다(롬 10:4, "그리스도는 모든 믿는 자에게 의를 이루기 위하여 율법의 마침이 되시니라"). **믿음으로 의롭게 됨**을 설명하기 위해 바울은 구약성경 전체에서 한 구절을 택한다. 이 선택은 율법을 통해서 율법을 무르는 바울의 탁월함을 보여준다. 바로 그 유명한 창세기 15장 6절이다.

아브람이 여호와를 믿으니 여호와께서 이를 그의 의로 여기시고 율법을 통해서 율법의 문제를 제기하며 그 해결 방법을 제시하는 바울은 바로 이 구절을 통해서 믿음으로 의롭다 함을 받는 선례를 보여준다. 이 땅에 율법과 할례가 주어지기 전에 이미 믿음으로 의롭게 된 전례로 제시되는 구절이 바로 창세기 15장 6절이다. 상대방의 논리로 상대방을 제압하는 논박법이 바울 당시의 관습이었다. 바울은 율법으로 율법의 무효성을 입증해 보인다. 아브라함은 할례를 받기 전에, 율법이 주어지기 전에, 믿음으로 의롭다 함을 받았다. 그렇기 때문에 바울의 주장은 하나님께서 아브라함을 **의롭다고 간주**하시는 것은 율법과 할례의 준수가 아니라 **믿음**을 통해서라는 것이다.

이에 대해 더 구체적으로 살펴보겠다. 창세기 15장 6절의 약속 후에 하갈과 아브람의 관계에서 이스마엘이 출생하고, 이 후에 하나님은 아브람을 아브라함으로 부르면서 그와 할례의 언약을 맺는다(17:4-14). 그러므로 아브라함이 할례 받기 전인 창세기 15장 6절은 엄밀한 의미에서 무할례자에게 적용된다고 할 수 있다. 할례 받은 아브라함이 할례 받은 유대인들의 조상인 것과 같이 할례 받지 않은 아브라함은 믿는 자인 무할례자 이방인들의 영적 조상이 되는 것이다. 아브라함과 율법의 관계도 이와 유사하다. 아브라함 때에는 율법이 없었다. 율법은 아브라함과의 약속보다 430년 후에 있었다(갈 3:17). 그러므로 아브라함은 율법을 지킴으로 의롭다 여김을 받지 않았다는 것이 바울의 주장이다. 결과적으로 율법과 할례가 있기 전에 의롭다 함을 받은 아브라함은 이방인과 유대인을 포함한 모든 민족의 믿음의 조상이 되는 것이다.

아브라함, 믿음의 조상

아브라함이 믿음으로 의롭다 함을 받은 것은 그의 믿음에 대한 반대급부로 받은 것인가? 즉, 원인과 결과처럼 믿음이 의롭다 함을 낳았다는 말인가? 아브라함의 의는 상거래처럼 믿음에 대한 대가 지급인가, 아니면 믿음은 의의 통로인가? 만일 **의**가 단지 **믿음**에 대한 결과로 주어지는 것이라면 이 개념 속에는 하나님의 은혜를 찾을 수 없게 된다. 아브라함의 사례에서 알 수 있듯이 아브라함의 믿음 때문에 **의**가 들어온 것이 아니다. 순서를 구분한다면, 아브라함의 신앙은 하나님께 대한 아브라함 편의 순종에 기초한 것이라기보다는 아브라함에게 은혜를 베푸신 하나님의 선취권적인 행동에 기초한 것이다. 다시 말하면, 하나님의 은혜에 기초해서 아브라함이 믿음으로 의롭다 하심을 수여받은 것이며, 이 믿음은 그 약속에 들어가는 새로운 방법이다. 아브라함의 믿음 때문이 아니라 믿음을 통하여 의가 들어온 것이다. 하나님의 은총의 우산 아래에서 생성된 아브라함의 믿음과 의가 모든 사람에게 적용되듯이 칭의는 믿음을 통해서 이루어지는 것이다.

바울은 로마서를 통해서 아브라함과의 관계는 **혈연**이 아니라 **믿음의 관계**라고 설명한다. 이는 모든 사람이 아무런 외적 조건 없이 하나님 앞에 의롭게 될 가능성을 열어주는 것이다. 의문에 쓴 율법을 가지고 있던 유대인과 본성에 쓴 율법을 가지고 있던 이방인 모두 죄인 됨을 밝힌 바울은, 동시에 이방인과 유대인 모두 차별 없이 믿음으로 의롭게 됨을 밝힌다.

4. 마음으로 믿는 것 vs. 입으로 시인하는 것

종종 학교와 교회에서 바울 서신의 내용에 대한 질문을 받는다. 그 가운데 바울의 논리 전개에서 반복적이거나 모순처럼 보이는 표현들 가운데에 궁금증을 불러일으키는 내용이 있다. 비교적 단순한 표현임에도 불구하고 이를 글자 그대로 문자적인 의미로 받아들여야 하는지, 아니면 바울의 독특한 표현방식으로 여겨야 하는지에 대한 문제이다. 이러한 표현 방식에 대한 이해의 정도에 따라 그 해석의 결과는 다르게 나타난다. 그러한 표현 중에 하나가 믿음에 관한 바울의 진술이다(롬 10:10). 이 구절은 로마서에서 바울의 사상을 이해하는 중요한 요소 중의 하나로서 믿음으로 구원받는다는 바울의 칭의론에 대한 이해를 확인할 수 있는 내용이다. 구원이 두 단계라는 것인지, 즉 마음으로 믿는 것과 입으로 고백하는 일이 구분되는지, 아니면 이 둘이 하나의 단계에 대한 다른 표현 방식인지에 대한 것이다.

실체와 전달 도구

먼저, 바울이 그의 서신을 기록할 때 사용한 표현 방식을 이해할 필요가 있다. 바울은 매우 독창적이며 유연한 사고로 복음을 전한다. 어떤 면에서 설교의 전형을 보여 주는 방식의 복음전파이다. 지금의 우리 상황에서 보면 매우 고전적이며, 오랫동안 교회 현장에서 반복하여 사용하는 용어들이지만 이 용어들은 바울 당시에 매우 혁명적인 선택의 결과이다. **예수는 그리스도이시다**라는 단순 명쾌한 진리를 바울은 그 당시 각 지역의 특색에 적합한 용어와 개념을 활용해서 전했다. 그래서 이 시대의 그리스도인들은 바울 서신을 읽으면서 어디까지가 복음이고, 어디까지가 전달 도구인지 구분해야 한다. 과일을 실어 나르는 차량과 그 속에 담긴 과일을 구분하듯이, 전달 도구와 전달하고자 하는 실체와의 구별이다. 물론 문자적인 표현에서 이를 구분하는 것을 사물을 운반하는 것과 전적으로 비교할 수 없겠지만,

바울이 고린도전서에서 자기 생각과 주님의 명령을 구분하듯이(7:12), 바울의 선포 가운데서 복음과 이를 전달하는 표현 방식을 구분해야 한다. 만일 이러한 구분을 소홀히 한다면 전달하고자 하는 실체보다 그 전달 도구로 인해 그 실체의 모습이 변형될 수 있다. 무더운 여름에 종이봉투 속에 담긴 초콜릿이 녹아서 그 봉투와 일체가 되어 분리할 수 없을 때는 그 본래의 맛을 포기할 수밖에 없을 것이다.

바울은 **구원**이라는 실체를 이 땅의 사람들에게 전달하기 위해 이 땅에서 사용하는 다양한 용어를 채택해서 이해의 수단으로 삼았다. 어떤 사람에게는 관계적인 용어가, 다른 사람에게는 법률적인 용어가, 또 다른 사람에게는 사회적인 용어가 이해하기 쉬울 것이다. 특정한 용어는 이미 그 속에 내포한 개념을 통해서 듣는 사람의 전(前) 이해를 형성하기 때문에 복음은 이전 이해가 기준이 되어 전달된다. 달리 말하면, 전 이해의 기준에 따라 이해의 정도가 다를 수밖에 없다. 그래서 바울은 특히 구원과 관련해서는 다양한 용어와 개념을 활용하여 그 속에 복음을 담아 선포한다. 한 가지 사실을 전달하기 위해 다양한 표현 방식을 활용한 것이다. 이처럼 바울의 설득 방법은 표현 방식을 달리하며 반복해서 강조한다는 특징을 지닌다. 이러한 시도와 적용에 따라 로마서 10장 10절도 복음을 당시의 이원론적인 사고의 틀로 전달한다.

구원, 두 단계인가?

로마서 10장은 로마서의 전체 구조에서 이스라엘의 구원에 관한 부분이다. 이미 모든 사람이 구원받아야 하는 이론을 제시한 바울은 율법을 받고 복음이 나오도록 통로 역할을 수행한 이스라엘의 구원 신학을 전개한다. 유대인이 거절한 복음이 이방인에게로 넘어간다면, 유대인들은 구원에서 제외된다는 말인가? 그렇다면 율법을 먼저 받고 복음의 통로 역할을 수행한 유대인의 특권은 무엇인가? 하나님의 약속은 영속하지 않고 변경된다는 말인가? 이러한 질문이 제기될 수 있다는 전제에서 바울은 미리 답변을 제공한다. 이 과정에서 로마서 10장 10절이 등장한다.

> 마음으로 믿어 의에 이르고 입으로 시인하여 구원에 이르느니라

로마서 10장 10절과 같은 표현 방식은 5장 9절과 10절에서도 등장한다.

> 그러면 이제 우리가 그의 피로 말미암아 의롭다 하심을 받았으니 더욱 그로 말미암아 진노하심에서 구원을 받을 것이니 곧 우리가 원수 되었을 때에 그의 아들의 죽으심으로 말미암아 하나님과 화목하게 되었은즉 화목하게 된 자로서는 더욱 그의 살아나심으로 말미암아 구원을 받을 것이니라

이 구절에 대한 이해가 10장 10절의 이해에 도움을 준다, 바울은 5장에서 관계적인 용어인 **화목**과 법률적인 용어인 **의롭게 됨**이라는 두 표현을 사용해서 구원을 입체적으로 설명한다. **화목**이라는 표현은 일반 헬라어 용법에서 사람과 사람 사이의 관계를 개선할 때나 인간이 제물과 희생을 통해 이방 신의 진노를 누그러뜨린 후, 이방 신과 화해할 때 사용하는 용어이다. 그러나 바울은 화해의 주체는 하나님이시며, 인간은 스스로 주체가 되어 하나님과 화목하는 길을 찾을 수 없다는 점을 분명하게 밝힌다. 이러한 표현은 법정적인 표현에 대한 보완으로 사용한 것이다.

바울이 복음을 전하던 헬라-로마 문화권에서는 영과 육을 구분하는 이분법적인 철학 구조로 인간을 분석하고 이해했다. 영과 육의 분리 사상으로 인해 마음으로 믿는다는 것은 육체와는 무관한 것으로 보는 경향이었다. 그래서 바울은 영과 육이 분리되지 않는 전인격적인 구원을 전제로 이 둘의 구분을 없앴다. 마음으로 믿는 것과 입으로 시인하는 것은 두 단계의 구원 과정을 설명하는 것이 아니라 한 가지 사실에 대한 다른 표현이다. 마음으로 믿는 것이나 입으로 시인하는 것은 같은 과정에 대한 다른 설명이다. 즉, 이 둘은 분리된 과정이 아니라 한 개인이 복음을 듣고 이를 받아들이는 반응을 다른 각도에서 표현한 것이다. 로마서 10장 10절은 복음에 대한 바울의 열정을 전달 방식에서도 드러내는 사례이다. 설교 현장에서 바울은 당시 세계의 사상과 사람들의 이해 방법을 철저하게 활용하여 복음을 선포했다. 어떤 사람에게는 마음으로 믿는다는 표현이, 다른 사람에게는 입으로 시인한다는 표현이, 혹 은연 중에 이 둘을 구분하는 전(前) 이해를 하고 있는 사람에게는 이 두 가지 표현 방식을 통해 믿음을 갖도록 도전한다. 바울이 지닌 언어의 그물은 다문화 속의 당시 사람들이 빠져나가지 못할 정도로 촘촘하게 짜여 있다.

5. 율법의 전통 vs. 복음의 윤리

신앙생활의 모습이 사람마다 다름에도 불구하고 이 신앙의 표현 방식이 윤리적인 충돌을 불러일으키기도 한다. 이 충돌은 그리스도인과 그리스도인, 그리스도인과 사회 또는 국가와의 갈등도 발생시킨다. 로마서가 칭의와 성화의 통합적인 균형을 갖춘 성경임에도 불구하고 때로는 이 속에 담긴 칭의에 대한 내용만이 집중적으로 주목받기도 한다. 한편, 야고보서 2

장에서는 표면적으로 이러한 경향을 강하게 비판하는 것처럼 보인다.

> 행함이 없는 믿음은 그 자체가 죽은것이라(17절)
>
> 네가 하나님은 한 분이신 줄을 믿느냐 잘하는도다 귀신들도 믿고 떠느니라(19절)
>
> 이로 보건대 사람이 행함으로 의롭다 하심을 받고 믿음으로만은 아니니라(24절)
>
> 영혼 없는 몸이 죽은 것 같이 행함이 없는 믿음은 죽은 것이니라(26절)

마치 로마서의 믿음을 통한 구원의 주장과는 다른 것처럼 보이는 야고보서의 내용은 오해를 낳을 수 있다. 그러나 로마서와 야고보서의 가르침은 상호 모순되지 않고 오히려 조화를 통해 칭의와 성화의 균형을 갖추게 한다. **행함**과 **믿음**의 관계가 신앙 문제인지, 윤리 문제인지, 아니면 이 둘은 분리할 수 없는 균형과 조화를 요구하는 것인지 살펴보고자 한다.

칭의 = 성화 = 영화

칭의, 성화, 영화는 단계별로 진입하는 과정일까? 구원받았다는 사람이 왜 변하지 않을까? 신앙은 인격과 관련이 없는 것일까? 이러한 고민을 듣는 경우가 있다. 자신의 경우이든, 아니면 주변의 그리스도인에 대해 갖는 우려이든지 간에 예수를 그리스도로 영접한 사람들의 삶의 변화에 대한 의문이 담긴 내용이다. 이와 같은 문제의 해결은 칭의, 성화, 영화의 구조에 대한 이해를 통해서 이루어질 수 있다.

로마서는 칭의와 성화를 분리된 과정으로 간주하지 않으며, 영화도 칭의와 성화가 지향하는 종결점이라고 전제하지도 않는다. 로마서는 칭의, 성화, 영화를 통합적인 하나의 실체로 간주하는 구원 신학을 전개한다. 바꾸어 말하면 칭의가 성화이고, 성화가 영화이며, 그 영화는 결국에는 칭의이다. 로마서는 칭의와 성화가 균형을 갖춘 신학을 전개한다. 로마서에서 상호 긴밀하게 연결되고, 상호 복합적인 기능을 수행하는 칭의, 성화, 영화를 구분하는 것은 이해의 한 방편일 뿐이다. 구원론이라는 관점에서는 칭의이고, 교회론적(사회적) 관점에서는 성화이며, 종말론적인 관점에서는 영화이다. 로마서에서 구원이 현재성과 미래성을 동시에 포함하듯이, 칭의, 성화, 영화도 현재성과 미래성을 동시에 포함한다. 칭의가 성화와 분리될 수 없고, 영화도 마찬가지이기 때문에 구원이 영원하다든지, 또는 이와 달리 구원은 소멸할 수 있다는 주장과 같은 수사적 구분은 로마서에서 사실상 의미가 없다(참조, 히브리서 6:9-12; 10:32-39). 칭의, 성화, 영화의 과정에 대한 문제가 제기되는 것은 칭의, 성화, 영화를 순차적인 단계라고 간주하든지, 또는 칭의의 다른 측면인 회심(회개)의 체험에 대한 문제가 있기 때문이다. 로마서는 칭의, 성화, 영화를 통합적인 하나의 실체로 간주하면서 전인격적인 존재의 변화를 제시한다.

로마서는 일상의 삶이 구원의 결과로 변화되는 것을 필연적인 과정으로 여긴다. 믿음을 통한 구원, 성령을 통한 성화라는 도식을 서로 구분할 수 없는 하나의 실체로 보는 것이다. 분명한 회심의 체험은 칭의 또는 성화 또는 영화의 세계 속에 진입한 것이며, 삶의 변화의 구조 속에 편입된 것이다. 그러면 칭의, 성화, 영화와 관련한 회심 또는 회개는 무엇인가? 지식적인 동의가 회심이나 회개가 아니며 전인격적인 존재의 돌아섬이 회개이다. 이 회개는 지구의 중력으로 물건이 지상에 떨어지는 것처럼 필연적으로 한 개인의 전인격적인 변화를 수반한다. 때로는 이 회심을 수학 문제의 정답을 맞히는 것과 같은 깨달음이나 혹은 이념으로 예수를 지도자로 삼는 것과 같은 변화로 간주하기 때문에 칭의를 삶의 윤리성과 분리하는 결과를 낳는 것이다. 회심은 상호 분리되지 않는 하나의 통합적인 실체로 기능하는 칭의, 성화, 영화의 개념을 모두 포함하는 현재와 미래의 변화이다.

복음과 율법

로마서는 일상생활의 윤리적인 권면과 가르침을 소홀히 하지 않는다 (6:12-13; 8:12-13 등). 로마서 6-8장은 성화의 이론을 밝히며 그리스도인의 일상적인 삶의 원리를 제시한다. 구원받은 그리스도인은 새로운 질서 속에 진입한 것인데, 이 그리스도인이 어떤 가르침을 가지고 어떻게 이전과는 다른 삶을 살 수 있을지를 로마서가 보여준다. 바울은 현실에 발을 딛고 살아가는 그리스도인에게 복음의 윤리를 제시하는 것이다.

바울은 자신이 현실적으로 의식주를 이어가던 헬라-로마 문화의 상황과 자신이 지키던 율법의 전통 사이에서 깊은 갈등을 겪은 것으로 보인다. 헬라 문화, 로마의 정치와 법률, 유대 종교의 네트워크 속에서 자신의 정체성을 지키며 사명을 수행하던 바울의 고뇌와 그리스도인을 향한 권고가 로마서에 녹아있다. 그의 삶의 원리는 특히 기독교 문화에서 성장하지 않은 그리스도인에게도 그대로 적용할 수 있다. 율법의 전통으로 과거를 살았고, 복음으로 미래를 계획하고, 새로운 사명으로 현재의 삶을 나누는 바울의 가르침은 율법과 복음의 대충돌인 동시에 이 둘의 관계 정립이며 복음과 문화의 갈등을 극복하게 하는 모본이다.

예수 그리스도의 복음은 구원의 소식과 함께 실천을 전제로 하는 윤리를 담는다. 이 복음은 구원의 선포 외에 **윤리**의 권면을 통해 그리스도인의 윤리적인 삶의 실천과 이를 통한 하나님 나라 확장이라는 사명을 부여한다. 바울은 새로운 하나님의 백성이 된 그리스도인들에게 삶의 구체적인 교훈을 주기 위해 이미 로마서 6–8장에서 제시한 원리를 12–15장에서 구체화하여 일상생활의 윤리로 제시한다. 율법은 준수의 대상에서 인종적인 한계성을 가진 법이지만, 복음은 이를 초월한다. 하나님은 모든 민족의 하나님이시고, 하나님의 자비는 모든 민족을 수용할 만큼 넓으며, 한 하나님 앞에 오직 한 가지 복음만이 있을 뿐이다. 복음은 이방인과 유대인, 헬라인과 야만인으로 도식화하는 구분마저도 뛰어넘는다. 심지어 복음은 계층적이며 사회적인 모든 한계성마저도 초월한다. 그래서 복음은 유대인의 자랑을 무력화하며, 헬라인의 자만을 꺾으며, 이방인의 자존을 회복하며, 야만인을 문화인으로 만든다.

율법은 구분(분리)이고, 복음은 수용(통합)이다. 하나의 삶의 방식인 율법은 인종을 **구분**하고, 할 일과 하지 말아야 할 일을 **분리**한다. 율법은 하나님의 백성을 율법 안에서 그 율법을 준행하는 **계약 백성**이라고 정의하며, 복음은 하나님의 백성을 하나님의 부르심에 응답하는 **새로운 족속**이라고 정의한다. 바울에게서 하나님의 백성이 되는 것은 유대인에게 독점적이 아니다. 이는 하나님의 은혜의 선택에 기인한 것이기 때문에 모든 관계를 초월하면서, 역설적으로는 모든 관계를 포함(통합)하면서 이루어진다. 그래서 바울은 하나님의 구속 목적을 통해서 율법에 의한, 문화에 의한, 인종에 의한 **구분**을 재해석하고 재정립한다. 바울은 하나님의 백성이라는 범위를 새롭게 정리하고, 이 하나님의 백성이 살아가야 하는 방식을 복음을 통해서 새롭게 들여다본다.

복음과 윤리

복음은 삶을 바꾸어 놓는 전환점이며, 사회를 바라보는 새로운 관점이며, 사회를 변화시키는 새로운 동력이다. 복음에 몰입된 삶이란 일부 은사나 지체를 드리는 것이 아니라 자신의 몸 전체를 드리는 삶이다. 지, 정, 의를 포함한 전인격의 삶을 성령과 더불어 사는 것이다. 그래서 바울은, 영적 예배는 전인격인 지, 정, 의를 모두 하나님께 드리는 삶이라고 제시한다.

> 그러므로 형제들아 내가 하나님의 모든 자비하심으로 너희를 권하노니 너희 몸을 하나님이 기뻐하시는 거룩한 산 제물로 드리라 이는 너희가 드릴 영적 예배니라 너희는 이 세대를 본받지 말고 오직 마음을 새롭게 함으로 변화를 받아 하나님의 선하시고 기뻐하시고 온전하신 뜻이 무엇인지 분별하도록 하라(롬 12:1-2)

그리스도인은 어떻게 **산 제물**이 되며 **영적 예배**를 드릴 수 있을까? 로마서 12장은 그리스도인의 성화를 말한다. 믿음의 생활 영역은 교회와 세상을 모두 포함한다. 그리스도인은 두 세상에서 동시에 살아간다. 신자와 불신자의 영역이 같은 시간, 공간 안에서 이루어지며 그리스도인은 이 속에서 신앙인으로서 분별력을 가지고 살아야 한다. 이러한 상황 속에서 그리스도인은 어떤 삶을 살아야 할까? 로마서는 바로 이에 대한 해답을 준다.

12장 1절의 **영적 예배**의 어원적 의미는 이치에 맞는 합당한 제사 방식이다. 유대인의 제의를 비교 대상으로 삼아서 예배의 자세를 교훈한다(참조,

히 9:1, 6). 그리스도인이 일반적으로 이해하는 예배의 구체적인 실천 방식이라고 할 수 있다. 이는 그리스도인이 어떤 일상생활과 태도로 하나님 앞에서 살아야 하는지를 제시하는 것이다. 구약의 제사 행위가 유대인의 정체성을 드러내 주듯이, 그리스도인의 예배는 그리스도인 자신의 정체성을 드러내 주는 최고의 행위이다. 이 세대의 풍조를 본받지 말고 자신을 거룩한 산 제물로 드리는 것이 영적 예배이다. 제물은 철저하게 분해해서 온전히 태운다. 예수 그리스도 앞에 철저하게 분해되어 제물로 바쳐지는 삶이 그리스도인의 영적 예배이다. 영적 예배를 위한 제물은 그리스도인의 일상생활이며, 로마서는 바로 이러한 일상생활의 갖추어짐을 말한다. 구원받은 그리스도인의 일상생활이 영적 예배를 지향할 때 거룩한 산 제물이 될 수 있다.

그렇다면, 그리스도인은 영적 예배를 위해 어떤 윤리 규범을 따라야 하는가? 바울에게서 **윤리**는 사회와 문화 속에서 상대성을 가진 도덕성을 일컫는 것이 아니라 하나님과의 관계에서 이루어지는 삶의 방식(성화)을 말한다. **하나님의 백성**이라는 범주가 새롭게 규정된다면 윤리도 이와 마찬가지로 새롭게 성립되어야 한다. 그래서 바울은 복음을 통해서 해석된 일상생활의 가르침을 비롯해 율법을 복음으로 해석하여 이 율법이 그리스도인의 삶에 중요한 교훈을 주도록 적용하는 것을 새로운 윤리로 제시한다. 지, 정, 의를 이루는 전인격적인 삶이 복음을 통해서, 성령을 통해서 변화되고 개선되는 생활이 윤리적인 삶이다.

기독교는 율법주의나 무율법주의가 아니라 철저한 윤리 종교이다. 이 윤리는 복음에 기초한 삶의 방식이며 은사와 은사를 연결해주는 매개물이다. **감동**과 **기도 응답**이 복음으로 해석된 윤리를 통해 실천되고 표출될 때 로마서의 **칭의/성화**가 야고보서의 **믿음/행함**과 조화되는 것을 체험할 수 있다.

6. 구원, 예정되었는가?

예수 그리스도를 통한 구원은 이미 예정되었는가? 일반적으로 칼뱅주의(Calvinism)나 아르미니우스주의(Arminianism)는 이 문제를 해결하는 대표적인 이론으로 자리매김하고 있다. 예정과 관련하여 흔히 여러 가지 질문들이 제기된다. 구원받을/받은 사람은 정해져 있는가? 구원은 하나님의 절대 주권에 의한 것인가? 복음을 듣지 않고도 구원이 가능한가? 그렇다면 왜 전도해야 하는가? 전도는 구원을 확인하는 과정인가? 구원은 하나님의 선택과 인간의 의지에 따른 것인가? 이러한 질문들은 로마서의 칭의와 성화에 대한 균형 잡힌 이해를 통해 해소될 수 있다.

칭의와 성화의 관계

로마서는 크게 칭의와 성화의 내용으로 전개된다. 이 전개는 칭의와 성화의 상호 균형 속에서 이루어진다. 믿음으로 의롭게 되는 칭의는 거룩하게 되는 성화의 다른 측면이다. 바꾸어 말하면, 칭의의 결과는 성화이며, 이 성화는 칭의와 분리되지 않고 자동으로 칭의와 함께 가는 동반자이다. 비유적으로, 칭의의 문을 열고 들어와서 그 문을 뒤돌아보니 그 문이 성화의 문이라고 표시되어 있는 것과 같다. 아이가 모태에서 나오는 순간 호흡을 하며 소리를 내듯이 성화는 그리스도인들의 거듭남과 함께 펼쳐지는 새로운 하나님 나라의 세계이다. 물론 사람의 성장 과정이 다르듯이 성화의 진보는 사람마다 다를 수 있다. 그렇지만 그 세계는 선택의 산물이 아니라 칭의의 다른 측면이며 그리스도인에게 필연적으로 주어지는 사명의 현장이다.

성화의 특징인 화평과 자유

펼쳐지는 구속사의 흐름에서 유대인과 이방인의 관계를 새롭게 정립한 바울은 하나님의 백성이 어떤 방식으로 살아야 하는지를 설명한다. 로마서 6-8장은 이러한 삶의 방식인 성화의 원리를 제시한다. 그런데 바울은 이와 같은 구체적인 성화의 원리를 설명하기 전에 칭의와 성화의 연결고리인 5장에서 칭의의 결과는 **화평**임을 밝힌다. 이 화평은 하나님과의 관계에 대한 방향성이며, 이 화평의 연장이 성화의 특징을 이룬다. 그리스도인들의 신앙생활에서 화평은 매우 중요한 요소이다. 물론 이 화평은 죄에서 벗어남을 통해서 시작된다. 로마서 6장에서 제일 많이 등장하는 단어는 **죄**이며, 7장에서는 **율법**이다. 성화는 죄와 율법으로부터의 자유에서 시작하는데, 이는 이전 것을 버리고 새로운 법을 따르는 삶의 여정이다. 그래서 바울은 칭의의 결과인 성화의 시작을 알리면서 대표적으로 죄와 율법으로부터의 해방을 선포한다. 물론 율법은 종종 윤리적으로 좋은 가르침을 주기도 하지만 복음으로 새롭게 해석되어야 한다. 그렇다면 성화의 특징인 화평과 자유의 삶의 기준과 표준은 무엇일까? 로마서 8장은 성화의 삶은 오직 성령을 통해서 이루어질 수 있음을 밝힌다.

성령을 통한 삶

하나님의 백성으로서 그리스도인들은 어떤 방식으로 살아야 하는가? 이러한 질문이 제기된다. **하나님의 백성**이라는 범위가 새롭게 정의되었다면, 동시에 이들의 삶의 방식도 새롭게 정리되어야 한다. 유대교는 유대인들에게 삶의 방식을 제공해준다. 유대교는 하나의 제도가 아니라 삶의 구석구석까지 지탱해주던 동력이다. 유대인이나 이방인의 삶 속에 깊이 뿌리내리고 있는 생활 방식이나 생활 철학 대신 그리스도인의 일상생활을 지배할 혹은 개선할 새로운 삶의 방식이 필요한 것이다. 그래서 바울은 유대 종교, 헬라 문화, 로마 법률이 지배하던 당시의 상황과 문화에서 그리스도인들이 구체적으로 어떻게 살아야 하는지를 가르친다.

성화는 율법과 죄에 대한 반발이나 혹은 반작용이라기보다는 하나님의 은혜에 대한 그리스도인의 인격적인 반응이다. 로마서 6-8장은 어떻게 인격적으로 새로운 삶의 방식을 실천해야 하는지 그 원리를 제시하는데, 이 원리에 대한 구체적인 적용이 12장부터 소개된다. 바울은, 그리스도인의 성화는 성령에 이끌리는 삶이라고 제시한다. 로마서 8장 29-30절에서 하나님의 부르심에 대한 세밀한 소개가 등장한다.

> 하나님이 미리 아신 자들로 또한 그 아들의 형상을 본받게 하기 위하여 미리 정하셨으니 이는 그로 많은 형제 중에서 맏아들이 되게 하려 하심이니라 하나님이 미리 정하신 그들을 또한 부르시고 부르신 그들을 또한 의롭다 하시고 의롭다 하신 그들을 또한 영화롭게 하셨느니라

이 바울의 가르침은 구원받은 그리스도인의 고백이다. 성화 속에서 칭의인 구원을 돌아보니, 이 구원은 하나님께서 오래전부터 미리 아시고 정하신 것이다. 이 구절은 구원받을 사람이 예정되었다는 내용이 아니라 이미 구원받은 그리스도인이 성화의 삶 속에서 자신을 구원한 하나님을 찬양하는 최고의 표현과 고백이다. 논리적이며 과학적으로 입증할 수 있는 구원의 과정을 제시하는 것이 아니라, 성화 속의 그리스도인이 자신의 과거를 돌아보면서 구원의 감격으로 터뜨리는 믿음의 선포와 고백이다. 만일 이

구절의 내용이 로마서 4장의 칭의 구조에서 나왔다면 구원받을 사람은 예정되었다고 단언할 수 있을 것이다. 그렇지만 로마서 4장에서도 구원의 대상은 유대인과 이방인으로 대표되는 모든 사람이다. 로마서 8장 29-30절 말씀은 구원의 예정론 제시가 아니라 하나님을 향한 그리스도인의 감사와 찬양의 표현이다.

칭의의 관점에서는 **모든 사람은 구원의 대상이 된다**는 아르미니우스주의가, 성화의 관점에서는 **선택받은 사람들만 구원된다**는 칼뱅주의가 드러난다. 로마서는 이 둘을 모두 포함한다. 칭의 단계에서는 모든 사람이 구원의 대상이지만, 성화 단계에서는 자신의 구원을 돌아볼 때 그 구원은 이미 하나님께서 택정한 것이다. 이 **택정함**은 구원받을 대상의 범주가 정해졌다는 의미를 전달하는 것이 아니라 구원받은 자의 신앙고백을 표현하는 신학화된 용어이다. 하나님의 섭리는 특정한 주의나 주장으로 제한할 수 없을 정도로 그 범위가 광대하다. 인간의 한계성 속에서 정의하는 것이 하나님의 전부일 수가 없다. 다 알 수 없는 것을 알려는 것보다는 체험에 의한 고백의 연속과 실천이 그리스도인의 삶이 되어야 한다. 우리가 할 수 있는 최고의 찬양과 감사와 고백은 그분이 우리를 오래전부터 아시고 택하시고 부르셨다는 것이다. 이 고백의 실천이 거룩하게 되는 성령과 더불어 사는 삶이다.

7. 이스라엘, 구원에서 벗어났는가?

메시야를 거절한 이스라엘의 운명은 어떻게 될까? 이스라엘의 거부로 이방인에게 넘어가는 구원이라면 이스라엘은 하나님의 구원 계획에서 영원히 배제되는가? 만일 하나님의 약속이 이스라엘의 불신실함으로 변경된다면 하나님을 신뢰할 수 있을까? 하나님이 선택한 특별한 민족이라는 이스라엘의 지위는 특권인가, 아니면 자랑할 수 없는 은총인가? 이러한 여러 질문을 예견한 바울은 먼저 이스라엘에 대한 자신의 사랑을 엄숙하게 전한다.

> 내가 그리스도 안에서 참말을 하고 거짓말을 아니하노라 나에게 큰 근심이 있는 것과 마음에 그치지 않는 고통이 있는 것을 내 양심이 성령 안에서 나와 더불어 증언하노니 나의 형제 곧 골육의 친척을 위하여 내 자신이 저주를 받아 그리스도에게서 끊어질지라도 원하는 바로라(롬 1:1–3)

선택과 은총

바울은 아브라함의 후손이 전부 약속의 자녀가 되는 것은 아니라는 사실에서부터 이스라엘의 구원에 대한 내용을 전개한다. 아브라함의 아들 가운데 이삭과 이스마엘이 있지만, 약속의 아들은 이삭이다. 이삭의 아들 가운데 야곱과 에서가 있지만, 약속의 아들은 야곱이다. 이 과정에서 바울은 사람의 행위가 아니라 하나님의 선택으로 약속의 자녀가 되는 원리를 밝힌다. 만일 선택이 행위에 기초한다면, 이는 믿음과는 무관할 뿐만 아니라 하나님의 은혜라기보다는 보상이 될 수 있다. 바꾸어 말하면, 하나님께서 이들이 태어난 후의 행실을 통해서 선택했다면 이는 하나님이 은혜가 아니라 하나님과 거래한 것이다. 그러나 행위와는 관계없이 하나님은 이삭과 이스마엘이 태어나기 전에, 야곱과 에서가 태어나기 전에 이들 가운데서 약속의 자녀를 선택했다. 하나님의 선택은 사람의 행위 때문에 강요받거나 혹은 거래를 통해서 이루어지지 않고 전적으로 하나님이 자신의 뜻을 펼치는 주권으로 이루어진다.

바울은 선택도 은총이라는 점을 분명하게 밝힌다. 그러나 이러한 선택은 선택받은 자와 그렇지 않은 자들의 최종적인 운명이 성공이냐 실패냐 하는 문제로 귀결되지 않는다. 선택받지 못한 다른 사람들이 하나님의 자비와 관용에서 배제된 것을 의미하지 않는다. 고객이 백화점에서 옷을 하나 선택했다고 해서 다른 옷들이 버려진 것이 아닌 것과 같다. 이처럼 이스라엘의 선택은 다른 민족이 버림받는 것이 아니다. **선택**은 하나님의 호의를 내포한다. 아브라함이 믿음으로 의롭게 된 것은 얼핏 보면 아브라함의 믿음이 의롭다 함을 낳은 것처럼 보이게 한다. 그러나 아브라함이 의로운 것은 하나님 편의 호의에 기초한 것이다. 이에 대해서 바울은 창세기 15장 6절에 대한 해석을 로마서에서 제시한다(3:21–4:25). 우선 순위가 하나님 편의 호의인 은총이다.

선택과 남은 자, 하나님의 선택? 사람의 선택?

바울은 행위가 아니라 은혜에 기초한 **선택**을 새롭게 정의한다. 이 선택은 **남은 자**와 연결된다. **남은 자**는 소수의 정예부대와 같은 개념이나, 아니면 후에 성취될 충만한 수의 구성에 대한 개념이 아니라 결과론적인 표현이다. 하나님의 계획에 따른 선택으로 언제나 남겨진 자가 있듯이 하나님의 선택은 행위를 배제하는 은혜의 산물이다.

> 그런즉 이와 같이 지금도 은혜로 택하심을 따라 남은 자가 있느니라 만일 은혜로 된 것이면 행위로 말미암지 않음이니 그렇지 않으면 은혜가 은혜 되지 못하느니라(롬 11:5–6)

그렇다면, 사람은 하나님의 계획을 이루는 하나의 수단이며 사람 편의 선택은 배제되는가? 사람은 선택의 여지가 없이 하나님의 계획에 편입되어 기계적으로 사명을 수행하는 존재인가? 바울은 토기장이 비유로 선택의 개념을 정리한다(9:19–24). 바울은, 하나님은 언제나 선택에 자유로우시며 토기장이가 용도가 다른 용기를 만들 듯이 자신의 구원 계획을 위해 필요한 민족을 택하시는 것도 언제나 자유로우시다는 것을 밝힌다. 바울은 애굽 왕 바로의 경우를 통해서 이를 세밀하게 제시한다. 바로의 강퍅함은 하나님의 계획인 동시에 바로의 선택이다(출 8:15; 9:16; 롬 9:16–18). 여기에서 하나님의 주권과 인간의 행위가 어우러지는데, 이는 어떤 관점에서 바라보는지에 따라 하나님의 계획이 우선일 수 있고 사람 편의 선택이 우선일 수 있다. 바꾸어 말하면, 하나님의 계획인지, 아니면 바로의 선택인지에 대한 문제이다. 하나님의 선택은 사람의 행위를 규정하며, 사람의 행위는 하나님의 선택에 귀속된다. 하나님은 바로를 통해서 그의 의지를 드러내지만, 동시에 바로는 스스로의 선택으로 하나님과 대립한다.

바울은, 선택은 하나님의 계획이며 이 선택에는 반드시 사명 수행이 이어짐을 강조한다. 그렇다면 이스라엘도 이러한 사명이 있는데, 그런데도 이스라엘은 그 사명을 버린 것이다. 이에 대한 실패의 책임이 이스라엘에 있다는 것이 바울의 주장이다. 이러한 주장을 뒷받침하기 위해 바울은 이스라엘이 가졌던 특권을 열거한다(9:4–5). 이스라엘은 자신들이 받았던 특권에도 불구하고 이에 수반하는 의무를 다하지 못했다. 특권에는 의무가 따르나 이를 수행하지 못한 책임이 이스라엘에게 있는 것이다(9:31–33; 10:19–21). 이때 이스라엘은, 그렇다면 자신들의 불의가 하나님의 신실하심을 깨뜨릴 수 있는지 의아할 것이다. 만일 그들의 불의가 하나님의 의를 드러낸다면 자신들이 왜 심판을 받아야 하는지에 대한 의문도 가질 수 있다. 이에 대해 바울은 하나님은 변함없으시며 그의 선택도 유효하나, 하나님은 불의 자체에 대해서는 심판하신다고 말한다.

이스라엘의 구원

그렇다면, 특권에 따른 책임을 다하지 못한 이스라엘의 구원은 어떻게 되는가? 바울은 이스라엘에게도 하나님의 구원이 열려있다는 것을 설명한다. 실제로 모든 이스라엘이 거부한 것이 아니라 **남은 자**도 있다(11:1-10). 이는 하나님이 이스라엘을 버린 것이 아니라는 증거이다. 이스라엘의 실패는 일시적이며, 다시 하나님께 돌아올 기회가 주어질 것이다. 바울은 감람나무 비유를 통해서 이를 설명한다(17-25절). 돌감람나무인 이방인이 접붙임을 받았다면 원가지였던 이스라엘은 더 잘 접붙임 받을 것이다. 이스라엘이 거절한 복음이 이방인에게 전파되고, 이 복음은 다시 이스라엘에게 흘러들어올 것이며, 이스라엘도 결국에는 구원의 은총 속에 포함된다는 내용이다. 유대인과 이방인을 차별하지 않고 구원의 길을 열어 놓은 하나님의 섭리는 이방인 편에서 볼 때 은혜이다. 동시에 유대인이 복음을 거절했음에도 불구하고 이 거절이 영원한 구원의 배제가 아니라 일시적인 것으로서 유대인에게 구원의 길이 열린 것은 유대인 편에서 볼 때도 은혜이다. 바울은 모든 사람에게 구원의 길을 제시하는 하나님의 구원을 **신비**로 여긴다.

> 형제들아 너희가 스스로 지혜 있다 하면서 이 신비를 너희가 모르기를 내가 원하지 아니하노니 이 신비는 이방인의 충만한 수가 들어오기까지 이스라엘의 더러는 우둔하게 된 것이라(11:25)

로마서는 죄의 많고 적음이나, 또는 계시의 차이가 아니라, 순종하지 않던 모든 사람을 차별하지 않는 한 분 하나님의 은혜를 통한 구원의 섭리를 펼친다. 복음의 신학화이다. 3장 21절에서 4장 25절까지 모든 민족의 구원을 전하는 로마서는 복음을 거절했던 특정한 민족인 이스라엘도 결코 구원에서 제외되지 않는 것을 보여준다. 이스라엘의 죄가 하나님의 사랑을 배제하지 못한다. 하나님의 구원은 모든 민족을 아우르는 우주적인 구원이다. 바울은 불순종의 굴레 속에 있는 이스라엘을 **긍휼의 은총**으로 이끄시는 구원의 하나님을 찬양한다.

> 하나님이 모든 사람을 순종하지 아니하는 가운데 가두어 두심은 모든 사람에게 긍휼을 베풀려 하심이로다 깊도다 하나님의 지혜와 지식의 풍성함이여, 그의 판단은 헤아리지 못할 것이며 그의 길은 찾지 못할 것이로다 누가 주의 마음을 알았느냐 누가 그의 모사가 되었느냐 누가 주께 먼저 드려서 갚으심을 받겠느냐 이는 만물이 주에게서 나오고 주로 말미암고 주에게로 돌아감이라 그에게 영광이 세세에 있을지어다 아멘(11: 32-36)

이스라엘의 율법

이스라엘은 율법을 자랑할 수 있다. 실제 이들에게는 율법을 먼저 받은 특권이 있다. 그런데 바울은 예수님이 이스라엘이 자랑하는 율법의 **마침**(τέλος, 텔로스)이 되었다고 선언한다(10:4). 여기에서 사용하는 **마침**은 두 가지 이중적인 의미를 담는다. 이 단어는 일의 **완성**이나 **성취**를 의미한다. 예수님의 사명 성취를 의미할 때 사용한 것과 같다(요 19:28, 30). 다른 의미는, 어떤 일의 **종결**이나 **끝**을 의미한다. 예수님이 율법의 마침이 되었다는 것은 전자의 의미를 배경으로 한 후자의 **종결**이나 **끝**을 의미한다. 율법은 예수님이 오시기 전까지 의롭게 하는 역할을 수행했으나 예수님의 오심으로 그 역할이 종결된다. 따라서 이스라엘은 더는 율법을 자랑할 수 없고, 율법 안에 머물러서는 안 되며, 새로운 약속의 자녀가 되는 방법인 예수 안에 들어와야 하는 것이다.

8. 일상생활 vs. 신앙생활

바울은 성령을 통한 성화의 원리를 로마서 6–8장에서 제시한다. 그렇다면 구체적인 거룩한 삶은 무엇인가? 일상생활에서 어떻게 거룩한 삶을 유지할 수 있을까? 사회에 속한 그리스도인의 정체성의 기준은 무엇인가? 바울은 12장부터 일상생활과 분리할 수 없는 신앙생활, 신앙생활과 분리할 수 없는 일상생활을 제시한다. 그리스도인은 율법의 완성이라는 이웃 사랑, 사회 관계에서 윤리의 기준이 되는 사랑의 실천, 성화의 실천을 위한 율법의 준수를 어떻게 수용하는 지를 통찰하면서 국가와 사회 속에서 자신의 정체성을 정립하고 살아야 한다.

교회, 은사 공동체

거룩한 삶을 살아야 하는 그리스도인은 예수 그리스도의 몸인 교회에 속한다. 교회의 속성은 은사공동체이다. 그렇다면 은사는 무엇인가? 은사는 은혜의 개인화이다. 하나님의 은혜가 한 개인에게는 은사로 표출된다.

> 우리에게 주신 은혜대로 받은 은사가 각각 다르니 혹 예언이면 믿음의 분수대로, 혹 섬기는 일이면 섬기는 일로, 혹 가르치는 자면 가르치는 일로, 혹 위로하는 자면 위로하는 일로, 구제하는 자는 성실함으로, 다스리는 자는 부지런함으로, 긍휼을 베푸는 자는 즐거움으로 할 것이니라(롬 12:6–8)

영적인 신령한 은사이든지, 일반적으로 활용하는 은사이든지 간에, 은사는 모든 그리스도인이 받는다. 그래서 은사를 받지 않은 그리스도인은 없으며, 다양한 은사를 서로 나누는 공동체가 교회이다. 이 은사의 나눔은 일상적인 인간관계에도 적용된다. 그런데 믿음이 연약한 자도 있고 강한 자도 있으므로 믿음의 분량에 대한 그리스도인 상호 간에 이해가 필요하다(14:1-4). 믿음의 근원과 지향점은 예수 그리스도이기 때문에 그리스도인은 서로에 대한 판단 대신에 한 마음과 한 입으로 하나님께 영광을 돌려야 할 의무가 있다.

> 이제 인내와 위로의 하나님이 너희로 그리스도 예수를 본받아 서로 뜻이 같게 하여 주사 한마음과 한 입으로 하나님 곧 우리 주 예수 그리스도의 아버지께 영광을 돌리게 하려 하노라 그러므로 그리스도께서 우리를 받아 하나님께 영광을 돌리심과 같이 너희도 서로 받으라(15:5-7)

그리스도인과 사회

그리스도인과 국가(사회)의 관계에 관한 바울의 설명은 **로마**라는 국가의 구조 안에서 이루어진다. 특히 로마서 13장 1-7절은 그리스도인과 국가(사회)의 관계에 대한 가르침으로 기독교 역사에서도 많은 영향을 준 내용이다. 국가에 대한 그리스도인의 순종의 범위는 어디까지일까? 모든 권세에 복종하라는 것은 통치자의 모든 행위에 대한 선과 악의 구분 없는 복종을 의미하는가? 바울은 이 부분에 내포된 이중의 의미와 부연 설명으로 국가의 의무와 그리스도인의 사명을 조화시킨다. 그리스도인이 권력을 소유한 자에게 복종해야 하는 것은 이 권력이 하나님께로부터 선한 일을 하도록 수여되기 때문이다. 그렇다면 권세 있는 자는 그 권세를 선하게 활용해야 한다. 바울의 가르침은 어떤 한편에게 주는 일방적인 교훈이 아니라 쌍방에게 주는 교훈이다. 권세가 있는 것과 없는 것은 상대적이므로 권세 있는 자도 권세가 없을 수 있고 마찬가지로 권세 없는 자도 권세가 있을 수 있다. 이 관계는 모든 사람에게 적용될 수 있다. 중요한 납세문제도 이와 같다. 정당한 세금징수와 정직한 납세는 바늘과 실처럼 상호 영향을 주면서 이 세상의 구조 속에서 평화와 질서를 유지해준다.

바울은 그리스도인의 일상생활이 신앙생활이며, 신앙생활의 연장이 일상생활이라는 도식으로 그리스도인과 그리스도인, 그리스도인과 사회생활의 관계를 바라본다. 복음을 통해서 해석한 율법은 일상생활의 중요한 가르침을 준다. 바울은 그리스도인이 다가올 새로운 구원의 시대를 갈망하는 인내로 건강한 일상생활/사회생활을 영위하도록 가르친다.

> 또한 너희가 이 시기를 알거니와 자다가 깰 때가 벌써 되었으니 이는 이제 우리의 구원이 처음 믿을 때보다 가까웠음이라 밤이 깊고 낮이 가까웠으니 그러므로 우리가 어둠의 일을 벗고 빛의 갑옷을 입자 낮에와 같이 단정히 행하고 방탕하거나 술 취하지 말며 음란하거나 호색하지 말며 다투거나 시기하지 말고 오직 주 예수 그리스도로 옷 입고 정욕을 위하여 육신의 일을 도모하지 말라(13:11–14)

9. 바울, 동성애를 어떻게 보는가?

한 시대의 도덕성을 알 수 있는 지표는 성(性) 윤리라고 할 수 있다. 대략 지구 인구의 절반이 자기와 다른 성이므로 누구에게든지 가장 많은 유혹과 시험이 따를 수 있는 부분이다. 이러한 성 윤리의 건전성은 동성애에 대한 관용성 여부로 알 수 있다. 동성애에 대한 옹호나 허용, 또는 동성애자가 소외된 계층임으로 배려해야 한다는 주장은 타락을 미화시키는 수단일 뿐이다. 만연된 악은 힘이 있어 심각하게 주변을 오염시킬 뿐만 아니라 사람들의 판단 기준을 혼미케 하여 악을 타파하거나 개선할 여지마저 사라지게 한다. 소돔과 고모라의 경우와 같이 바울 당시에도 이러한 성 윤리 문제가 심각했다. 고린도교회의 비너스(그리스의 아프로디테, Aphrodite) 신전에서 행해지던 온갖 음란한 일들은 당시를 이해할 수 있는 척도가 되기도 한다. 로마서에서 바울은 타락한 성의 근본 원인에 대한 문제를 제기하면서 칭의와 성화의 복음을 전한다.

바울은 구원의 필요성을 알리기 위해서 먼저 사람들이 죄인임을 선포하는데, 이 과정에서 동성애를 다룬다. 동성애를 구원론 속에서 죄와 관련시키는 것이다. 로마서는 모든 사람이 죄 아래 있음을 선포한다. 이 죄의 구조에서 바울은 동성애에 대한 관용이나 이해 차원이 아니라 그 근본 원인이 되는 죄에 대한 철저한 해부를 통해서 죄에서 파생되는 동성애와 같은 문제의 해결을 제시한다.

죄의 결과, 우상숭배

하나님의 **진노**는 악을 처리하는 하나님의 인격이며, 악에 대응하는 하나님의 성품이다. 이미 창조물을 통해서 하나님을 알만한 것이 드러났을 뿐만 아니라 사람의 양심과 본성을 통해서도 하나님을 알 수 있다. 그럼에도 불구하고 사람들은 고의로 하나님을 하나님으로 섬기지 않고 무시한다. 이러한 무시는 단지 무시로 끝나지 않고 그 결과를 수반한다. 고의적인 하나님 무시와 우상숭배는 사람을 다른 피조물과 같이 만드는 결과를 낳는다.

그리스는 사람을, 이집트는 동물을 우상화시켰는데, 로마는 이 둘을 모두 흡수하여 사람과 동물의 우상화를 만연시켰다. 그 결과 로마에서는 신들이 형상을 통해서 표현되었으며 여러 신들을 동시에 숭배하는 것이 일상적인 종교행위로 간주되었다. 바꾸어 말하면, 로마에서는 신이 형상을 갖지 않는 것은 매우 낯설었을 뿐만 아니라, 한 분 신만을 섬긴다는 유일신 사상은 신을 믿지 않는 무신론을 의미할 정도로 여러 신을 섬기는 것이 당연시되었다. 그래서 바울이 로마서를 기록할 당시에는 로마 도처에 신의 형상화와 여러 신들을 같이 숭배하는 풍토가 깊숙이 뿌리 내린 상황이었다.

심판의 결과, 동성애

그렇다면 우상숭배는 단지 우상숭배로 끝나는 것일까? 바울은 우상숭배는 우상숭배로 끝나지 않고 반드시 심판을 가져온다고 말한다. 우상숭배는 거짓 예배를 드리게 하고, 종국에는 윤리적인 타락으로 귀결된다는 것이다. 바울은 우상숭배의 결과로 당시의 사회에 퍼져있던 죄악들을 소개한다.

> 그러므로 하나님께서 그들을 마음의 정욕대로 더러움에 내버려 두사 그들의 몸을 서로 욕되게 하게 하셨으니 이는 그들이 하나님의 진리를 거짓 것으로 바꾸어 피조물을 조물주보다 더 경배하고 섬김이라 주는 곧 영원히 찬송할 이시로다 아멘 이 때문에 하나님께서 그들을 부끄러운 욕심에 내버려 두셨으니 곧 그들의 여자들도 순리대로 쓸 것을 바꾸어 역리로 쓰며 그와 같이 남자들도 순리대로 여자 쓰기를 버리고 서로 향하여 음욕이 불 일듯 하매 남자가 남자와 더불어 부끄러운 일을 행하여 그들의 그릇됨에 상당한 보응을 그들 자신이 받았느니라(롬 1:24–27)

> 알 것은 이것이니 율법은 옳은 사람을 위하여 세운 것이 아니요 오직 불법한 자와

복종하지 아니하는 자와 경건하지 아니한 자와 죄인과 거룩하지 아니한 자와 망령된 자와 아버지를 죽이는 자와 어머니를 죽이는 자와 살인하는 자며 음행하는 자와 남색하는 자와 인신 매매를 하는 자와 거짓말하는 자와 거짓맹세하는 자와 기타 바른 교훈을 거스르는 자를 위함이니(딤전 1:9-10)

불의한 자가 하나님 나라를 유업으로 받지 못할 줄을 알지 못하느냐 미혹을 받지 말라 음행하는 자나 우상 숭배하는 자나 간음하는 자나 탐색하는 자나 남색하는 자나(고전 6:9)

우상숭배는 하나님께 대한 불경과 자기 비하이며 성적 욕심의 더러움에 자기를 내버려 두는 일이다. 이 **내버려 둠**은 하나님께서 사람을 죄의 결과에 내버려 두는 것을 의미한다. 바울은 **내버려 둠**을 반복해서 강조한다(롬 1:24, 26, 28). 하나님의 진리를 거짓 것으로 바꾼 것은 하나님께 대한 경멸인 동시에 자신에 대한 경멸이면서 자신의 몸을 욕되게 하는 일이다. 몸의 더럽힘은 하나님의 창조 섭리에 대한 역리이며 강렬하고 저급한 욕심에 자신을 빠뜨리는 것이다. 여기에서 **남자**와 **여자**는 인격체로서의 사람보다는 생식기로 구분되는 **암컷**과 **수컷**의 의미를 내포하는 듯한 표현이다. 동성애는 이처럼 사람을 하나님의 고결한 창조물이 아니라 말초적인 감각기관에 의해 구분되는 존재로 전락한 상태를 말한다.

동성애는 하나님을 떠난 심판의 결과이다. 그래서 바울은 본성적인 양심과 우주 만물을 통해서 하나님을 알만한 것이 드러났음에도 불구하고 하나님을 하나님으로 섬기지 않아 저열한 욕심에 빠진 상태인 동성애에 대한 옹호나 관용이 아닌 심판을 선포한다. 죄와 심판의 결과물인 동성애는 타락의 상징이다. 이러한 동성애는 하나님을 떠난 우상숭배로서 하나님을 거짓 것으로 바꾸거나 거룩한 것을 속된 것으로 바꾼 것이며(1:23, 25, 26), 불

신앙과 불경의 결과이다. 그래서 바울은 죄의 파생 결과인 본성의 죄(24-27절)와 반사회적인 죄(28-31절)를 열거하면서 그 근본이 되는 죄에 대한 경종을 울린다.

한편, 바울 당시에도 오늘날과 같이 동성애를 옹호하는 사람들이 있었다. 인권이나 다양성 존중의 구실을 내세우거나 또는 천지창조의 섭리와는 다른 생물학적 요인이나 심리학적인 이유를 핑계 삼아 동성애를 지지하거나 방치하려는 시도이다. 이에 대해 바울은 준엄하게 경고한다.

> 그들이 이 같은 일을 행하는 자는 사형에 해당한다고 하나님께서 정하심을 알고도 자기들만 행할 뿐 아니라 또한 그런 일을 행하는 자들을 옳다 하느니라(롬 1:32)

10. 전망, 중국에 들어가는 바울

2천 년 전의 성육신 은총이 현재 내 삶의 전 영역에 미치듯이, 이 은총이 앞으로 어떻게 지리적으로 확장되어 전해질 수 있을까? 대략 세계 인구의 네 명 중 한 명이 중국계이다. 세계 어디를 가든지 이들을 만날 수 있다. 이들이 세계에 주는 충격과 영향력은 앞으로도 세계 역사에서 찾아보기 힘들 정도일 것이다.

만일 바울이 이 시대에 전도한다면 어떤 지리적인 확장 전략을 가지고 복음을 전파할까? 바울은 틀림없이 온 마음과 정성을 다해 중국의 한복판에 복음을 전파하며 땅 끝까지 복음을 전파하라는 주님의 명령을 실천할 것이다. 땅 끝은 시대를 초월해서 존재한다. 이 시대의 경제적인 로마는 미국이지만 인적 로마는 중국이다. 물론 이러한 단순 도식마저도 이제는 구분하기 쉽지 않을 정도로 빠르게 변화하는 상황이다. 로마를 통해 뻗어 가던 복음처럼 미국과 서방 중심의 통로에서 중국을 통한 복음전파의 시대가 열리고 있다. 평안을 추구하려면 한국교회가 서구교회의 정착된 신앙의 행습을 모방하고 이들과 교류하고 안주하면 될 것이다. 그러나 역동적인 성령의 역사를 체험하면서 하나님 나라를 확장하려면 중국 사람들의 변화에 초점을 맞출 필요가 있다.

바울이 지리적으로 이스라엘 지역을 벗어나 활동할 때는 기본적으로 유대인들의 회당과 주변을 통해 복음을 전파했다. 그는 순회하면서 유대인의 회당을 방문했고, 그곳에서 예수님께서 바로 그 **메시야**라는 것을 선포했다. 바울의 전도 방법은 이 시대의 좌표이다. 디아스포라(Diaspora) 유대인들은 복음의 초기 확장 과정에서 모판과 같은 역할을 수행하면서 이 복음이 헬라-로마 문화권에 들어가는 통로 역할을 했다. 바울 자신도 디아스포라 유대인이었기 때문에 디아스포라 유대인들에 대한 접촉이 낯설지 않았을 것이다. **예루살렘에서 로마까지**라는 구도 속에서 복음을 실어 나르는 역할을 수행했던 바울은 이 구도의 양 축에 익숙한 문화체험자였는데, 이러한 역할 수행을 바로 디아스포라 유대인이라는 접촉점을 통해서 수행한 것이다. 바울이 로마를 통해 **땅 끝까지**라는 사명 수행을 원했듯이(롬 1:15-20, "그러므로 나는 할 수 있는 대로 로마에 있는 너희에게도 복음 전하기를 원하노라"), 이제는 중국을 통한 땅 끝까지의 사명이 수행되어야 할 시점이다.

한국 기독교인의 중요한 사명 가운데 하나가 바로 인접한 중국에 대한 소명일 것이다. 오랜 세월 동안 이웃하며 살았고, 한자 문명권 속에서 공감대를 형성할 수 있는 이웃인 중국에 대한 사명을 위해 우리 민족을 모판으로 사용하시는 하나님의 섭리를 찾아본다. 이 시대에 온 유대와 사마리아와 땅 끝까지 이르는 통로가 바로 중국이며, 이 중국이 앞으로 복음전파의 중요한 매체로서 사명을 수행할 것이다. 바울이 이 시대에 부름 받았다면 어떻게 활동할까? 로마에 가기를 원했던 바울은, 중국 베이징에 들어가 복음을 전하지 않을까?

8장

복음이 상황화되다

– 고린도전 • 후서, 갈라디아서 –

8장

복음이 상황화되다

– 고린도전·후서, 갈라디아서

복음은 단지 지성을 깨우는 이론이 아니다. 생명의 복음은 삶의 변화를 수반하는 결단을 요구한다. 그리스도인은 복음이 자신이 살고 있는 지역의 전통 문화, 종교, 사회와 충돌할 수밖에 없는 상황에서 전인격적인 변화의 도전을 받는다. 이때 그리스도인은 예수 그리스도가 내 생활의 어떤 부분까지 변화시킬 수 있고, 변화를 요구하는지에 대해 적지 않은 갈등과 고민을 할 수 있다. 또한, 선파되는 복음은 그 실체가 무엇인지에 대한 정의를 각 문화 속에서 요구받는다. **예수는 그리스도이시다**라는 사실이 각기 다른 상황에 있던 사람들에게 어떻게 해석되어 각자의 삶 속에 적용될 수 있을까? 교회 현장에서 나타나는 은사들을 어떻게 해석하고, 이를 혼합종교나 신비주의 현상들과 구분할 수 있을까?

네 복음서는 복음의 실체를 선포한다. 사도행전은 이 복음이 선포되면서 발생하는 다양한 지역의 교회 설립을 표본으로 제시하며, 그 과정에서 주체적인 성령의 역할을 보여준다. 성령을 통한 복음선포와 교회 설립 과정을 보여주는 **신바람 나는 사도행전**을 지나 로마서에 도달하면 잠시 한숨을 돌리도록 말끔하게 정리된 칭의와 성화의 보고를 만난다. 이에 힘을 얻고 계속해서 고린도전서와 고린도후서를 읽을 때는 갑자기 쏟아지는 초대교회의 문제 앞에서 당황하게 된다. 그렇지만 갈등과 고뇌를 안고 고린도전후서의 터널을 지나면서 경험하는 바울의 깊은 영적 체험과 교훈은 생수로 쏟아진다. 로마서를 제외한 대부분의 바울 서신들은 다문화를 형성하던 당시의 여러 지역에 설립된 지역 교회의 문제를 구체적으로 반영한다. 즉, 특정한 지역의 문화에서 복음이 어떻게 선포되고 적용되는지를 보여주면서 이에 대한 해결 방안을 제시한다. 대표적으로 고린도전서를 통해서 복음이 어떤 유연성을 가지고 상황화되어 다양한 지역과 문화권에 전파되는지 알 수 있다.

1. 복음과 토착 문화(다신교, 종교혼합주의)의 충돌

현재의 그리스에 있는 고린도에 대한 이해는 고린도전서의 내용 해석과 직결되므로 먼저 바울 당시의 고린도 지역의 특징을 간략히 살펴보겠다. 고린도는 매우 번창한 도시였다. 한때 멸망하여 초라했던 고린도는 로마의 율리우스 카이사르(Julius Caesar, 100–44 B.C.)가 재건하여 바울 당시는 제법 번창했으며 아가야(Achaia. 참조, 행 18:12; 고후 1:1)의 수도로서 총독이 거주하기도 했다. 고린도는 동쪽의 터키와 서쪽의 이탈리아의 해로를 육로로 연결하는 지름길에 위치하여 바울 당시에는 교통의 요충지로 주목을 받았다. 고린도의 지리적 상황은 다양한 인종의 거주와 인구의 이동을 낳았고, 이로 인해 고린도에는 노예로부터 상류층에 이르는 온갖 계층의 사람들이 거주했다.

특히, 고린도의 높은 언덕에는 그리스의 사랑과 정욕의 여신인 아프로디테 신전이 있었다. 이 신전에서는 1천 명 이상의 여자 사제들이 종교 행위라는 명목으로 성행위를 했다는데, 고린도 사람들은 이들과의 관계를 종교적인 헌신으로 간주했다고 알려져 있다. 즉, 고린도 사람들은 이러한 성행위를 다산과 풍요를 위해 신들을 감동하게 하는 행위로 여겼다는 것이다. 고린도는 당시 주변 사회에서 바라보는 타락의 상징이기도 했다. 고린도의 주신(主神)인 아프로디테의 영향을 비롯해 여러 종류의 인종과 계층이 뒤섞여 사는 고린도의 특성으로 인해 고린도에는 도덕적, 윤리적 타락의 문화가 형성되었고, 종교혼합주의가 성행했다.

고린도는 이와 같은 종교적, 지리적, 문화적 상황들로 인한 온갖 윤리와 종교 문제를 안고 있었다. 바울은 고린도 지역의 상황을 여과 없이 반영하던 고린도교회를 제2차 전도여행 때 방문한다. 그는 아굴라 부부와 함께 회당에서 전도를 시작했으며 유대인들이 대적하자 디도 유스도의 집을 사용하며 1년 6개월을 고린도에 머물렀다(행 18:11).

뿌려진 복음, 저항하는 이방 문화

바울이 전한 복음과 지역 문화의 충돌은 복음의 꽃이 피어나며 극복해야 할 꽃샘추위였다. 고린도전서는 복음과 문화가 충돌하면서 어떤 갈등이 발생하는지, 이러한 갈등을 어떻게 해결하는지를 가르친다. 달리 말하면, 고린도전서는 일상생활 속의 문제들에 대한 구체적인 대응 방법을 제시함으로써 그리스도인들이 비기독교 또는 반기독교의 문화사회에서 어떻게 적응하며 살아야 하는지를 보여준다. 그래서 고린도전서는 특별한 신학사상보다는 그리스도인들의 실천적인 삶과 관련한 실제적인 교훈들을 소개한다. 바꾸어 말하면, 고린도전서는 고린도교회의 소식과 이에 대한 해법을 제시하기 때문에 이 서신에는 사상적인 발전이나 교리적인 내용들보다는 현장에서 바로 적용 가능한 교훈들이 내포되어 있다. 고린도전서는 그리스도인의 건강한 신앙생활의 비결을 고린도교회의 상황에 대한 대응을 통해서 보여준다.

바울이 고린도에 전한 복음이 싹을 틔우면서 생활 방식의 문제가 발생하기 시작한다. 그리스도인이 일상생활을 영위할 때 발생하는 문제들이 새로운 이슈로 등장한다. 구원받은 그리스도인들의 성화가 영적인 측면에서 뿐만 아니라 일상적인 삶에서도 이루어지는데, 이때 바울이 고린도에 거주하면서 가르쳤던 가르침으로는 다 해결할 수 없는 현실적인 문제들이 발생한 것이다. 지금과 같이 27권의 신약성경을 가지고 있지 않던 고린도의 교인들에게 실제 생활의 문제들은 심각한 고민거리였으며, 이에 대한 뚜렷한 지침이 없는 상태에서 이들은 관성적으로 이전의 생활과 습관으로 되돌아갈 수밖에 없는 상황에 직면한다.

바울은 글로에를 통해서 고린도교회의 심각한 소식을 듣는다(고전 1:11). 복음의 척도로 비추어본 신앙적이며 윤리적인 문제들이 원색적으로 드러난 것이다. 고린도교회의 문제를 전해들은 바울은 때론 눈물로, 때론 준엄하게 그 해결방안을 제시한다(5:1; 7:1). 고린도전서가 당시의 독특한 문화적인 상황을 반영하지만, 이 서신은 보편적인 내용을 담고 있으므로 모든 교회가 따라가야 할 말씀이 된다. 특히 교회는 은사공동체이기 때문에 고린도전서의 내용은 지구 위의 모든 그리스도인이 반드시 비추어보아야 하는 은사와 관련한 가르침이다. 바울은 복음의 장검을 들고 이방 문화의 방패를 뚫고 진군한다. **예수는 그리스도이시다**라는 복음은 그 강조점이 **예수 그리스도가 누구인지**로 바뀌며 이방 세계에 전파되기 시작한다. 즉, 예수 그리스도는 **주님**과 **심판자**라는 가르침이다. 바울의 탁월성은 그가 복음의 본질을 고수하면서도 상황에 적절하게 전달 방법을 채택하여 활용한 데서 더욱 드러난다. 특히, 고린도전서는 복음이 뿌려진 지역에서 어떻게 토착 문화와 사상이 복음에 반응하는지, 그 반응들에 대해 바울이 어떻게 대응했는지를 생생하게 보여주는 보고이다.

복음과 이방 문화의 충돌, 종교혼합주의

일반적으로 보면 고린도는 교회를 설립하기에 주저되는 지역이다. 고린도는 복음이 변형되거나, 방치되거나, 부정될 수밖에 없는 도덕적 타락, 파벌, 종교적 흥분과 광신, 결혼 문제, 우상 문제, 종교혼합주의 등이 산적한 지역이었다. 이러한 지역에 복음이 전파되면서 이 복음이 기존의 문화와 충돌하게 된 것이다. 죽느냐 사느냐의 절박함과 같이, 복음이 사라지느냐 아니면 고린도의 문화를 뚫고 꽃을 피우느냐의 긴장은 복음과 문화의 첨예한 대립을 발생시켰다.

고린도교회의 윤리적인 문제와 더불어 드러난 심각한 사상은 종교혼합주의였다. 헬라-로마 문화의 종교혼합주의는 다신교 사상과 함께 바울 당시의 사람들에게 뿌리 깊이 스며들어 있었다. 로마의 관점에서 볼 때 형상 없는 유일신을 섬기는 유대인은 이상한 집단이었으며 무신론자와도 같았다. 당시 사회의 통념에서 신들은 형상을 가지고 있었고 사람들이 여러 신을 섬기는 일은 자연스러운 일상이었기 때문이다.

이 점은 선교 현장에서 발생하는 문제를 역설적으로 반영한다. 말레이시아에서 여호와는 알라(Allah)로 불리기도 하고, 중국에서는 샹티(上帝)로 불린다. 우리나라 문화에서 하나님은 원래 최고의 신을 지칭하는 **하늘(날)님**으로부터 유래한다. 하늘(날)님이 하느님으로 한글 표기가 개정되는 상황에서 기독교는 하느님 대신에 유일신을 강조하는 하나님을 채택해서 사용하고 있다. 어쨌든 특정한 문화에서 최고의 신을 가리키는 칭호 속에 새로운 개념을 담아서 이를 여호와로 소개하며 복음을 전파하는 것이다. 실화를 바탕으로 한 〈창 끝〉(*End of the Spear*, 2006)이란 영화는 많은 그리스도인에게 감동을 주었다. 이 영화에서 선교사들은 남미 에콰도르의 아우카(Auca)족에게 여호와를 그들의 신을 지칭하는 웬공기로 소개한다.

아무튼, 종교혼합주의와 바울이 전한 기독교 복음과의 결정적인 차이는 기독교는 형상 없는 종교이며, 여호와는 유일하신 최고의 신이라는 점이다. 유일신이라고 해도 최고의 신이 아닐 수 있다. 여호와는 형상 없이 섬겨야 하며, 유일한 동시에 최고의 신이라는 점이 당시의 세계관(종교관)과 구별되는 핵심적인 요소였다. 일상생활과 종교성이 혼합되고, 종교와 종교가 혼합되고, 유일신과 형상 없는 종교는 무신론자처럼 간주하는 분위기에서 형상 없는 최고의 유일신을 전하는 것은 설명하기조차 어려운 일이었다. 바울의 복음과 당시의 고린도 문화가 충돌을 가져올 수밖에 없는 사회구조가 갈등을 일으킨 것이다. 이러한 충돌은 복음이 뿌려지는 현장에서 그리스도인들이 직면하는 현실이며, 이에 대한 해법을 고린도전서가 보여준다.

2. 은사 속의 사랑, 생활 속의 우상

고린도교회는 문제가 많은 교회였다. 육적 문제는 영적 문제를 반영한다. 바울은 고린도교회의 상황을 하늘의 시각에서 바라보며 그 해결 방안을 제시한다. 외형적으로는 신학적 논리 전개의 구조를 갖추지 않은 고린도전후서의 모습에도 불구하고 바울의 깊은 영적 체험은 고린도교회의 혼란을 정리하는 실제적인 교훈이며 신학과 신앙의 절묘한 균형이다.

은사, 빈부 격차, 성찬식과 음식, 음행, 결혼, 소송, 교회 안에서 여성의 위치, 부활, 우상숭배 등에 관한 문제 발생과 이에 대응하는 가르침이 고린도전서에 등장한다. 고린도교회에서 발생했던 문제가 현대교회에서도 그대로 발생하고 있다. 이 가운데 특별히 영적인 은사는 당시 고린도교회의 종교와 문화적인 상황에서 쉽게 혼합되고 잘못 사용될 수 있는 위험성이 많았다. 더욱이 지금처럼 27권의 신약성경이 없던 당시에 어떻게 그 정당성을 보증받아야 하는지는 심각한 고민거리였다.

'사랑', 하나님께 대한 그리스도인의 인격적인 반응

바울은 고린도교회에 일상적인 윤리생활에 대한 지침과 더불어 일상생활의 윤리가 신앙과 연결되는 점을 직시하고 이를 조화시키는 영적 지침을 준다. 복음이 전해지면서 당시의 고린도 상황에서 문제로 인식되지 않던 일들이 윤리적인 결함으로 드러났기 때문에 이를 해결해주는 영적 교훈이 필요했다. 특히 고린도전서에는 유명한 **사랑**에 대한 교훈이 등장한다. 13장의 "사랑은 언제나"로 시작하는 한 편의 송가는 많은 사람에게 삶을 돌아보게 하는 여유를 안겨준다. 그런데 이 사랑도 영적인 은사와 관련되지 않고는 그 본래의 의미를 파악하기가 쉽지 않다.

고린도전서 13장의 **사랑**은 사람과 사람 사이의 관계를 맺어주는 역할만을 하는가? 그렇지 않다. 사랑은 단지 사람과 사람의 관계를 이어주는 삶의 방정식이 아니다. 고린도 지역의 종교혼합주의 분위기에서 이 가르침을 이해할 필요가 있다. 사랑은 다른 은사들을 배척하거나, 다른 은사들에 대한 평가를 절하시키는 개념이 아니다. 오히려 사랑은 이러한 은사들을 실천하는 **삶의 방법**이다. 본질적으로, 13장의 사랑은 단지 사람과 사람 사이의 관계성을 위한 가르침이 아니라 하나님과의 관계를 지향하는 삶의 방향성이다. 13장은 하나님의 속성을 표현함으로써 이에 대한 사람의 반응을 유도한다. 만일 고린도전서 13장이 단지 사람과 사람 관계의 속성이라면 이 사랑이 영원히 남을 수 있겠는가? 이 사랑은 한 가지 개념으로 정의할 수 없을 만큼 그 폭이 넓다. 그 출발점은 사람과 사람의 관계가 아니라 하나님과의 관계이다. 하나님과 사람 사이의 관계는 바울 당시 고린도 사람들의 종교혼합주의 관점과는 다른 것이다. 아프로디테 신전 예배와는 다른, 그 신과의 관계와는 다른 새로운 관계의 설정이다. 13장은 이 관계에 대한 전혀 새로운 실천 개념을 가르친다. 당시의 고린도 사회에서는 충격적이라고 할 수 있는 삶의 실천방식이다. 물론 이 삶은 은사를 배제하는 삶이 아니다. 만일 은사적인 측면을 배제한다면 13장은 단지 윤리적인 가르침에 불과할 것이다.

'사랑', 은사의 실천 방법

그리스도인의 삶의 윤리성과 더불어 성령의 은사 활용은 고린도교회의 중요한 이슈였다. 고린도전서는 교회공동체를 이루게 하는 **내주**(indwelling)**하는 성령**과, 그리스도인 공동체를 유기적인 조직체로 유지하는 **성령의 나타나심**(manifestation)인 은사의 나눔을 자세하게 소개한다. A–B–A와 같은 샌드위치 구조에서 같은 주제인 A는 전혀 다른 주제같이 보이는 B와도 밀접한 관련이 있으면서 상호 보완적인 기능을 한다. 5장(A)과 6장(A)의 성 윤리 속에 법정 소송(B)에 관한 내용을 포함하고, 8장(A)과 10장(A)의 우상에 관한 주제 가운데 9장의 사도권(B)을 위치시키고, 12장(A)과 14장(A)의 은사에 관한 내용 가운데 13장의 사랑에 관한 은사의 실천 방법론(B)을 제시하는 것이 고린도전서의 특징이다.

따라서, 고린도전서 13장의 **사랑**에 대한 가르침은 은사를 그 배경으로 설정해서 이해할 필요가 있다. 바울은 고린도전서 12장과 14장에서 여러 가지 은사를 설명하면서 그 사이에 13장을 위치시켜 그 은사들에 대한 실천 방법을 제시한다. 이 구조를 배제할 경우 자칫하면 13장은 신앙이 배제된 단순 윤리로 간주될 수 있다. 바울은 고린도전서 13장 1–3절에서 고린도교회의 상황을 반영하면서 은사의 표현과 활용에 대해 교훈을 준다.

> 내가 사람의 방언과 천사의 말을 할지라도 사랑이 없으면 소리 나는 구리와 울리는 꽹과리가 되고 내가 예언하는 능력이 있어 모든 비밀과 모든 지식을 알고 또 산을 옮길 만한 모든 믿음이 있을지라도 사랑이 없으면 내가 아무 것도 아니요 내가 내게 있는 모든 것으로 구제하고 또 내 몸을 불사르게 내줄지라도 사랑이 없으면 내게 아무 유익이 없느니라

사랑이 없는 은사가 문제인 것처럼 은사가 없는 사랑도 문제이다. 은사는 성령의 나타나심이므로 이 나타나심이 사랑을 통해 표출되어야 한다. 이 사랑은 하나님의 사랑에 대한 그리스도인의 인격적인 반응이다. 은사 공동체인 교회에서 이 은사들을 연결하는 것이 윤리이며 그 속성은 사랑이다. 고린도전서 13장은 일차적으로 하나님의 속성에 대한 사람(그리스도인)의 반응을, 이차적으로는 사람에 대한 사람의 반응을 내포하면서 은사 활용의 다양한 상황을 제공한다. 고린도전서의 특징인 **내주하는 성령의 나타나심**은 당시의 상황에서 매우 생소한 현상들이었기 때문에 이에 대한 표현과 실천에는 높은 윤리성이 요구되었다. 바로 그 윤리의 기준점이 사랑이다. 고린도교회의 환경에서 은사의 실천은 윤리적인 건강성이 필요했으며, 따라서 바울은 무질서한 고린도 사회의 윤리에 기초하지 않은 전혀 새로운 개념인 사랑을 통해서 이 은사를 실천하도록 설명하는 것이다.

생활 속에 스며드는 우상 숭배

고린도의 종교와 문화의 혼합 상황은 그리스도인들이 신앙생활의 어느 선까지가 우상숭배인지, 아닌지를 구별하기가 쉽지 않았다. 바울은 우상숭배를 생활 윤리보다는 신학적인 문제를 발생시키는 문화로 보았다. 고린도 지역의 문화와 생활이 이교적인 관습과 종교혼합주의 등에 기초했기 때문에 당시의 그리스도인들은 일상의 삶에서 끊임없는 질문을 통해 그 해법을 찾아야만 했다.

예를 들어, 시장에서 고기를 사는 행위는 일상생활의 한 부분이지만, 그러나 이 고기는 이미 이방 신에게 제사로 드린 경우가 있었기 때문에 이를 사 먹는 행위가 오해를 불러일으킬 수 있었다. 제사 음식도 그리스도인의 입장에서는 무의미하다. 하나님을 섬기는 그리스도인에게 이방 신은 아무것도 아니기 때문이다. 그러나 이 음식을 나누거나 이를 바라보는 사람들이 그리스도인도 이 음식을 섭취함으로써 이방 신으로부터 무엇인가를 얻으려 한다고 오해할 수 있다. 그래서 바울은 복음을 위해서는 이러한 오해받는 행위마저도 피하고자 고기 먹는 것을 금할 수 있다고 말한다. 바울은 자신의 양심은 자유롭지만, 그러나 믿음이 연약한 자를 위해서는 그 자유를 제한하며 살겠다는 것이다. 바울은 복음전파를 위해 자신을 희생하며 믿음이 연약한 자를 배려하는 모습을 보인다.

문화를 통해 복음을 전하기도 하지만 문화를 통해 거짓 가르침이 들어오기도 한다. 문화에 스며들어 있는 우상의 잔존물은 복음전파에 걸림돌이 될 수 있다. 21세기는 문화 전쟁이 인터넷을 통해 활발히 전개된다. 나가는 선교 못지않게 이교의 가르침이 문화가 되어 인터넷을 통해 직접 안방으로 들이오기도 한다. 고린도교회의 상황은 복음과 문화의 충돌을 피할 수 없는 현장에서 그리스도인들이 생활 속의 우상에 대한 경각심을 갖도록 교훈을 준다.

3. 소송, 세상 법정, 그리스도인 공동체

바울은 고린도의 그리스도인들이 어떻게 문화의 장벽을 뚫고 그리스도인답게 살아야 하는지를 밝힌다. 특별히, 바울은 고린도전서 5장과 6장에서 집중적으로 성 윤리를 다루면서 그사이에 사회 법정에 소송하는 문제를 제기한다. 바울은 고린도전서의 **성 윤리-소송-성 윤리** 구조의 한가운데에 소송 문제를 삽입하여 이를 당시 고린도교회에 만연한 윤리 문제의 하나로 간주한다.

다인종, 다문화의 현실

교통의 요지인 항구도시라는 특성상 고린도에는 각계각층의 사람들이 몰려들었을 뿐만 아니라 여러 신들이 섞인 종교혼합주의가 유행했다. 이러한 문화는 당시의 일상화된 삶이었다. 여러 인종이 공존하는 도시에서는 상호 간의 윤리성과 책임감이 희석되기도 한다. 고린도에서는 온갖 윤리 문제의 파생과 함께 성(性) 윤리의 느슨함과 생존을 위한 소송의 횡행이 보편화된 생존방식이었다. 다문화와 다인종의 현장인 고린도는 어떤 면에서 지금의 현대 도시문화와 유사하다. 예컨대, 20층 아파트의 한 통로에 40가구가 산다고 할 때, 이는 과거의 한 촌락을 이룰수 있는 규모이다. 이러한 현실은 아주 가까운 곳에서 다문화와 다인종 사회를 밀접하게 경험하도록 만든다. 일상생활 구석구석까지 성문화(成文化)된 법률과 규정의 틀 속에 있는 우리의 현실은 말 그대로 **법치사회**(法治社會, a community of law)의 한복판에 있다. 조직화된 사회에서 내 것과 네 것의 영역이 분명한 삶을 살아야 하는 그리스도인들은 거대한 헌법부터 조직의 미세한 규정까지 자신의 생활에 영향을 주는 현실에서 **소송**에 대한 고민을 하는 경우도 있다. 고린도교회에서 발생한 문제들은 더욱 심각하게 우리의 시대에도 발생하는 문제이다.

소송은 다인종, 다계층, 다문화 속에서 경쟁하며 살아가는 생존 방식의 한 부분이다. 고린도의 성 윤리도 마찬가지였다. 삶을 지키는 수단은 소송이었고, 삶을 누리는 방식은 성 문화였다. 성과 소송은 삶의 기초였고, 이를 포기하는 것은 삶의 일정 부분에 대한 희생이었다. 고린도 교인들의 고민은 깊어만 갔다. 복음을 통한 삶의 방식이 전통적인 삶의 방식과 충돌한 것이다. 또한, 비록 그리스도인 공동체라고 해도 각자의 이해관계가 다른 다양한 사람들이 어울리기 때문에 교인들 간의 갈등도 발생한다. 바울의 준엄한 경고와 비통함을 드러내는 내용이 이를 반영한다.

바울은 불의한 자가 하나님 나라를 유업으로 받지 못할 것을 말하면서 여러 가지 고린도교회의 상황을 소송의 맥락에서 지적한다. 그는 음행, 우상숭배, 간음, 탐색, 남색(동성애), 도적, 탐욕, 술 취함, 모욕, 속임 등을 소송의 울타리 속에 넣어 같은 불의로 취급한다.

> 불의한 자가 하나님 나라를 유업으로 받지 못할 줄을 알지 못하느냐 미혹을 받지 말라 음행하는 자나 우상 숭배하는 자나 간음하는 자나 탐색하는 자나 남색하는 자나 도적이나 탐욕을 부리는 자나 술 취하는 자나 모욕하는 자나 속여 빼앗는 자들은 하나님 나라를 유업으로 받지 못하리라 너희 중에 이와 같은 자들이 있더니 주 예수 그리스도의 이름과 우리 하나님의 성령 안에서 씻음과 거룩함과 의롭다 하심을 받았느니라(고전 6:9-11)

이러한 죄악 속에 머물러 있다가 예수 그리스도의 이름과 하나님의 성령 안에서 씻음과 거룩함과 의롭다 하심을 받은 자들이 타성에 젖은 구습으로 돌아가거나, 미처 깨닫지 못하고 지속할 경우의 위험성을 바울은 날카롭게 지적한다.

세상보다 우월한 그리스도인 공동체

소송은 필요한가? 더 축약하면, 그리스도인들은 필요할 경우 소송해야 하는가? 만일 소송을 하지 않는다면, 소송을 유발하는 요인들에 대해서는 단지 방조해야 하는가? 이 방조가 또 다른 불의를 불러일으킨다면 어떻게 하겠는가? 바울은 소송을 유발한 요인이나 이에 대한 대응을 구체적으로 제시하지 않는다. 소송은 상대성을 가진다. 성 윤리와 같은 차원이다. 이러한 문제에 대해 바울은 시시비비를 따지는 차원이 아니라 본질적인 삶의 방향성을 제시한다. 그는 소송을 성 문제와 같은 윤리로 본다. 여기에서 바울이 분명히 전제하는 것이 있다. 그리스도인 공동체의 건강성이다. 바울은 세상보다 더 잘 판단하고 구별할 수 있는 교회 공동체와 그리스도인의 삶을 전제로 소송에 대한 부정적인 견해를 취한 것이다.

바울은 그리스도인 공동체의 분별력을 신뢰하면서 세상의 법정보다도 더 높은 윤리와 도덕성을 가진 교회 공동체를 통해서 문제가 해결될 수 있음을 밝힌다. 그래서 바울은 하나님 앞에서 판단 받아야 할 그리스도인들이, 오히려 세상을 판단해야 할 그리스도인들이, 세상의 판단을 우선하는 삶은 불의하다고 본다. 특히, 그리스도인들이 세상의 사람들 앞에서 위에서 열거한 죄악들에 대한 심판을 자초하기보다는 그리스도인 공동체 안에서 문제를 해결하도록 권고한다.

그래서 바울은 그리스도인의 윤리적인 고결한 삶을 강조한다. 즉, 그리스도인이 되기 이전의 삶과 이후의 삶의 변화를 요구한다. 그리스도인은 예수 그리스도를 따르기 이전의 삶의 궤도에서 벗어나 복음으로 해석된 윤리를 따라야 한다. 그리스도인의 사회생활과 일상생활에서 **그리스도인 됨**

의 표현은 윤리로도 나타나기 때문에 혼탁한 고린도 사회에서 이 윤리는 한편으로 그리스도인과 그리스도인 공동체를 고린도 사람들과 구별시키는 기준도 되었다.

바울은 교회 공동체의 윤리와 고린도 지역의 윤리를 명확히 구분한다. 그는 율법을 부정하지 않고 복음으로 해석된 율법을 바라보며, 고린도 지역의 문화도 복음으로 해석한다. 바울은 그리스도인 공동체의 유지를 위한 현실적인 지침을 준다. 이는 그리스도인 공동체의 우월성을 말하기도 하는데, 이 우월성은 내주하는 성령을 따르는 삶에 기초한다. 그래서 바울은 그리스도인의 몸은 하나님의 성전으로서 하나님의 영광을 드러내는 삶이어야 함을 강조한다.

> 너희 몸은 너희가 하나님께로부터 받은바 너희 가운데 계신 성령의 전인 줄을 알지 못하느냐 너희는 너희 자신의 것이 아니라 값으로 산 것이 되었으니 그런즉 너희 몸으로 하나님께 영광을 돌리라(고전 6:19-20)

바울은 세상의 판단이 아니라 하나님의 판단을 더 두려워해야 하는 그리스도인의 삶의 본질을 현장의 언어를 통해서 직설적으로 가르친다.

4. 성령의 은사, 어떻게 활용해야 하나?

신약성경에는 여러 가지 영적 은사가 소개된다. 특히, 고린도전서의 다양한 은사는 그리스도인의 삶에 큰 영향을 준다. 그렇지만 이러한 은사들에 대한 개인과 교단의 입장은 은사의 다양성만큼이나 차이가 있다. 그중에 뚜렷하게 주목받으며 제시되는 질문이 있다. 그것은 복음서, 사도행전, 로마서, 고린도전서 등에서 소개하는 **은사들이 폐하여졌는가** 하는 문제이다.

> 사랑은 언제까지나 떨어지지 아니하되 예언도 폐하고 방언도 그치고 지식도 폐하리라 우리는 부분적으로 알고 부분적으로 예언하니 온전한 것이 올 때에는 부분적으로 하던 것이 폐하리라(고전 13:8–10)

이 구절이 예언이나 방언의 종료를 입증하는가? 그렇지 않다. 예수님께서 다시 오시고, 우리가 하나님 앞에 가면, 더는 예언과 방언이 필요 없다. 직접 하나님을 대면한다면 방언이 왜 필요하며, 예언이 어떤 의미가 있겠는가? 그러나 지금은 그때가 아니다.

반복되는 초대교회, 성령의 삶

성령은 사도행전의 오순절이나, 고넬료의 개종에서와 같이 우리의 삶에서도 변함없이 역사하신다. 성령의 나타나심이 중단되었다면서 이를 금기시하는 것은 매우 위험한 일이다. 연대기적인 시간 순서에 따라 교회를 초대교회와 현대교회로 구분하면서 은사의 시대성을 주장하는 대신에 복음이 전파되는 현장에서 지금도 나타나는 성령체험이 필요하다. 처음 복음이 전파되는 현장이 비유적으로 초대교회이다.

고린도전서만큼 영적인 은사를 자세하게 설명하며 교훈하는 성경은 없다. 고린도교회의 상황은 성령의 은사와 나타나심에 대한 바울의 심층적인 설명과 권고의 배경이다. 다른 서신에서도 부분적으로 발견되지만, 특별히 고린도전서는 이러한 은사를 성령의 나타나심으로 간주하면서 구체적인 사례의 제시와 함께 그 유익한 기능을 설명한다. 비록 사려깊은 활용을 말하기도 하지만, 이는 유익한 만큼 남용하지 않게 하는 긍정의 경고이며 교훈이다.

성경은 화석화된 교훈이 아니라 살아 움직이는 말씀이다. 고린도전서 역시 지나간 교회의 역사를 설명하는 고전이 아니라 지금도 동일하게 우리에게 적용되는 말씀이며 영적인 은사에 대한 귀중한 통찰을 제공한다. 고린도전서의 여러 은사가 고린도교회의 독특한 문화적인 상황을 반영한다고 해도 고린도전서가 27권이라는 정경 속에 포함된 것은 그 내용이 영감을 받은 말씀으로서 모든 교회에 적용될 수 있기 때문이다. 신약성경의 현상들은 특정한 시점에서 중단되지 않았다. 각 교회의 상황에 따라 강조하는 부분이 다를 수 있지만, 지금도 동일하게 우리의 삶에서 발생하며 모든 교회에 적용될 수 있다.

윤리, 은사 활용의 도구

은사는 받는 이상으로 실천도 중요하다. 은사의 활용은 사회의 윤리 기준도 고려해서 실천해야 한다. 때때로 은사를 받았다는 사람들의 비윤리성이 은사마저도 비판받게 한다. 하나님의 법과 세상의 법이 충돌할 때 그리스도인들은 당연히 하나님의 법을 따라야 하지만 개인의 독단적인 판단이 건강한 윤리나 생활 방식에 역행해서는 안 될 것이다. 사람들이 은사에 대한 거부감을 가지게 하는 사탄의 궤계 중에 하나가 은사를 받았다고 하는 사람을 윤리적으로 무너뜨리는 것이다.

고린도전서 14장은 고린도교회의 특별한 상황을 반영하기 때문에 은사에 대해 조심스럽게 취급하는 측면이 있다. 그러므로 이를 확대해서 일반적으로 적용하는 것은 무리이다. 여자가 교회에서 말하는 것은 부끄러운 일이며, 여자는 교회에서 잠잠하라(34-36절)는 말씀은 고린도 지역이 사랑과 정욕의 여신인 아프로디테를 숭배하던 혼탁한 풍습과 관련한다. 바울은 종교혼합주의와 이방 신 숭배 등으로 영적으로, 도덕적으로 문란했던 고린도의 특수한 상황에 대응하면서 사랑으로 은사를 행할 것을 가르친다. 만일 누군가가 고린도전서 14장의 은사에 대해 편견을 가진다면, 이는 방언과 예언의 은사를 부정하거나, 방언과 예언을 지나친 신앙의 행태로 취급하거나, 성숙한 신앙과는 무관한 것으로 간주하며, 그 사용에 대한 과도한 경계나 금지를 강조할 수밖에 없게 된다. 그러므로 당시 고린도교회의 특수한 상황을 고려하면서 고린도전서에서 제시하는 은사들을 이해해야 한다. 바울은 고린도전서 12장의 은사와 14장의 은사에 대한 설명 사이에 사랑의 송가로 알려진 13장을 위치시켜 은사를 어떻게 활용할지를 가르친다. 은사공동체인 교회에서 은사와 은사를 원활하게 연결해 주는 것이 윤리이기 때문이다.

은사와 교회

간혹, 교회를 떠나서 은사를 행하는 경우가 있다. 이런 현상으로 인해 건강한 은사 활용마저도 비판을 받는다. 교회는 성령공동체, 은사공동체이므로 교인들은 은사를 상호 나누고 보완해주는 순기능을 통해서 그리스도의 장성한 분량에 이른다. 예언의 은사를 받았다고 해서 교회와는 무관하게 독자적인 활동을 한다든지, 혹은 다른 은사를 받은 사람들이 교회의 틀 안에서 이를 실천하지 않고 교회를 위하지 않는다면 이는 에베소서의 교회론과도 배치된다. 초자연적인 은사이든지 아니면 일상생활 가운데 개인의 성품이나 재능을 통한 은사이든지 간에 은사는 그리스도의 몸인 교회를 세우기 위한 것이다(고전 12장). 은사를 받은 사람이 마치 자신이 은사의 주체인 것처럼 행동한다면 이는 매우 위험하다. 어떤 은사이든지 그 활용은 건강한 교회를 위한 사명 속에서 이루어져야 한다. 이 점은 시대를 불문하고 실천해야 할 은사론이다.

5. 성령의 은사, 방언과 예언

성경은 본질상 선포이고 고백이다. 방언과 예언에 대한 바울의 가르침도 기본적으로는 자신의 체험을 반영하는 고백이고 선포이다. 체험이 수반될 때 성경 말씀이 더욱 풍성해진다. 이성적인 판단으로 이해되지 않던 성경 말씀이 체험을 통해서 환하게 밝혀지기도 한다. 방언과 예언은 성령의 내주하심을 통해서 표출되는 은사이며 지금도 교회 현장에서 활용되는 성령의 나타나심이다. 그런데 방언과 예언이 신앙생활에서 큰 유익을 주는 것에 비례해서 잘못 이해되는 경향이 있다. 일부에서 비판하듯이 방언은 황홀경 상태에서 중언부언하는 언어 행위가 아니며, 예언은 단지 성경 말씀을 전파하는 행위가 아니다. 비록 고린도전서가 고린도교회의 독특한 상황을 반영한다고 해도 바울은 방언과 예언의 유익성을 지속해서 강조한다.

방언, 영으로 비밀을…

먼저 전제하는 것은, 방언은 성령체험의 여러 현상가운데 하나라는 점이다. 물론 성령의 나타나심이나 방언과 같은 은사를 받은 기쁨에 있는 사람들에게 굳이 그것만이 전부가 아니라는 질책 아닌 질책을 하는 것은 바람직하지 않다. 사람들에게 필요한 부분은 각각 다르기 때문이다. 방언에 대한 비판적인 입장을 낳는 요인 가운데 주목받는 것은 다른 종교에서도 이와 같은 현상이 있다거나 또는 안수를 통해서 방언이 부여된다는 주장이다. 신비종교나 다른 종교 집단에서 이상한 소리를 발설하거나, 혹은 이단들 가운데도 이러한 현상을 선호한다는 경우로 인해서 방언을 경계하기도 한다. 그러나 성경에서 말하는 방언은 본질에서 이들과는 비교 대상이 되지 않는다. 성경의 방언을 그들이 모방하거나 흉내를 낼 수 있을 것이다. 설령, 악한 영의 계략으로 방언과 유사한 현상이 그들에게 발생한다고 해도 이는 단지 그들의 세계에서 통용되는 현상일 뿐이지 성령의 나타나심으로 하나님께 영으로 비밀을 말하는 방언과는 구별된다. 간혹 안수를 통해서 방언이 열린다고도 하고, 또 이를 체험했다는 경우가 있다. 그런데 주지해야 할 것은 방언은 사람이 아니라 당연히 하나님께서 주신다는 점이다. 특정한 사람이 안수한다고 해서, 혹은 랄랄랄랄 등과 같은 소리를 반복 훈련한다고 해서 방언이 주어지지 않는다. 물론 안수하는 사람들도 대부분 이러한 점을 전제로 할 것이다. 방언은 일상의 언어와는 차원이 전혀 다른 언어이기 때문에 하나님께서 이미 당사자에게 방언을 주셨음에도 본인은 이를 모르는 경우가 있다. 숙달되지 않아 어색하게 방언을 말하거나, 방언 말하는 것을 주저할 수도 있다. 이때 도움과 훈련이 필요하다. 이미 자전거를 탈 수 있는데 누군가 뒤에서 잡아주면 훨씬 더 수월하게 잘 탈 수 있다. 경험자를 통해서 하나님께서 이미 주신 방언을 확인시켜주는 것이다. 물론 이러한 경우는 부분적이다. 이러한 부분적인 경우 때문에 방언을 사람에 의한 인위적인 현상으로 오해해서는 안 될 것이다.

지금도 방언이 있고, 방언 통역이 있고, 예언이 있고, 여러 가지 성령의 나타나심이 있다. 바울의 고백처럼 하나님께서 주시는 방언은 기도생활에 매우 유익하다(고전 14:2, "방언을 말하는 자는 사람에게 하지 아니하고 하나님께 하나니 이는 알아듣는 자가 없고 영으로 비밀을 말함이라"). 만일 이러한 은사들이 종료되었다고 주장하며 그 현상을 무시한다면 우리는 성령의 나타나심과 역사하심에 대한 중요한 부분을 상실하는 것이다. 그렇게 되면 신앙의 그리스도인이 아니라 기독교 이념을 소유한 신념의 사람이 될 수 있다. 균형을 갖춘 건강한 신앙생활은 성령의 나타나심과 은사의 체험과 실천이 윤리성과 조화되어 외부로 표출되는 삶이다.

예언, 감동으로 비밀을…

성령의 은사 가운데 예언만큼 조심스럽게 평가되는 은사도 드물다. 우선 주목해야 할 것은 **예언이 무엇인가?** 하는 점이다. 간혹 은사로서 예언에 대한 부정적인 입장에서 예언을 단지 설교나 성경말씀 전파로 간주하기도 한다. 그러나 성경 말씀 전파만이 예언이 아니며 문자적인 의미 그대로의 예언이 있는 것을 부정해서는 안 된다. 은사는 은혜의 개인화이며, 그 은사 가운데 하나가 예언이다(롬 12:6, "우리에게 주신 은혜대로 받은 은사가 각각 다르니 혹 예언이면 믿음의 분수대로." 비교, 고전 12:10). 방언이나 예언 모두 교회 안에서 실천해야 한다. 간혹 예언한다고 하면서 교회를 떠나서 혹은 교회 밖에서 교회에 도움이 되지 않게 이를 행하는 것은 근본적으로 교회관의 문제이며, 이 은사를 주신 하나님의 목적에도 부합하지 않는다. 물론 은사가 일부 사람들에 의해 잘못 사용되는 경우가 있다고 해서 교회에 유익이 되는 현상을 부정할 수는 없다.

방언과 예언만이 은사의 정점이고 전부는 아니다. 방언과 예언은 언어로 표출되는 은사이기 때문에 눈에 두드러질 뿐만 아니라 교회 현장에서 종종 접할 수 있어서 그리스도인들의 많은 관심을 받는다고 할 수 있다. 바울은 방언과 예언에 대해 다른 어떤 은사보다도 자세하게 그 실체와 활용을 설명한다. 바울 서신을 포함한 신약성경 전체에서 방언과 예언만큼 자세히 소개된 은사가 없을 정도이다. 그 정도로 방언과 예언은 바울 당시에도 이슈였으며, 지금의 교회 현장에서도 큰 영향을 주는 은사이다.

기도 가운데, 말씀을 묵상하는 가운데 예언이 주어지기도 한다. 실제로 고린도전서 14장에서 강조하는 예언은 설교나 성경 말씀을 전하는 성격의 예언이 아니라 은사로서의 예언을 말한다. 길흉화복을 미리 판단하는 점(占) 문화와 같은 샤머니즘적인 경향과 일부의 일탈적인 예언 현상으로 인해 은사로서의 예언을 매우 조심스럽게 취급하는 측면도 있다. 토착 사상과 문화가 복음을 변질시키려고 할 때 오히려 그들의 표현 방법과 철학을 통해 그리스도께서 모든 만물의 으뜸이라는 그리스도론을 확립한 골로새서와, 이원론적인 영지주의 경향 속에서 이들의 표현과 사상체계를 사용해서 그리스도의 영과 육의 모습을 생생하게 전하는 요한복음처럼, 한국의 특수한 정신적 상황을 극복하는 선포와 고백의 재현이 필요하다. 특정한 나라의 문화로 인해 굴절된 예언이 아니라, 성령에 의해 선포되고 고백되는 성령의 은사인 예언이 교회와 그리스도인의 삶의 현장에서 효과적으로 활용되어야 한다.

신약성경에는 구체적인 예언의 사례가 등장한다. 전도자 빌립의 딸들은 예언하는 자다(행 21:8-9). 바울은 그의 운명에 대한 예언을 듣는다. 아가보는 바울이 예루살렘에서 당할 고난을 예언한다(10-11절). 사람들이 이 운명을 피하도록 바울에게 권고하지만, 바울은 "주 예수의 이름을 위하여 결박 당할 뿐 아니라 예루살렘에서 죽을 것도 각오하였노라"면서 그가 가야 할 길을 간다(13절). 바울은 그의 운명에 대한 예언을 듣고도 그리스도를 위해서 이를 피하지 않고 받아들인다. 이러한 바울의 행위가 이 시대에 예언을 어떻게 받아들여야 할지를 보여주는 좌표이다. 그리스도인 자신의 생활을 위한 예언도 필요하지만, 더 나아가 그리스도를 위한 삶의 방향을 일깨우는 예언이 더욱 필요하다.

때로는 은사로서 예언이 한 개인의 직관이나 감각적인 판단에 기초한 것으로 오해하기도 한다. 이를 행하는 사람 입장에서 흔히 발생하는 오류이다. 기독교는 계시의 종교이다. 개인의 직관이나 감각을 통해서 하나님을 알아가는 것이 아니라 하나님께서 감동을 주시고 보여주시는 것을 아는 것이다. 그래서 예언을 할 때는 자기 생각인지, 아니면 성령의 인도인지를 민감하게 분별해야 한다. 영적으로 혼란했던 고린도교회의 특수한 상황을 반영하는 고린도전서도 이 점을 충분히 고려해서 예언할 때는 둘이나 셋이 말하고 다른 이들이 분별하도록 가르친다(14:29). 예언은 한 개인의 주관적인 판단이 아니라 오직 성령께서 주시는 은사로서 교회 공동체를 건강하게 만들며 그리스도인이 개인적인 유익을 초월하는 삶을 영위하도록 한다. 예언은 교회에서, 개인의 신앙생활 가운데서 끊임없이 행해져야 한다. 단지 미래에 발생할 사건이나 생사화복의 예측 차원을 뛰어넘는 예언은 바울의 경우와 같이 그리스도의 뜻을 이루게 하는 중요한 기능을 한다.

방언과 예언, 지금도 지속된다!

중세시대의 교권을 극복한 기독교를 말씀의 종교라고 할 때, 이 **말씀**은 지금도 생명력 있는 말씀이라는 전제가 있어야 한다. 성경은 잉크로 종이에 그려진 박제화된 말씀이 아니라 그리스도의 음성이며 하나님의 계시이다. 간혹 은사 체험에 대한 다소 부정적인 입장에서 체험을 성경에 비춰 보아야 한다고 하지만, 그러나 살아있는 성경 말씀은 체험을 비춰주는 고증문서가 아니라 오히려 체험을 발생시킨다. 또한, 성경은 과거의 흔적이나 실험을 기록한 고고학자나 물리학자의 보고서가 아니라 성령의 감동을 통해서 전파되는 체험이며 선포이기 때문에 동일한 성령의 체험이 성경 말씀을 분명하게 밝혀주기도 한다. 이 둘은 서로를 풍성하게 만든다. "모든 것을 품위 있게 하고 질서 있게 하라"(고전 14:40)는 바울의 권면은 방언과 예언의 활용에 대한 기본 지침으로, 이는 방언과 예언을 위축시키거나 부정하지 않고 대신에 이를 적극적으로 활용하는 긍정의 상황을 제시하는 것이다(39절, "그런즉 내 형제들아 예언하기를 사모하며 방언 말하기를 금하지 말라"). 성령께서 그의 뜻대로 각 사람에게 나누어 주시는 예언과 방언은 교회 공동체 안에서 변함없이 활용되는 은사이다. 예언과 방언은 지금도 지속된다.

6. 교회, 내주하시는 성령체험의 공동체

고린도전서는 **성령이란 누구이신가? 어떻게 성령을 체험할 수 있는가?** 와 같은 질의와 응답을 보여주지 않는다. 고린도전서는 이러한 내용보다는 그리스도인의 실천적인 삶 속에서 구체적으로 활동하시는 성령의 역사를 그림처럼 보여준다. 이를 통해서 고린도전서는 일상생활에서 누구든지 성령과 더불어 살 수 있는 적용을 보여주며, 이미 체험한 사람들에게는 그 체험의 정당성을 보증한다. 어떤 면에서 사도행전이 **성령을 받으라, 성령 충만을 받으라**는 성령체험에 대한 선포라면, 고린도전서는 이에 대한 구체적인 적용이다. 사도행전이 임하시는 성령, 부어주시는 성령에 대한 강조라면, 고린도전서는 내주하시는 성령의 나타나심에 대한 강조이다.

고린도전서는 성령에 대한 충격적인 선언을 한다. 그리스도인들은 하나님의 성령이 거하시는 성전이며, 심지어 그리스도인 각자에게 성령이 함께 하신다고 하는 놀라운 주장이다. 이 선언은 헬라-로마 문화권이나 유대 배경에서도 찾아보기 어려운 새로운 개념이다.

> 너희는 너희가 하나님의 성전인 것과 하나님의 성령이 너희 안에 계시는 것을 알지 못하느냐 누구든지 하나님의 성전을 더럽히면 하나님이 그 사람을 멸하시리라 하나님의 성전은 거룩하니 너희도 그러하니라(3:16-17)

> 너희 몸은 너희가 하나님께로부터 받은바 너희 가운데 계신 성령의 전인 줄을 알지 못하느냐 너희는 너희 자신의 것이 아니라(6:19)

어떻게 이러한 주장과 사실이 가능하게 되었을까? 로고스인 초월적인 영원한 존재가 사람(육신)이 되었다는 요한복음의 선언과는 또 다른 충격이다. **하나님이 사람 가운데 계신다**는 바울의 선언은 건물이 성전이라는 개념을 가지고 있거나, 형상이 그 실체를 대신한다고 생각하던 사람들에게 받아들이기 어려운 선포이다. 그만큼 고린도전서의 내주하시는 성령에 대한 소개는 성령에 대한 이해의 차원을 한층 더 높인다.

바울은 고린도전서의 특징인 내주하시는 성령의 활동을 자세히 설명한다. 내주하시는 성령의 가시화는 그 나타나심을 통해서 이루어진다. 고린도전서는, 지상의 예수님이 자신의 몸을 먹으라는 물질적인 표현을 통해서 자신의 정체를 드러내듯이(요 6:51), 물질 현상을 내포하는 표현으로 성령의 나타나심을 설명한다(고전 2:4; 12:7). 지역에 정착된 교회는 성령에 의해서 이끌리며, 교회의 통일성도 한 성령으로 침례(세례)를 받고, 한 성령을 **마시는**(비유적) 행위를 통해서 유지된다(고전 12:13).

나는 하늘에서 내려온 살아 있는 떡이니 사람이 이 떡을 먹으면 영생하리라 내가 줄 떡은 곧 세상의 생명을 위한 내 살이니라(요 6:51)

내 말과 내 전도함이 설득력 있는 지혜의 말로 하지 아니하고 다만 성령의 나타나심과 능력으로 하여(고전 2:4)

각 사람에게 성령을 나타내심은 유익하게 하려 하심이라(12:7)

우리가 유대인이나 헬라인이나 종이나 자유인이나 다 한 성령으로 침례(세례)를 받아 한 몸이 되었고 또 다 한 성령을 마시게 하셨느니라(12:13)

건물 성전, 사람 성전

바울이 고린도전서 3장에서 **하나님의 성전**이라고 말할 때 사용하는 용어는 일반적으로 건물로서 성전을 지칭하는 히에론(ἱερόν)이 아니라 거룩한 곳을 의미하는 나오스(ναός)다. 외면으로 드러나는 성전의 형식보다는 내면의 본질을 의미한다. 나오스는 거룩한 곳을 의미하기 때문에 성전의 여러 부분 가운데 지성소를 지칭한다는 주장도 있다. 그렇다면 더욱더 여기에서 사용한 성전은 하나님의 임재를 상징하는 장소인 성전의 의미를 강화하는 것이다(참조, 출 25:8; 왕상 9:3). 건물이 아닌 그리스도인 공동체가 하나님의 성전이고, 동시에 그리스도인 각자가 성전이라는 바울의 선언은 당시 세계에서는 상상할 수 없었다. 이러한 개념의 변화는 당시의 상황을 볼 때 점진적인 발전 과정을 거쳤다고 할 수 있다.

이스라엘은 주변을 둘러싼 강대국들과의 전쟁에서 패배하여 포로생활을 겪는다. 이 과정에서 이스라엘은 하나님의 임재를 상징할 뿐만 아니라 그들이 하나님의 영광을 가시적으로 체험하던 성전의 파괴와 재건을 경험하면서, 이 성전만이 유일하게 하나님께 나아가는 통로가 아니라는 인식을 하게 된다. 이러한 하나님의 임재와 성전에 대한 개념의 변화는 이미 예수님의 활동 당시에 성전의 제사장들과 제의가 변질하였다고 여겨 성전의 제사 대신에 사해 근처에서 공동체 생활을 하던 쿰란 공동체를 통해서도 표출된 바 있다. 하나님께서 임재하시는 곳으로서 성전의 유일성은 예수님 당시에 이미 변하고 있었다. 하나님은 계실 곳이 없어서 사람이 지은 건축물에 그 임재를 상징적으로 나타낸 것이 아니라, 이를 통해서 그의 영광을 가시적으로 보여주면서 그의 백성들이 다가올 수 있는 통로를 만든 것이다. 성전의 본질에 대한 이해에 기초한 스데반의 설교는 성전 개념의 변화에 대한 뚜렷한 흔적을 보여준다. 스데반은 하나님께서 사람의 손으로 만든 건물에 계시지 않는다고 선포함으로써 성전만이 하나님의 임재를 상징하는 것이 아니라며 그를 에워싼 유대인들의 전통적인 사고에 도전한 것이다.

그러나 지극히 높으신 이는 손으로 지은 곳에 계시지 아니하시나니(행 7: 48)

하나님은 계실 곳이 없어서 사람이 지은 건축물에 그의 임재를 나타낸 것이 아니라는 스데반의 선언은 유대인들에게 매우 충격이었으며, 유대교의 영향 속에 있던 그리스도인들에게도 자신의 정체성을 돌아보게 하는 도전이었다. 바울은 이스라엘 사람들의 성전에 대한 개념의 변화보다도 더 획기적인 선언을 한다. 이제 한 개인에게도 하나님의 성령이 계신다! 그렇다. 그리스도인 공동체인 교회도 성령공동체이며, 이를 구성하는 그리스도인들 각자가 바로 성령이 거하시는 성전으로서 내주하시는 성령을 체험하는 인격이다.

바울은 내주하시는 성령의 체험을 통해서 하나님은 건물이 아니라 그리스도인에게 함께하신다는 선포를 한다. 다신교와 종교혼합주의가 횡행하고 영적, 윤리적으로 혼란했던 도시인 고린도에서 그리스도인들을 지켜주며 그리스도인들을 다른 사람들로부터 구별해주는 것은 바로 내주하시는 성령체험이었다. 바울의 체험과 주장은 지금의 우리에게도 내주하시는 성령체험을 요구하는 선포이다.

나타나시는 성령, 통달하시는 성령

고린도전서를 읽으면서 이 교회에 편지를 보내던 바울의 마음을 생각해본다. 고린도라는 독특한 지역에서 복음을 전하던 바울의 심정은 어떠했을까? 복음을 받아들인 그리스도인들의 일상생활과 삶의 방향성이 바로 변할 것 같았는데, 어떻게 해서 고린도교회에 많은 문제가 발생할까? 바울은 눈물로, 기쁨으로, 때로는 엄하고 격한 마음으로 자신이 복음을 전했던 이 지역에 편지를 보낸다. 이러한 바울의 애끓는 심정의 문자화가 바로 고린도서신이다. 혼합종교, 다신교, 우상숭배, 도덕적 문란, 분쟁 등이 횡행하던 고린도교회의 모습은 우리 시대의 현실과 매우 유사하다. 다문화 사회의 형태를 보이는 고린도에서 복음을 전한 바울의 경험이 특별히 고린도전서 2장에 농축되어 있다. 바울은 자신의 성령체험을 기초로 신앙생활의 비밀을 나누어 준다.

> 기록된바 하나님이 자기를 사랑하는 자들을 위하여 예비하신 모든 것은 눈으로 보지 못하고, 귀로 듣지 못하고 사람의 마음으로 생각하지도 못하였다 함과 같으니라 오직 하나님이 성령으로 이것을 우리에게 보이셨으니 성령은 모든 것 곧 하나님의 깊은 것까지도 통달하시느니라 사람의 일을 사람의 속에 있는 영외에 누가 알리요 이와 같이 하나님의 일도 하나님의 영외에는 아무도 알지 못하느니라(9-11절)

누가 이와 같은 대담한 주장을 펼 수 있을까? 얼굴조차 볼 수 없는 지존하신 하나님이신데, 그 이상을 넘어 그분의 깊은 것까지도 통달하시는 성령이 우리 안에 거하시는 바로 그 성령이라는 주장이다. 내주하시는 성령에 대한 바울의 체험이 이러한 대범한 선언을 만들었다. 성령의 나타나심은 바울의 일상이었으며, 변화된 바울의 모습 자체가 성령의 나타나심에 대한 증거이기 때문에 그는 심지어 성령은 하나님의 깊은 것이라도 통달하신다는 충격적인 주장을 편 것이다. 그래서 바울은 로마서에서도, 그리스도인을 대신해서 하나님의 뜻대로 간절히 구하는 성령의 활동에 대해서 증언한다.

> 이와 같이 성령도 우리의 연약함을 도우시나니 우리는 마땅히 기도할 바를 알지 못하나 오직 성령이 말할 수 없는 탄식으로 우리를 위하여 친히 간구하시느니라 마음을 살피시는 이가 성령의 생각을 아시나니 이는 성령이 하나님의 뜻대로 성도를 위하여 간구하심이니라 우리가 알거니와 하나님을 사랑하는 자 곧 그의 뜻대로 부르

심을 입은 자들에게는 모든 것이 합력하여 선을 이루느니라(롬 8:26-28)

사도행전이 강력한 성령의 부어주심과 내려오심을 증언한다면, 고린도전서는 삶의 구체적인 실천이 성령을 통해서 이루어지는 것을 제시한다. 여기에서 바울이 보여주는 것은 지혜가 있는 자와 지혜가 없는 자, 물질이나 권세가 있는 자와 없는 자의 운명의 도치와 같은 인생역전이 아니다. 바울이 자신의 겸손을 내세우는 것도 아니다. 철저하게 성령의 사람으로 변화되어 자신의 능력과 방법의 한계성을 인식한 바울은 그리스도인이 지혜, 지식, 물질, 권세 등을 초월하는 새로운 힘으로 복음을 전하며 거룩하게 되기를 강조한다.

내 말과 전도함이 설득력 있는 지혜의 말로 하지 아니하고 다만 성령의 나타나심과 능력으로 하여 너희 믿음이 사람의 지혜에 있지 아니하고 다만 하나님의 능력에 있게 하였노라(고전 2:4-5)

바로 이 구절에 바울의 회심과 사명 수행의 경험이 녹아있는데, 특징적인 것은 바울의 철저한 자기 부정과 성령의 능력에 대한 의존이 드러난다는 점이다. 바울은 자신이 성령으로 충만함을 받은 경험과, 이후의 삶에서 경험한 성령의 나타나심에 대해 간증한다. 성령은 바울의 사역에서 알파와 오메가였다. 고린도전서 2장은 그리스도인의 일상생활에서 이루어지는 성령의 역사를 역동적으로 보여준다.

하나님의 깊은 것까지도 통달하시는 성령의 나타나심은 변화된 그리스도인의 모습에서 절정을 보인다. 성령은 저 멀리 계신 존경의 대상이 아니라 지금 여기에서 나와 함께하시는 **임마누엘** 하나님이시다. 고린도의 교인들에게 전달한 바울의 고백에서 알 수 있듯이 **내려오신 성령**은 이제 **내주하시는 성령**으로 매일 나와 함께하신다. 이 은총으로 부르짖는 기도가 나오며, 전도하며, 거룩하게 된다. 영적인 일은 영적인 것으로 분별하듯이, 하나님의 깊은 것까지도 통달하시는 성령, 사람의 깊은 사정을 아시는 성령이 바로 내주하시며 나타나시는 성령이다.

성령, 내주하심

하나님의 깊은 것까지 통달하시는 성령, 내주하시는 성령, 나타나시는 성령은 존경의 대상으로 이 땅을 초월하여 저 멀리 관념 속에 존재하는 분이 아니라 지금 여기에서 나와 더불어 계신다. 성령의 나타나심과 능력으로, 성령의 인도를 따라 사는 삶이 성령의 열매를 맺는 삶이며(참조, 갈 5:22-23), 이 삶이 복음과 문화의 충돌에서 그리스도인들이 견지해야 할 사명이다. 성령체험이 깊어질수록 고린도전서(성경)에 대한 이해의 폭이 깊고 넓어지는 것을 체험할 수 있다. 신학적으로 이해할 수 없고, 신학 논문과 저서들을 통해서도 파악되지 않던 내용이 성령의 나타나심을 통해서 확실하게 이해되고 정리되기도 한다. 고린도전서의 가치는 고린도교회라는 상황에서, 위에 계신 하나님이나 옆에 계신 하나님이 아니라 바로 내주하시는 하나님과 더불어 살아가는 삶의 방법을 보여주는 데 있다. 이 점이 기독교가 이방 종교와 다른 주요 특징이며, 그리스도인은 이를 통해서 이방 문화가 횡행하는 삶의 현장에서도 성령의 열매를 맺는 비결을 찾을 수 있다.

7. 체험, 사명 수행의 원천

바울은 복음전파 및 교회 설립과 더불어 교회 내면의 상황인 그리스도인의 성화에도 깊은 관심을 둔다. 바울은 자신의 신앙체험을 성도들에게 전하면서 이들이 위로와 소망을 갖도록 격려한다. 자신의 심정을 솔직하게 토로한 하나의 간증문과 같이 바울이 자신의 신앙과 생활을 기록한 편지가 고린도후서이다. 바울의 체험이 원색으로 드러나는 고린도후서는 그리스도인들이 그리스도인답게 살 수 있는 현실적인 동력을 제공해준다. 그래서 고린도후서에는 특정한 신학 주제의 전개나 고린도교회의 특정한 문제 해결을 위한 내용보다도 바울 자신의 개인적인 변호나 자신의 신앙 역경을 진술하는 간증이 전개된다. 고린도후서가 사적인 성격이 강하다고 일컬어지는 이유이다.

체험, 성화의 원천

바울은 때때로 그의 격한 마음을 표현한다. 특별히 악한 일과 범죄에 대해서는 단호하다. 용서받은 그리스도인은 끊임없는 성화의 경주 속에서 자신을 살피며 악에서 돌아서야 하는데, 바울은 그렇게 하지 못하는 사람들의 생활에 대해 엄격한 반응을 보인다. 고린도후서 13장에서 죄에 대한 바울의 단호한 의지를 볼 수 있다. 바울은 자신의 체험에 기초한 확신으로 준엄하게 경고한다. 악에 대한 바울의 인격적인 반응이다.

내가 두 번째로 여러분을 방문하였을 때에, 전에 범죄한 사람들과 또 그 밖에 모든 사람에게 이미 말한 바와 같이, 지금 떨어져 있으면서도 다시 말하여 둡니다. 내가 이번에 다시 가면, 그러한 사람들을 그냥 두지 않겠습니다(2절, 표준새번역)

교회는 그리스도인의 성화를 위한 유기적인 조직체이다. 바울은 그리스도인의 성화에 민감하게 반응한다. 고린도후서는 바울의 반응을 통해서 한 개인의 신앙체험이 왜 중요한지를 일깨워주며, 복음의 현장에서 이 체험이 어떻게 위력을 발휘하는지를 보여준다. 고린도후서에 나타나는 용서, 화해, 불신자와의 교제, 구제, 헌금, 거짓 교사 등의 문제에 대해서도 바울은 자신의 체험을 바탕으로 해법을 제시한다.

체험, 설교의 동력

바울은 고린도전서를 발송한 후에 고린도교회의 상황을 전해 듣는다. 그는 고린도교회의 문제가 처리되는 상황을 보면서 자신의 신앙체험과 사역을 솔직담백하게 고린도후서에서 소개한다. 그는 간증할 것이 많은 사람이다. 인류 역사에서 아무도 상상할 수 없었던 칭의와 성화의 신학을 체계화한 로마서에 뒤이어 등장하는 고린도전서는 복음이 이방 토양에서 자라나는 모습을 보여주며, 이어지는 고린도후서는 바울이 자신의 목회 여정을 돌아보며 구절구절 쏟아내는 체험을 담아낸다. 고린도후서에서는 복음을 전하는 바울의 인간적인 면모와 고뇌를 구석구석 느낄 수 있다.

삶과 목회 현장에서 우러나오는 성령의 나타나심과 역사를 전하는 설교는 복음을 생동감 있게 만든다. 고린도후서는 이 시대의 중요한 설교 모본을 제시한다. 회중의 문제를 정확히 알고, 그 문제에 대한 답을 주며, 자신의 체험을 풀어놓는 바울의 설교는 고린도후서를 단지 편지가 아니라 한편의 탁월한 설교로 만든다.

고린도전서는 이방의 토양에 뿌려진 복음에 대한 반응을, 즉 복음과 이방 문화의 대결 구도에서 나타나는 문제들을 거론하며, 고린도후서는 그 복음을 전한 사람에 대한 고린도교회의 반응과 이에 대한 바울의 대처를 반영한다. 바울은 심각한 인신공격도 받았다. 그의 개인적인 외모, 언변, 권위에 대한 공격뿐 아니라 그의 가르침에 대한 비난 등이다(고후 10:10; 참조, 3:1; 4:5). 바울은 자신의 혈통과 그가 받은 수많은 고난과 역경을 소개하며 자신을 변호한다. 복음을 전하면서 바울이 받은 환난의 대부분은 사도행전에서도 소개되지 않는 내용이다.

> 그들이 그리스도의 일꾼이냐 정신 없는 말을 하거니와 나는 더욱 그러하도다 내가 수고를 넘치도록 하고 옥에 갇히기도 더 많이 하고 매도 수없이 맞고 여러 번 죽을 뻔 하였으니 유대인들에게 사십에서 하나 감한 매를 다섯 번 맞았으며 세 번 태장으로 맞고 한 번 돌로 맞고 세 번 파선하고 일주야를 깊은 바다에서 지냈으며 여러 번 여행하면서 강의 위험과 강도의 위험과 동족의 위험과 이방인의 위험과 시내의 위험과 광야의 위험과 바다의 위험과 거짓 형제 중의 위험을 당하고 또 수고하며 애쓰고 여러 번 자지 못하고 주리며 목마르고 여러 번 굶고 춥고 헐벗었노라 이 외의 일은 고사하고 아직도 날마다 내 속에 눌리는 일이 있으니 곧 모든 교회를 위하여 염려하는 것이라(고후 11:23-28)

이러한 자랑거리 아닌 자랑과 고난을 설명한 후에, 바울은 결론적으로 자신의 약점을 자랑한다는 뜻밖의 고백을 한다(고후 11:30, "내가 부득불 자랑할진대 내가 약한 것을 자랑하리라"). 그가 겪은 고난은 은혜의 줄기였으며, 그의 약함은 성령의 나타나심을 보여주는 통로였다. 이러한 바울 속에 감추어져 있는 믿음의 비밀은 무엇일까?

바울은 자신이 받은 엄청난 계시의 분량을 말하면서, "말로 표현할 수도 없고 사람이 말해서도 안 되는 말씀을 들었습니다"라고 고백한다(12:4, 표준새번역). 바울은 깊이 체험한 믿음의 비밀을 그의 신앙과 복음전파 활동의 원천으로 삼았다. 자신의 많은 약점에도 불구하고 이 믿음의 비밀이 그를 지탱해 준 버팀목이었다. 고린도후서에 나타나는 그의 체험은, 이 서신을 기록한 시점에서 14년 전에 셋째 하늘에까지 이끌려 올라가 경험한 환상과 계시들은, 그의 삶의 동력이었다. 바울은 "내가 받은 엄청난 계시들 때문에 사람들이 나를 과대평가할는지는 모릅니다"라고 고백하면서도 자신이 교만하지 않도록 하나님께서 몸에 가시를 주셨다고 말한다(7절, 표준새번역). 바울은 계시의 비밀과 신비를 몸에 지녔다. 이를 바탕으로 바울은 고린도후서를 통해 한 편의 간증문과 같이 주어진 현실에 대한 해석과 가르침을 제공한다.

8. 상황화, 율법에서 복음으로

갈라디아서는 복음과 문화의 충돌 과정에서 교회가 상황화를 통해 이를 극복하는 모습을 보여준다. 상황화는 이 시대의 선교나 복음전파 과정에서 종종 사용하는 개념이지만, 이 근원은 신약성경 자체에서 찾을 수 있다. 현재의 신약성경은 상황화의 산물이다. 나사렛 예수가 그리스도이신 것도 이 세상을 위한 하나님의 의지가 극명하게 상황화된 사건이다. 신약성경에 사용된 어휘들은 그 시대의 문화이고, 이 문화를 통해서 하나님의 말씀이 표현된다. 이미 그리스도인들에게 익숙한 용어들이라고 해도 이 용어들은 2천 년 전의 유대 상황에서, 헬라-로마의 문화 상황에서 통용되던 개념들이었다. 세속 용어와 개념들을 활용한 성서 기자들의 탁월한 상황화는 같은 복음이 다양한 방법으로 다양한 상황에서 효과적으로 전파되게 한다. 복음의 상황화는 복음의 본질을 유지하면서 그 전달 방법에서 다변화를 시도한다는 의미이다.

갈라디아서에 반영된 바울의 상황은 무엇일까? 바울은 복음을 전파하면서 만만찮은 복병을 만난다. 바울 당시의 디아스포라 유대인들의 인구는 본토의 유대인들보다도 몇 배 더 많던 상황으로 알려진다. 바울은 헬라-로마 문화권에 복음을 전할 때 자신에게 익숙한 유대인의 회당을 토대로 삼기도 했다. 그런데 복음전파 현장에서 유대인들의 율법주의가 복음에 대한 대적요소로 등장한다. 먼저 유대인이 된 후에 구원을 이룰 수 있다거나, 구원받은 자는 유대인의 율법을 지켜야 한다는 주장이 복음의 본질인 구원과 관련하여 논쟁을 발생시킨 것이다. 이방인 그리스도인은 할례를 받아야 하며 유대인의 달과 절기들을 지켜야 한다는 도전이다(갈 2:4; 4:10; 5:2-3; 6:12-13). 복음과 율법주의와의 충돌이다. 심지어 바울의 사도직마저도 도전받은 것을 짐작할 수 있다(1:1, 11-12). 사도행전에서 사도를 보충할 때 내세운 사도의 자격 조건에 바울은 미달한다(행 1:21-22). 당연히 그의 사도직은 의문을 낳았을 것이다. 이러한 상황에 직면한 바울은 자신에 대한 부정과 긍정의 기초위에서 율법에 대한 부정과 긍정의 견해를 밝힌다.

갈라디아서에서 바울은 가장 먼저 자신의 사도직을 적극적으로 옹호한다. 그만큼 갈라디아에서는 바울의 가르침뿐만 아니라 이 가르침을 전한 바울의 정체마저도 문제 되었던 것으로 보인다. 그래서 바울은 자신의 사도권이 매우 독특한 권위를 가졌음을 선언한다.

사람들에게서 난 것도 아니요 사람으로 말미암은 것도 아니요 오직 예수 그리스도와 그를 죽은 자 가운데서 살리신 하나님 아버지로 말미암아 사도 된 바울은(1:1)

그의 사도직은 하나님까지 거슬러 올라간다. 바울은, 율법이나 그가 속했던 바리새파의 사상이 아니라 기독교와 유대교를 모두 포괄하는 하나님에 의해서 사도가 되었다고 선언한다. 이 권한을 가지고 바울은 일부 유대인들이 그리스도인들 가운데 퍼뜨린 율법 준수에 대한 도전을 물리친다. 율법 준수 문제로 발생한 갈라디아교회의 혼란을 해결하기 위한 바울의 가르침은 복음이 율법 문화를 돌파해 가는 상황을 반영한다. 그래서 바울은 율법과 유대인들의 접촉점이라고 할 수 있는 할례에 대해서도 단호한 태도를 보인다. 바울은 만일 할례를 자랑하려면 심지어 스스로 베어버리기를 원한다는 격한 표현도 사용한다(5:12). 그는 율법을 통한 구원이 아니라 복음을 통한 구원과, 율법준수를 통한 행위가 아니라 성령에 의해 이끌리는 삶을 강조한다. 이는 로마서에서 제시한 칭의와 성화의 삶에 대한 압축이라고도 할 수 있다.

너희에게 성령을 주시고 너희 가운데서 능력을 행하시는 이의 일이 율법의 행위에서냐 혹은 듣고 믿음에서냐 아브라함이 하나님을 믿으매 그것을 그에게 의로 정하셨다 함과 같으니라 그런즉 믿음으로 말미암은 자들은 아브라함의 자손인 줄 알지어다(갈 3:5-7)

너희가 만일 성령의 인도하시는 바가 되면 율법 아래에 있지 아니하리라 육체의 일은 분명하니 곧 음행과 더러운 것과 호색과 우상 숭배와 주술과 원수 맺는 것과 분쟁과 시기와 분 냄과 당 짓는 것과 분열함과 이단과 투기와 술 취함과 방탕함과 또 그와 같은 것들이라 전에 너희에게 경계한 것 같이 경계하노니 이런 일을 하는 자들은 하나님 나라를 유업으로 받지 못할 것이요 오직 성령의 열매는 사랑과 희락과 화평과 오래 참음과 자비와 양선과 충성과 온유와 절제니 이 같은 것을 금지할 법이 없느니라(5:18-23)

바울은 율법에 머물다가 복음으로 개종한 자신의 정체를 정확히 인식하고 있었다. 비록 그가 유대적인 배경을 활용하여 복음을 전했지만, 그는 이미 율법으로부터의 자유를 체험한 바 있다. 바울은 자신이 이미 극복한 율법의 경험에서 갈라디아교회에 스며든 유대인의 의식 준수와 율법 강요의 실체를 파악하고 이를 신학적으로 분명하게 교정한다. 복음이 율법의 장벽을 뚫고 나갈 때 발생하는 복음과 율법의 충돌, 혹은 초대교회와 유대주의와의 논쟁 한 복판에서 바울은 복음의 실체를 선포한 것이다. 이러한 종류의 충돌은 복음과 또 다른 문화의 충돌로 전이되거나 확대될 수 있다. 복음이 문화와 충돌할 때는 당시의 사상과 철학을 통해서, 복음이 율법과 충돌할 때는 율법을 통해서 논박하며 복음을 전하던 바울의 상황화 능력은, 다문화 사회인 21세기에 더욱 빛을 발하며 복음전파를 위한 우리의 상황화 노력을 일깨우고 있다.

9장

교회가 정착되다

– 에베소서, 골로새서, 목회서신(딤전, 딤후, 딛), 빌레몬서 –

9장 교회가 정착되다
– 에베소서, 골로새서, 목회서신(딤전, 딤후, 딛), 빌레몬서

예수를 그리스도로 영접한 사람들은 새로운 질서 체계에 편입되어 새로운 법을 지키며 살게 된다. 지금까지 살고 있던 세상에서, 동일한 삶의 현장에서 새로운 법질서를 지키며 산다는 것은 필연적으로 과거와의 충돌과 갈등을 불러올 수밖에 없다. 그리스도인은 새로운 교회 공동체에서 가정생활과 사회생활을 어떻게 영위할 수 있을까? 이러한 실제적인 문제에 대한 해답이 필요한 상황에서 바울은 교회의 실체가 무엇인지, 그리스도인과 교회의 관계, 교회생활과 일상생활의 관계를 어떻게 정립할 수 있는지에 대해 에베소서, 골로새서, 목회서신, 빌레몬서를 통해 훌륭한 교훈을 제시한다.

1. 교회, 어떤 조직인가?

바울의 복음전파 활동의 특징은 교회 설립이다. 복음전파의 결과로 교회가 세워지며, 복음전파의 검증은 교회설립 여부를 통해서 확인할 수 있다. 외국 선교가 활성화되는 오늘날에도 선교의 결과를 교회의 설립으로 판단할 수 있다. 그런데 바울 당시의 교회는 정형화되고 조직화된 강도가 약했다. 이로 인해 교회의 정체성과 관련된 질문이 제기된다. 교회란 무엇인가? 교회는 어떤 조직이며 어떤 정체성을 갖는가? 교회가 왜 필요한가?

교회, 그리스도의 몸

에베소는 무척 번창하던 도시였다. 신약시대 이후 에베소의 유명한 셀수스(Celsus) 도서관에는 한때 만 권 이상의 책이 보관되었다고 할 정도로 에베소는 문화 및 경제적으로 번창한 도시였다. 현재 터키에 남아있는 도서관은 지금도 그 흔적을 통해 후세에 그 위용을 자랑하고 있다. 바울 당시의 에베소는 다이아나(Diana), 즉 그리스에서는 풍요의 신으로 불리는 아르테미스(Artemis)를 섬기고 있었다. 감금 상태에 있던 바울(엡 3:1; 4:1; 6:20)은 자신이 복음을 전했던 에베소교회와 이 땅의 모든 교회에게 공통으로 적용되는 교회의 실체에 대한 이론을 제공한다. 여러 에베소서 사본에는 1장 1절의 "에베소에 있는"이란 수신지 내용이 생략되어 있다. 이러한 사본들의 증거와 함께 에베소서의 내용은 에베소서가 특정한 지역 교회를 위한 대응 서신이라기보다는 모든 교회를 위한 회람용 서신인 것을 보여준다. 설령 에베소라는 특정 지역의 교회를 위한 서신이라고 해도 그 내용은 실제로는 모든 교회를 위한 공통 주제를 전개한 서신이다.

일반적으로 에베소서의 특징적인 주제를 **교회론**이라고 한다. 다른 어떤 성경보다도 에베소서는 명료하게 교회에 대해 정의한다. 교회는 **그리스도의 몸**이다(엡 1:23; 4:15-16). 이 비유적인 선언 속에 교회의 정체성과 역할이 함축되어 있다.

> 모든 통치와 권세와 능력과 주권과 이 세상뿐 아니라 오는 세상에 일컫는 모든 이름 위에 뛰어나게 하시고 또 만물을 그의 발아래에 복종하게 하시고 그를 만물 위에 교회의 머리로 삼으셨느니라 교회는 그의 몸이니 만물 안에서 만물을 충만하게 하시는 이의 충만함이니라(1:22-23)

교회를 예수 그리스도의 **몸**으로 해석하는 에베소서의 교회론은 골로새서의 그리스도론을 통해서 풍성하게 보충된다. 골로새서는, 예수 그리스도는 그의 몸인 교회의 머리라고 제시하며 에베소서의 교회론과 조화를 이룬다(1:18). 골로새서와 에베소서는 한 짝처럼 상호 보완적이다. 골로새서에서 바울은 그리스도가 누구인지에 대해서 그 당시의 사상과 철학 체계를 빌려 설명한다. 모든 것을 창조하셨고, 어떤 사상이나 가르침보다도 뛰어나신 그리스도이기 때문에 오직 이 그리스도를 통해서만 완전한 구원이 이루어진다는 내용이다(1:15, "그는 보이지 아니하는 하나님의 형상이시요 모든 피조물보다 먼저 나신 이시니"). 이러한 그리스도론이 기초가 되어서 에베소서의 교회론이 완성된다. 예수 그리스도가 누구이신지를 밝히는 골로새서와 함께 에베소서는 교인들이 서로 어떤 형태의 관계를 맺어야 하는지 제시하면서 교회의 본질과 실체를 **우주적인 교회**(Universal Church)와 이 우주적인 교회의 가시적인 형태인 **지역 교회**(Local Church)의 구조와 개념으로 설명한다.

교회, 통일

그리스도인들은 상호 간에 은사를 나누고 교제하는 가운데, "하나님의 아들을 믿는 일과 아는 일에 하나가 되고, 온전한 사람이 되어서, 그리스도의 충만하심의 경지에 까지" 이를 수 있게 된다(4:13). 이 은사의 **나눔**이 **섬김**이다. 이를 위해서 그리스도인들에게 여러 가지 다양한 은사가 주어진다. 교회는 다양한 은사를 소유한 그리스도인들의 모임이며, 통일성을 갖춘 유기적인 조직으로서 그리스도인 상호 간에 은사를 나누며 성장해가는 살아있는 실체이다. 이러한 교회를 통해서 예수 그리스도의 명령이 실천되며 실현된다.

> 너희는 사도들과 선지자들의 터 위에 세우심을 입은 자라 그리스도 예수께서 친히 모퉁잇돌이 되셨느니라 그의 안에서 건물마다 서로 연결하여 주 안에서 성전이 되어 가고 너희도 성령 안에서 하나님이 거하실 처소가 되기 위하여 그리스도 예수 안에서 함께 지어져 가느니라(2:20-23)

에베소서는 교회와 관련된 중요한 **통일**의 개념을 강조한다. 통일은 그리스도인 공동체 뿐 아니라 일상생활을 비롯한 모든 삶의 영역 구석구석까지 영향을 주는 개념이다. 통일은 교회 간에, 교회에서, 직장에서, 가정에서도 이루어져야 한다. 이 통일은 그리스도를 중심으로(머리로) 하나로 묶이는 것이다(1:10. 통일 : ἀνακεφαλαιόω 아나켑할라이오). 그리스도인들은 부부관계를 비롯해 부모와 자녀관계, 그리고 사회생활도 그리스도의 몸이라는 개념 안에서 통일을 이루며 조화를 이루어야 한다는 의미이다(5:22-6:9; 참조, 골 3:18-4:1). 하나님의 창조 섭리 속에서 이루어지는 통일이다(엡 4:4-6)

> 하늘에 있는 것이나 땅에 있는 것이 다 그리스도 안에서 통일되게 하려 하심이라(1:10)

> 몸이 하나요 성령도 한 분이시니 이와 같이 너희가 부르심의 한 소망 안에서 부르심을 받았느니라 주도 한 분이시요 믿음도 하나요 침례(세례)도 하나요 하나님도 한 분이시니 곧 만유의 아버지시라 만유 위에 계시고 만유를 통일하시고[모든 것을 통하

여 계시고: διὰ πάντων 디아 판톤] 만유 가운데 계시도다(4:4–6)

그렇다면, 그리스도인 공동체에 속한 사람은 일상의 사회생활과 가정생활을 어떻게 유지해야 할까? 이에 대해 바울은 가정과 사회생활을 교회론을 가르치는 에베소서에 삽입하여 그리스도인의 일상생활도 교회생활의 연장이라는 것을 가르친다. 즉, **교회 같은 가정**, **교회 같은 직장과 사회**를 기준점과 지향점으로 가르친다.

아내들이여 자기 남편에게 복종하기를 주께 하듯 하라… 남편들아 아내 사랑하기를 그리스도께서 교회를 사랑하시고 그 교회를 위하여 자신을 주심 같이 하라… 자녀들아 주 안에서 너희 부모에게 순종하라 이것이 옳으니라… 또 아비들아 너희 자녀를 노엽게 하지 말고 오직 주의 교훈과 훈계로 양육하라 종들아 두려워하고 떨며 성실한 마음으로 육체의 상전에게 순종하기를 그리스도께 하듯 하라… 상전들아 너희도 그들에게 이와 같이 하고 위협을 그치라 이는 그들과 너희의 상전이 하늘에 계시고 그에게는 사람을 외모로 취하는 일이 없는 줄 너희가 앎이라(5:22–6:9)

그리스도인의 일상생활은 교회생활과의 분리가 아니라 상호 간의 일치이다. 교회생활의 연장이 일상생활이며, 일상생활의 반영이 교회생활이다. 이러한 상호일치는 그리스도를 통해서 이루어지는 통일의 개념 속에 포함된다. 이는 교회가 그리스도의 몸이며, 그리스도는 교회의 머리이시기 때문이다(골 1:18).

에베소서의 일치와 조화 개념은 교회론에서 빛을 발한다. 에베소서는 교회의 본질을 가르치며, 교회생활이 인간의 삶 모든 영역까지 아우르는 실체임을 밝힌다. 교회의 본질이 무엇인지, 교회를 어떻게 유지할 수 있는지는 복음이 전파되고 교회가 세워지면서 형성된 그리스도인 공동체의 현실적인 문제였다. 아래의 내용은 교회의 본질을 압축하여 제시한다.

그가 어떤 사람은 사도로, 어떤 사람은 선지자로, 어떤 사람은 복음 전하는 자로, 어떤 사람은 목사와 교사로 삼으셨으니 이는 성도를 온전하게 하여 봉사의 일을 하게 하며 그리스도의 몸을 세우려 하심이라 우리가 다 하나님의 아들을 믿는 것과 아는 일에 하나가 되어 온전한 사람을 이루어 그리스도의 장성한 분량이 충만한 데까지 이르리니 이는 우리가 이제부터 어린 아이가 되지 아니하여 사람의 속임수와 간사한 유혹에 빠져 온갖 교훈의 풍조에 밀려 요동하지 않게 하려 함이라 오직 사랑 안에서 참된 것을 하여 범사에 그에게까지 자랄지라 그는 머리니 곧 그리스도라 그에게서 온 몸이 각 마디를 통하여 도움을 받음으로 연결되고 결합되어 각 지체의 분량대로 역사하여 그 몸을 자라게 하며 사랑 안에서 스스로 세우느니라(4:11-16)

이 구절 가운데서 11절은 교회 직분의 종류를 구분하는 것과 관련하여 종종 인용된다. 그러나 이 내용은 제도화된 교회 직분의 열거라기보다는 교회 안에서 이루어지는 사역의 기능을 설명한다. 바꾸어 말하면, 교회 공동체 내부의 사역이 직분으로 전환되는 과정에 있는 기능성을 제시한 것이다. 교회가 정착되면서 교회 안에서 이루어지는 그리스도인의 역할은 직분으로도 정착된다. 이러한 내용은 정착된 교회의 상황을 반영하는 목회서신에서 구체적으로 찾을 수 있다. 에베소서는 제도화되고 조직화된 교회의 모습보다는 교회의 본질을 제시하려는 목적으로 그리스도의 몸인 교회 안에서 그리스도인 각자의 유기적인 역할에 관해 설명한다. 그리스도인 간의 유기적인 관계는 교회의 중요한 본질을 이루는 요소이며, 그리스도인 각자의 역할이 이 유기성을 구성한다. 은혜의 개인화가 은사이므로(참조, 롬 12:6) 교회의 본질은 성령공동체로서 은사공동체인 것이다.

2. 교회, 어떤 사명을 수행하는가?

하나님 나라 확장은 교회를 통해서 이루어진다. 교회론의 위기는 선교의 위기를 초래한다. 선교를 단지 외국에 나가서 복음을 전하는 정도로 획일화시킬 수 없다. 전도 또는 선교의 모델이 되는 바울의 삶은 땅 끝까지라는 목표로 복음의 확장을, 하나님 나라 확장을, 교회설립을 실천한 모본이다. 선교를 교회와 분리하여, 혹은 교회와 무관하게 이룰 수 있다고 여기는 것은 바람직하지 않다. 예수님의 **모든 민족을 제자로 삼으라**는 명령은 교회에 준 것이며(마 28:18–20), 이를 실천하기 위해서는 교회가 필요하다. 교회 없는 선교가 가능한가? 가능하지 않다. 가시적인 교회 설립이 어려운 상황을 고려해도 그리스도인 공동체로서 교회는 존재한다. 이 땅에서는 교회가 필요하며, 교회 성장은 그리스도인 공동체의 성숙을 반영한다.

신약성경은 그 내용에서 통일성과 다양성을 동시에 담고 있다. 그리스도의 **몸**으로 표현되는 교회는 건물이 아니라 그리스도인 공동체이다. 교회 설립의 근거는 예수님의 가르침에서 분명하게 드러난다. 마태복음은 교회의 기원을 밝힌다. 예수님은 베드로와 말씀하실 때 교회의 설립과 존재에 대해 확실하게 보증하신다.

> 시몬 베드로가 대답하여 이르되 주는 그리스도시요 살아 계신 하나님의 아들이시니이다 예수께서 대답하여 이르시되 바요나 시몬아 네가 복이 있도다 이를 네게 알게 한 이는 혈육이 아니요 하늘에 계신 내 아버지시니라 또 내가 네게 이르노니 너는 베드로라 내가 이 반석 위에 내 교회를 세우리니 음부의 권세가 이기지 못하리라(마 16:16–18; 참조, 마 18:17)

모든 그리스도인이 하나의 교회이며(엡 1:22–23), 지역적으로는 지역 교회들로 표현된다(롬 16:5, "또 저의 집에 있는 교회에도 문안하라"; 고전 16:1, "내가 갈라디아 교회들에게 명한 것 같이"; 골 4:15; 몬 2절). 지역 교회는 전체 교회와 연결되며, 전체 교회는 지역 교회를 통해 가시화된다. 그리스도인들의 몸이 아니라 그리스도의 몸인 교회는 역동적인 유기체이며, 그리스도인들이 받은 은혜가 개인화된 은사(엡 4:4–7; 롬 12:6)를 나누는 공동체이다.

> 우리 각 사람에게 그리스도의 선물의 분량대로 은혜를 주셨나니(엡 4:7)

골로새서는 에베소서의 쌍둥이 서신이라고 일컬어진다. 골로새서는 에베소서의 교회론을 완성하는 그리스도론을 전개한다. 어떻게 예수 그리스도를 다른 이방 신들과 구별하여 설명할 수 있을까? 다신교와 종교혼합주의가 만연했던 상황에서 바울은 골로새서에서 예수 그리스도가 창조주로서 교회의 머리되심을 밝힌다.

> 그는 몸인 교회의 머리시라 그가 근본이시요 죽은 자들 가운데서 먼저 나신이시니 이는 친히 만물의 으뜸이 되려 하심이요(1:18)

창조는 그리스도를 다른 신들과 구별되게 만드는 사상이며, 모든 주권의 소유에 대한 선포이다. 바울은 당시 세계의 철학과 사상을 활용해서 예수 그리스도만이 유일하신 구원자와 주권자임을 밝힌다. 이러한 주권의 선포는 교회가 누구의 통치를 받아야 하는지를 분명하게 제시한다. 예수가 그의 몸인 교회의 머리이시다. 골로새서의 예수 그리스도는 완전하며, 창조주이시며, 우리의 구주이시며, 우리가 속한 교회 공동체의 통치자인 주권자이시다.

은사를 서로 나누며 활용하는 공동체가 그리스도의 몸인 교회이며, 이를 통해서 건물이 지어져 가듯이 그리스도인이 성장하는 성화가 이루어진다. 교회의 유기적인 활동을 단순화시킨다든지 혹은 소홀히 한다면, 이는 골로새서에서 제시하는 교회의 머리되시는 예수 그리스도의 주권과 통치에 대한 소홀로 이어질 것이며, 에베소서에서 제시하는 본질적인 교회의 사명을 수행하지 못할 것이다. 그리스도의 몸인 교회의 성장이 하나님 나라 확장이며 그리스도의 장성한 분량에 이르는 길이다. 교회가 단순히 건물을 지칭하지 않고 예수를 그리스도로 고백한 영적인 공동체이듯이, 이 공동체는 각기 다양한 은사를 나누며, 그리스도의 장성한 모습까지 자라가야 하는 사명을 실천하는 유기적인 조직체이다.

3. 정착되는 교회, 발생하는 직분

복음이 선포되고 교회가 세워지면서 지역 교회는 정착된 형태를 갖춘다. 이러한 교회의 상황을 반영하는 성경이 목회서신이다. 디모데전서, 디모데후서, 디도서의 성격이 교리보다는 목회와 교회행정에 관한 내용이므로 이 서신들을 **목회서신**이라고 부른다. 이 서신들의 일차적인 수신자는 에베소에서 목회하는 디모데와 그레데에서 목회하는 디도이다. 목회서신 가운데 디모데후서는 디모데전서 및 디도서와는 달리 바울의 유언 성격을 가진다. 디모데전서와 디도서가 목회와 교회 행정을 직접 가르친다면, 디모데후서는 목회자 디모데에게 주는 권면으로서 목회자의 생활에 대한 가르침이다.

목회서신을 통해서 제시되는 정착된 교회의 상황은 현대의 정착된 교회의 전형이다. 목회서신에 등장하는 목회원리, 교회행정, 직분에 관한 내용은 우주적인 교회가 지역 교회로 가시화되고 조직화된 형태를 구체적으로 보여준다. 따라서 목회서신에 반영된 정착된 교회 모습은 모든 시대에 다양한 지역 교회의 통일성을 이어주는 기초를 제공함으로써 교회가 어떤 상황에서도 그 본질을 유지하면서 사명을 수행하도록 기여한다.

목회서신은 특정한 신학 주제나 교리보다는 교회 현장에서 발생하는 교회 행정과 목회적 관심에 초점을 맞추고 있다. 그래서 목회서신은 교회의 질서 유지를 위한 목회 방법이나 이단 문제 등에 대해 구체적인 지침을 주며 교회 직분자의 자격이나 성격을 제시한다. 이에 기초해서 많은 교단과 교회가 직분의 정당성을 확보하고 교회 행정의 원리를 찾기도 한다. 그렇다면 이 목회서신은 어떤 배경에서 나오게 되었을까? 이 배경이 교회의 직분과 행정에 대한 판단의 근거를 제공하는 데 도움을 줄 것이다.

상황화된 조직, 직분

초대교회의 신앙을 견인한 주요 요소 중에 하나는 임박한 종말 사상이다. 즉, 그리스도인들은 예수님의 재림이 자신의 시대에서 그리 멀지 않다는 기대에서 신앙생활을 했다. 그러나 사도들을 비롯해 첫 번째 증인들의 죽음, 박해의 증가, 이단의 출현, 지연되는 재림 등으로 초대교회는 이 세상이 더욱 더 오래갈 것이라고 여겼고, 이로 인해 교회의 조직 및 제도화의 필요성을 느꼈다. 이러한 배경에서 임박한 종말 사상이 아닌 조직되고 제도화된 교회가 신앙을 견인하는 중요한 요소가 되며 교회의 직분도 구체화된다. 다시 말하면, 교회가 정착되면서 이에 적합한 교회행정과 직분이 틀을 갖춘 것이다. 그래서 교회 공동체에서 수행되던 기능이 직분으로 전환되는 것을 목회서신이 보여준다. 특히, 디모데전서는 에베소교회의 상황을 반영한다. 에베소 지역 사람들의 여신 아르테미스 숭배가 이들의 생활에도 영향을 끼쳤다. 고린도전서의 여자에 대한 절제 권고가 여신 아프로디테 숭배의 영향을 받은 고린도 지역의 상황을 반영하듯이 에베소에도 아르테미스의 영향으로 여자의 역할에 대한 부정적인 인식과 평가가 있었다. 이러한 풍토가 여성의 직분에 대한 목회서신의 상황을 반영한다.

장로 또는 감독의 기능을 포함하는 목사의 자격 조건과 집사의 자격 조건이 신약성경 전체 가운데 오직 목회서신에서 제시된다.

감독은 책망할 것이 없으며 한 아내의 남편이 되며 절제하며 신중하며 단정하며 나그네를 대접하며 가르치기를 잘하며 술을 즐기지 아니하며 구타하지 아니하며 오직 관용하며 다투지 아니하며 돈을 사랑하지 아니하며 자기 집을 잘 다스려 자녀들로 모든 공손함으로 복종하게 하는 자라야 할지며 (사람이 자기 집을 다스릴 줄 알지 못하면 어찌 하나님의 교회를 돌보리요) 새로 입교한 자도 말지니 교만하여져서 마귀를 정죄하는 그 정죄에 빠질까 함이요 또한 외인에게서도 선한 증거를 얻은 자라야 할지니 비방과 마귀의 올무에 빠질까 염려하라 집사들도 정중하고 일구이언을 하지 아니하고 술에 인박히지 아니하고 더러운 이를 탐하지 아니하고 깨끗한 양심에 믿음의 비밀을 가진 자라야 할지니 이에 이 사람들을 먼저 시험하여 보고 그 후에 책망할 것이 없으면 집사의 직분을 맡게 할 것이요 여자들도 이와 같이 정숙하고 모함하지 아니하며 절제하며 모든 일에 충성된 자라야 할지니라 집사들은 한 아내의 남편이 되어 자녀와 자기 집을 잘 다스리는 자일지니 집사의 직분을 잘한 자들은 아름다운 지위와 그리스도 예수 안에 있는 믿음에 큰 담력을 얻느니라(딤전 3:2-13)

내가 명한 대로 각 성에 장로들을 세우게 하려 함이니 책망할 것이 없고 한 아내의 남편이며 방탕하다는 비난을 받거나 불순종하는 일이 없는 믿는 자녀를 둔 자라야 할지라 감독은 하나님의 청지기로서 책망할 것이 없고 제 고집대로 하지 아니하며 급히 분내지 아니하며 술을 즐기지 아니하며 구타하지 아니하며 더러운 이득을 탐하지 아니하며 오직 나그네를 대접하며 선행을 좋아하며 신중하며 의로우며 거룩하며 절제하며 미쁜 말씀의 가르침을 그대로 지켜야 하리니 이는 능히 바른 교훈으로 권면하고 거슬러 말하는 자들을 책망하게 하려 함이라(딛 1:5-9)

이러한 자격은 남성과 여성을 구별하는 기준이 아니라 영적 체험을 전제로 한 일상생활의 모본과 리더십의 조건이다. 중요한 것은 목회서신의 직분은 당시의 시대 상황을 반영한다는 점이다. 직분은 당시의 교회 및 목회 행정의 구조 속에서 발생했으며 신학적인 논의의 결과로 나오지 않았다. 이러한 것이 직분의 상황화이다. 신약성경에 등장하는 많은 용어가 비록 헬라-로마 문화에서 사용되었지만, 신약성경의 기자들은 이를 채택하고 변형시켜 신약성경의 전문 용어로 사용했다. 대표적인 용어가 바로 우리가 잘 아는 에클레시아(ἐκκλησία), 즉 **교회**이다. 에클레시아는 집에서 불려 나온 회중을 일컫는 일반적인 용어이지만 기독교 공동체에서는 이 단어를 예수를 그리스도로 영접한 영적인 공동체를 지칭하는 전문 용어로 바꾸어 사용했다.

이러한 종류의 용어들은 이 외에도 많이 있다. 이러한 맥락에서 교회 내의 직분이 당시의 특별한 상황에 따라 부여되었고, 활용되었다. 그렇다면 이는 상황화된 직분이기 때문에 이를 우리 시대에 그대로 적용할 수 있는지에 대한 문제가 제기될 수 있다. 물론 이러한 인식은 성경에 대한 해석과 그 적용 범위의 설정과 관련한 교단과 교회의 입장에 따라 다를 수밖에 없을 것이다. 신약성경에 사용된 용어나 제도는 그 시대에 적합한 상황화의 산물이므로 이 시대에 적용하기 위해서는 복음의 틀 안에서 또 다른 상황화가 필요한 것이다.

4. 기능에서 칭호로

신약성경에 나타난 직분 가운데 목사 칭호는 단 한 번 등장한다(엡 4:11, "그가 어떤 사람은 사도로, 어떤 사람은 선지자로, 어떤 사람은 복음 전하는 자로, 어떤 사람은 목사와 교사로 삼으셨으니"). 에베소서에서 사용된 **목사**란 단어는 정확히 번역하면 **목자들**(ποιμένας: 포이메나스)이다. 비록 우리가 목사로 부르지만, 헬라어 원전에서는 일반적인 목자를 지칭하는 용어이다. 그렇다면 이 용어가 어떻게 교회에서 폭넓게 사용되고 있을까? 이와 함께 목회서신의 칭호들에 대한 이해를 위해서는 우선 목회서신에 나타난 직분의 기능을 이해할 필요가 있다.

직분의 기원

목회서신의 배경은 정착되는 교회의 상황에서 찾을 수 있다. 임박한 종말 사상이 퇴조하고, 교회를 중심으로 한 신앙생활이 펼쳐지면서 제도와 조직이 필요하게 된다. 현장의 필요성을 충족시키기 위한 상황에서 직분이 발생한 것이다. 일반적으로 사도행전 6장을 분리된 직분의 신학적인 기원으로 삼는다. 당시의 상황에서 필요한 문제를 해결하기 위한 조치로 일곱 명의 일꾼을 선출한다. 사도들이 기도하는 일과 말씀 사역에 힘쓰도록 그들이 맡아 하던 구제와 접대를 대신할 사람들이 선출된 것이다(4절). 그렇지만 선출된 일곱 명 가운데 스데반은 단지 구제와 접대에만 전념한 것이 아니라 오히려 사도들이 집중했던 말씀 전하는 일에도 힘쓴다. 스데반은

"은혜와 권능이 충만하여 큰 기사와 표적을 민간에 행하고"(8절), "지혜와 성령으로" 말씀을 전하니 사람들이 그를 당할 수가 없었다(10절). 비록 사도들이 특정한 목적을 위해 일곱 명을 안수했지만, 이들의 활동 영역은 매우 유연했다. 이러한 일은 빌립의 경우에서도 찾을 수 있다(8:5-13, "빌립이 사마리아 성에 내려가 그리스도를 백성에게 전파하니 무리가 빌립의 말도 듣고 행하는 표적도 보고 한마음으로 그가 하는 말을 따르더라"). 물론 직분의 원시성을 보여주는 사도행전의 초반부에서는 아직 직분이 정착되지 않았다는 것을 보여주지만, 그러나 이 과정에서 중요한 것은 특정한 기능 수행의 필요에 따라 직분이 발생한 흔적을 찾을 수 있다는 점이다.

직분, 기능에서 칭호로

신약성경의 교회 직분은 하나님 나라 확장과 그리스도인의 성장을 위해서 필요한 수단이다. 직분의 명칭은 교회 공동체의 필요성에 기인한 역할의 수행에서 발생했다. 즉, 직분의 명칭은 그 기능성에서 기원한다. 직분은 교회가 설립되던 시대의 상황화된 산물이며, 그 동인은 우리에게 적용될 수 있는 뿌리이다. 물론 적용의 우선성은 신약성경 가르침의 변형이나 복음의 훼손이 발생하지 않도록 끊임없는 긴장과 견제가 필요하다. 그러므로 직분 문제는 특정한 개인이나 단체보다도 교회 공동체의 관심이 필요한 사안이다.

사도행전은 예수님의 직제자였던 사도의 자격에 대해 분명하게 정의한다. 가룟 유다의 배신과 죽음으로 공석이 된 열두 사도의 구성원을 충원하기 위한 과정에서, 어떤 요건을 가진 제자가 사도가 될 수 있는지에 대해서 그 자격을 제시하는 것이다(1:21–22). 이러한 자격에 부합하는 사람을 열한 사도의 수에 충원하였으며, 그 후에는 사도 충원에 대한 내용이 없다. 바울은 자신의 사도성에 대한 도전을 받았다(갈 1:1, 11–12). 이는 정착되고 조직화되는 초대교회의 상황에서 발생한 갈등과 긴장을 보여주는 한 실례이다. 사도행전에서는 바울과 바나바를 사도라고 칭한다(14:4, 14). 이 사도 칭호는 베드로와 바울의 사역이 상호 연계성을 갖도록 만든다. 바울에 대한 사도 칭호는 **보냄을 받은 자**라는 의미를 내포하는 기능성으로 간주하기도 한다. 이런 점에서 바울에 대한 사도 칭호는 제도화되고 정형화된 직분으로서보다는 바울의 사명을 지칭하는 호칭일 수 있다. 비록 사도 바울이 사도행전에서 제시하는 사도의 자격에 부합하지는 않지만, 바울의 사명은 베드로와 같은 사도들의 기능과 일치하는 것으로까지 확대되며, 이러한 기능 수행은 그에 대한 호칭으로 발전했다고 할 수 있다. 결국, 바울에게 적용된 사도 칭호가 기능성이든지 아니든지 간에 이 칭호는 베드로와 바울의 사명의 연계성을 보여주면서 복음전파와 교회 설립 과정에서 나타나는 성령의 역사를 보여준다.

아무튼, 이러한 칭호의 사용에서 신약교회의 유연한 현실 대응 능력을 찾을 수 있다. 신약성경에서는 교회가 정착되면서 여러 기능이 직분으로 전환된다. 기능(function)이 칭호(title)로 발전한 것이다. 에베소서 4장 11절에 단 한 번 등장하는 **목사**(목자) 칭호는 감독이나 장로의 개념을 수렴하면서 현대교회 현장의 중심적인 용어가 되었다. 디도서 1장(참조, 딤전 3장)에서 소개하는 직분자의 자격 조건과 관련하여 장로와 감독 칭호는 교차적으로 사용된다. 이는 상황에 따른 칭호의 다양성을 보여주는 사례이다. 이러한 칭호는 당시의 사회적인 배경에 기초한다. 장로 칭호는 히브리적인 개념이며, 감독 칭호는 헬라적인 개념이다. 장로 칭호 속에는 감독의 개념이 부족하고, 감독 칭호에는 장로의 개념이 부족하며, 이 둘을 적절하게 함축하는 용어가 목사(목자) 칭호이다. 이 칭호들은 그 칭호에 담긴 본래적인 의미에 교회적인 기능이 추가되어 고착된 산물이다. 집사 칭호도 이와 같은 맥락에서 이해할 수 있다. **봉사자** 또는 **섬기는 자**라는 의미와 기능을 가진 디아코노스(διάκονος)가 교회에서 집사 직분을 나타내는 칭호로 정착되었다. 목회서신은 사명과 기능을 통한 호칭의 발전을 통해서 정착된 교회의 교회행정과 목회원리의 모본적인 실례를 우리에게 보여준다.

5. 차별에서 평등으로

그리스도인들의 유기적인 조직체인 교회는 삶의 현장에서 교회 구성원들의 평등이 실천될 때 건강성이 유지될 것이다. 사회적인 신분과 계층의 격차가 교회생활까지 연장된다면, 이는 그리스도의 몸으로서의 교회 기능을 상실할 수 있으므로, 빌레몬서는 이러한 평등의 지평을 교회 밖으로까지 확장한다. 이런 점에서 빌레몬서는 단지 교회생활뿐만 아니라 모든 인간에게 적용할 수 있는 인권선언문이 된다.

지구촌 여기저기에서 지진, 해일, 전쟁 등이 발생할 때마다 이를 겪는 사람들의 처절함과 슬픔은 상식을 초월한다. 어떻게 된 일인지 불행한 재난은 가난한 나라와 가난한 자들에게 더 집중되는 것 같다. "나에게는 꿈이 있습니다"(I Have a Dream)로 잘 알려진 연설이 있다. 마틴 루터 킹(Martin Luther King, Jr., 1929–1968) 목사가 인종차별 문제를 호소하기 위해 평화행진을 하며 1963년 8월 28일 미국 워싱턴의 링컨 대통령 기념관 앞에서 행한 연설이다.

> 나에게는 꿈이 있습니다. 조지아 주의 붉은 언덕에서 노예의 자손들과 노예주들의 자손들이 형제애로 식탁에 함께 앉는 꿈입니다. 나에게는 꿈이 있습니다. 격렬한 불의와 억압이 존재하는 황량한 미시시피 주가 자유와 정의의 오아시스가 되는 꿈입니다. 나에게는 꿈이 있습니다. 네 명의 내 자식들이 어느 날 피부색으로 평가받지 않고 인격으로 평가받는 나라에서 살게 되는 꿈입니다. 오늘 나에게는 꿈이 있습니다!

지금 돌아보면, 이들의 꿈은 단지 인종차별의 벽을 넘어서는 것만이 아니다. 가난, 질병, 전쟁, 불화 등에서 벗어나 평화와 평안을 누리는 꿈이고, 지금도 이루어야 하는 꿈이리라. 그때는 죽어야 성취될 수 있는 것처럼 보이는 평등이고, 높디높은 곳에 있는 열매였다. 에덴동산의 회복이며 하나님의 영광의 회복에 대한 염원이다. 지구 구석구석의 뿌리 깊은 차별과 탄압이 사라질 수 있다면, 지원과 구호와 자원 봉사자들의 희생으로 지독한 굶주림과 질병이 사라질 수 있다면, 동정심이 평등으로 바뀔 수 있다면… 실천하는 선언이 필요하다.

형식적인 선언

실천하지 않는 선언은 종잇장에 지나지 않는다. 선언이 그 선언 주체의 양심을 자유롭게 만들 수 있을지라도 그 주체가 이를 실천하지 않을 때는 변화의 능력이 없다. 이런 면에서 볼 때 바울은 혁명적인 방법을 통해서 사회의 변화를 시도한 대신에 현실을 현실로 받아들이면서 동시에 그 현실을 실천으로 변화시킨다. **종과 주인**의 관계가 **형제**의 관계로 변화될 수 있다면, 사회의 모든 계층적인 갈등과 긴장은 회복될 수 있을 것이다.

미국의 대통령 링컨(Abraham Lincoln, 1809-1865)은 1863년 1월 1일자로 노예가 해방된다는 선언을 했다. 그러나 그로부터 백 년 후, 마틴 루터 킹 목사는 또다시 노예해방의 실천을 외친다.

> 백 년이 지났지만 흑인들은 여전히 자유가 없습니다. 백 년이 지났지만 흑인들의 삶은 여전히 차별의 쇠사슬과 분리의 속박에서 슬프게도 절름거리고 있습니다. 백 년이 지났지만 흑인들은 물질이 풍요한 대양의 한가운데 있는 고립된 빈곤의 섬에서 살고 있습니다. 백 년이 지났지만 흑인들은 미국 사회의 한구석에서 고뇌 속에 있으며 자신의 땅 안에서 유배된 자신을 발견합니다.

어떤 면에서 링컨 대통령의 노예해방 선언은 이를 지지하는 사람들에게 도덕적인 떳떳함을 주었을 수 있다. 그러나 해방된 노예들은 갈 곳이 없고, 자본도 없고, 지식도 부족하며, 단순 노동 외에는 살아갈 방도가 없기 때문에 링컨의 노예해방 선언 이후에도 합법적인 노예생활을 벗어나지 못했다. 노예해방 선언 백 년 후에도, 그들은 차별의 족쇄와 가난의 굴레를 벗지 못한 것이다. 링컨 대통령이 진정으로 노예 해방을 원했다면, 그는 그들에게 타당한 보상을 하고 자립할 수 있는 충분한 토대를 만들어주는 실천을 해야만 했다. 그렇지 않은 선언은 선언으로 그칠 수밖에 없다. 그래서 링컨의 노예해방 선언의 진정성은 미국의 남북전쟁과 연관 지어 역사가들에게 두고두고 의심을 받는 것이다.

힘 있는 실천, 바울의 노예해방

바울은 노예제도에 대해 어떤 태도를 취할까? 율법의 지시와는 다르게 탈주한 노예를 그 주인에게 돌려보내는 바울의 행동을 어떻게 이해할 수 있을까? 우리는 구약의 노예제도를 알고 있다.

> 종이 그의 주인을 피하여 네게로 도망하거든 너는 그의 주인에게 돌려주지 말고 그가 네 성읍 중에서 원하는 곳을 택하는 대로 너와 함께 네 가운데에 거주하게 하고 그를 압제하지 말지니라(신 23:15-16)

빌레몬서는 외면적으로는 매우 개인적인 편지같이 보인다. 그러나 빌레몬서는 이 시대의 인권선언문이다. 이 서신은 탈주한 노예 오네시모를 그의 주인에게 돌려보내면서 바울이 기록한 편지이다. 한 장에 불과한 이 편지는 처음 신앙생활을 하는 사람들의 관심을 벗어나기 쉬운 성경이다. 그렇지만 빌레몬서는 그 짧은 내용에도 불구하고 언제든지 시대를 뛰어넘어 사람과 사람 사이의 관계를 회복시키는 역할을 한다. 특히 빌레몬서 16절은 빌레몬서 전체를 바라보는 시각을 제공한다.

> 이 후로는 종과 같이 대하지 아니하고 종 이상으로 곧 사랑 받는 형제로 둘 자라 내게 특별히 그러하거든 하물며 육신과 주 안에서 상관된 네게랴

탈주한 노예를 숨겨주거나 보호하는 것은 바울 당시의 로마에서 매우 위험한 범죄였다. 바울은 주인에게 돌려보낸 오네시모로 인해 노예제도를 옹

호한 것으로 오해받기도 한다. 그러나 바울은 노예제도가 존재하는 현실을 현실로 받아들인 것일 뿐 실제로는 노예제도를 부정한다. 그래서 바울은 탈주한 노예를 주인에게 돌려보낼 때, 더는 그를 종이 아니라 형제로 받아들이라고 부탁한다. 물론 바울은 오네시모가 그의 주인 빌레몬에게 물질적으로 손해를 끼친 것은 오네시모를 대신해서 자신이 갚겠다고 약속한다. 구체적인 삶의 실천을 수반하는 선언이다. 이때 바울이 사용한 **형제**(ἀδελφός; 아델포스)는 **같은 모태**라는 의미이다. 신약성경은 헬라어로 기록되었는데 형제를 의미하는 아델포스는 **하나** 또는 **같다**라는 의미의 접두어 **아**와 어머니의 **모태**를 의미하는 **델퓌스**(δελφύς)가 결합한 합성어이다. 자매도 이와 같은 의미이다. 바울은 주인과 종이 한 어머니의 형제와 자매라는 의미를 가진 용어를 통해서 노예 해방을 선언한다. 심지어 바울은 단순한 형제가 아니라 이를 **사랑받는**이라고 수식하면서(몬 16절, "종 이상으로 곧 사랑 받는 형제로") 그리스도 안에서 가능한 관계 회복을 말한다. 노예제도가 정착된 로마 사회에서 바울은 표면적인 노예 해방을 부르짖는 대신에 내면적으로 노예해방을 실천한 것이다.

평등의 실천, 21세기 인권선언

바울의 노예해방 선언은 링컨의 선언과 질적으로 다르다. 바울은 형식적인 **선언** 대신에 힘 있는 **실천**을 선택했다. 대외적인 공포(公布)보다는 소리 없는 실천이 사회를 변화시킨다. 일상화된 노예제도의 견고한 외피를 뚫고 종과 주인의 관계라는 극단적인 계층 구조를 내면적인 형제 관계로 실천한 바울의 신학은 바로 모든 시대를 관통하며 흐르는 인권선언이다.

인권선언은 평등을 실천할 때 가치가 있다. 사람과 사람의 관계를 회복할 때 가난도, 재난도, 불화도 극복하며 평화를 누릴 수 있다. 이 시대를 지구촌 시대라고 일컫는다. 빌레몬서는 지구촌을 묶어주고 엮어주는 관계의 동력을 제공한다. 빌레몬서에서 바울은 원초적인 평등의 실천을 보여줌으로써 교회가 자신들 만의 공동체 영역을 뛰어넘어 정치적 평등, 경제적 평등, 문화적 평등, 남성과 여성의 평등, 인종적인 평등, 차이는 있되 차별이 없는 평등을 국가와 사회에서 실천하도록 권고한다.

10장

복음과 교회, 세상 끝까지…

데살로니가전·후서, 빌립보서, 히브리서, 야고보서,
베드로전·후서, 요한일·이·삼서, 유다서, 요한계시록

10장

복음과 교회, 세상 끝까지…

데살로니가전·후서, 빌립보서, 히브리서,
야고보서, 베드로전·후서,
요한일·이·삼서, 유다서, 요한계시록

예수님의 승천 장면은 사도행전에 자세히 소개된다. 이 승천은 지상 예수의 확실한 부재를 선포하는 동시에 다시 오실 예수 그리스도의 모습을 연상시키는 장면이다. 승천 사건의 기능은 올라가신 예수 그리스도와 다시 오실 예수 그리스도 사이의 성령시대를 선포하는 전주곡이다. 특별히 이 승천의 상황에서 등장하는 흰옷 입은 두 사람의 진술은 다시 오실 예수 그리스도의 재림 장면을 승천 장면과 비교하여 충분히 상상할 수 있게 한다.

> 갈릴리 사람들아 어찌하여 서서 하늘을 쳐다보느냐 너희 가운데서 하늘로 올려지신 이 예수는 하늘로 올라가심을 본 그대로 오시리라(행 1:11)

그런데 다시 오시겠다고 약속하신 예수 그리스도는 오시지 않고, 그 대신에 쏟아지는 박해와 환란, 거짓 가르침과 이단들의 출현은 그리스도인들의 삶에서 갈등을 불러일으킨다. 또한, 외면적인 환경의 변화보다도 내면적인 자아의 변화가 우선하는 그리스도인의 삶은 지금까지 자신들이 지키고 누리던 법과 문화가 새롭게 지켜야 할 규범과 충돌하는 갈등의 현장에 놓이게 된다. 이러한 갈등과 고난은 바로 다시 오실 예수 그리스도의 재림에 대한 대망으로 극복할 수 있으나, 기대와 달리 그 예수의 다시 오심은 지연되기만 한다.

예수 그리스도의 재림을 기다리는 가운데서 발생하는 삶의 환난을 그리스도인은 어떻게 받아들이고 해결해야 할까? 임박한 종말을 기대하는 그리스도인의 삶은 어떤 모습이어야 할까? 예수님께서 만일 한 달 뒤, 아니면 일 년 뒤에 다시 오신다면, 그리스도인은 오늘을 어떻게 살아야 할까? 데살로니가후서는 어떤 이유로 "일하기 싫어하거든 먹지도 말게 하라"(3:10)는 교훈을 주는가? 평화 대신에 가중되는 핍박, 환난, 이단들의 출현은 다시 오시겠다고 약속하신 주님께서 천상세계의 전쟁에서 패배하셨기 때문일까? 요한계시록의 사건들은 시대별로 계산된 종말의 모습인가?

종말론은 기독교 역사에서 언제나 도전과 갈등을 동시에 안겨준다. 특히 시대적인 격변이나 자연재해 등이 발생할 때 이러한 문제는 자주 주목받는다. 예수님께서 부활하고 승천하신 후에 곧바로 다시 오실 줄 알았지만 2천 년이 지난 지금도 오시지 않고 있다. 물론 우주적인 종말이 있기 전에 개개인의 삶의 마침이 더 빨리 오기 때문에 일상의 삶에서 이러한 우주적인 종말은 큰 의미가 없을 수도 있다. 그렇지만 요한계시록을 통해서 적극적으로 펼쳐지는 우주적인 종말의 모습은 성경을 읽는 그리스도인들이라면 누구든지 이에 대한 관심을 두지 않을 수 없게 한다. 개인의 종말을 뛰어넘는 우주적인 종말의 모습은 그리스도인들이 예수 그리스도가 한 개인의 구세주일 뿐만 아니라 온 우주마저도 통치하고 지배하신다는 광대한 신앙의 규모를 갖게 한다.

지상의 예수를 경험한 세대나 그들로부터 직접 복음을 듣던 세대나 이들과 전혀 무관한 세대 모두 예수 그리스도의 재림을 기다리는 마음은 한결같을 것이다. 이 종말론의 공유는 과거 세대를 비롯해 현재와 미래 세대가 동질성을 갖는 공동체가 되도록 기여한다. 이는 같은 목표 지점을 지향하는 공동체라는 의미에서이다. 박해와 고난으로 인해 변절의 유혹까지 수반하는 삶 가운데서도 그리스도인들은 다시 오실 예수 그리스도의 승리를 기대하면서 더불어 승리할 수 있는 힘을 얻게 된다.

1. 일하기 싫어하거든 먹지도 말게 하라!

신약성경의 표현은 기록되던 당시의 언어와 문화의 산물이다. 바꾸어 말하면, 바울은 스스로 시대와 **소통**을 위해 언어와 문화를 적절하게 사용하여 복음을 전했다. 따라서, 신약성경에 있는 용어를 그대로 사용하여 이 시대에 복음을 전파하거나 설교하는 것은 바울의 소통 방법과는 다를 수밖에 없다. 바울은 데살로니가의 교인들에게 적절한 표현 방식과 개념 선택을 통해서 종말의 모습이 무엇인지, 어떻게 그리스도인들이 이 종말에 대비해 살아야 하는지를 보여준다.

바울 당시의 데살로니가는 활발한 무역 중심지였을 뿐만 아니라 군사적으로도 중요한 길목이었다. 바울이 이곳에 복음을 전하여 데살로니가교회를 세웠으며, 구성원은 주로 이방인들로 알려져 있다. 데살로니가전후서의 특징 중에 하나는, 복음이 이스라엘 지역을 벗어나 선포되기 때문에 복음 전파의 수단으로 구약성경의 배경이나 개념들 대신에 그 지역에서 통용되는 철학, 사상, 용어들을 활용하였다는 점이다. 그래서 바울은 유대인들에게 익숙한 메시야 예수보다는 심판주로 장차 오시게 될 예수를 전했다. 이 개념은 이방 세계에서 보편적으로 받아들여질 수 있었다. **예수는 그리스도이시다**라는 복음이 그 전달 방법에서 유연성과 탄력성을 갖게 된 것이다. 데살로니가전서를 발송한 후에 바울은 데살로니가교회의 소식을 들었는데, 안타깝게도 이 교회에는 많은 문제가 있었다. 복음이 이방 토양에 뿌려졌을 때 그 토양에 기초한 다양한 반응들이 발생하듯이 데살로니가교회도 이러한 흐름에서 종말론과 연결된 그릇된 신앙생활의 모습을 보인다.

그리스도의 재림, 그리스도인의 생활

데살로니가의 교인들은 눈앞의 박해와 환난 가운데서 예수님의 재림에 대해 갈등하기 시작한다. 환난과 핍박 속에 있던 바울 당시의 그리스도인에게 예수 그리스도의 재림은 실패했거나 아니면 기대와는 다른 어떤 것으로 인식되기도 했다. 지연되는 것 같은 재림의 상황에서 죽은 자들의 운명은 어떻게 되는지, 그리고 예수님의 재림을 예고하듯이 세상이 점점 좋아지며 평화가 오는 것이 아니라 도리어 박해와 핍박이 가중되는데, 그렇다면 정말로 그 재림이 실재하는지 등에 대한 회의가 생긴다. 이때 데살로니가전서는 예수님의 재림 장면을 구체적으로 묘사함으로써 그리스도인이 재림을 현실적으로 체험하게 한다. 흔들리는 신앙을 견고하게 만드는 임박한 재림사상은 그리스도인의 삶을 견인하는 요소였다.

데살로니가전서는 예수 그리스도의 재림에 대한 묘사를 통해서 재림사상을 강화한다. 시기적으로는 갑작스러운 재림의 특징이 제시된다. 갑작스럽게 오시는 예수님의 재림은 일상생활 속에서 경각심을 주는 요소이다. 그래서 바울은 당시 세계에 익숙한 비유를 사용하여 밤중에 도적같이, 해산할 여자의 진통같이 예수님의 재림이 있을 것을 밝힌다(5:1-3). 그런데 데살로니가교회는 예수님이 갑자기 재림하신다는 교훈을 종말의 임박성에 대한 증표로 간주하고, 재림에 대한 가르침을 통해서 경각심을 갖는 대신에 무절제한 일들을 행한다. 재림의 임박성은 갑자기 재림하신다는 속성의 표현임에도 불구하고 데살로니가교회는 이를 자신들의 현실이 갑자기 변화하는 종말론의 끝자락에 있는 것으로 오해한 것이다. 예수님께서 바로 재림하신다고 하니 일부 그리스도인은 자신들이 하던 일들을 팽개치고 무절제하며 규모 없이 행동한다. 임박한 종말 사상이 일상생활에 대한 절제와 규모 있는 생활을 강화하는 대신에 오히려 그에 역행하는 부작용을 낳았던 것이다.

이러한 부작용을 해결하기 위한 대응 서신이 데살로니가후서이다. 그래서 데살로니가후서는 예수님의 재림 전에 나타날 현상들을 설명한다. 예수 그리스도의 재림 전에 재림의 징조가 있을 것이며, 이 징조는 임박한 재림에 대한 기대를 완화해서 그리스도인들이 오늘의 삶에 충실하도록 만드는 기능을 수행한다. 바울은 데살로니가후서를 통해서 임박한 종말의 모습 대신에 종말의 징조가 있다는 사실을 알려준다. 데살로니가전후서는 재림의 징조와 임박한 재림 사이의 긴장관계에 대한 균형을 갖추고 있다.

임박성과 징조의 균형

데살로니가전후서는 균형을 갖춘 예수님의 재림과 세상 종말의 현상을 보여준다. 요한계시록도 그러하지만, 데살로니가전서와 데살로니가후서에서 예수님의 재림은 문자와 비유적인 상징의 조화를 보여준다. 두 개의 굵직한 타래가 하나의 동아줄을 만들듯이 데살로니가전후서는 문자적인 실체와 비유적인 상징을 엮어서 종말의 상황을 묘사한다. 어디까지가 문자적인 실체이고 비유적인 상징인지를 때로는 구분하기가 쉽지 않다. 목적은 굵은 동아줄 자체와 이를 활용하는 것이지 이를 분해해서 한 가닥 한 가닥의 타래를 만드는 것이 아니기 때문이다. 그 동아줄을 이용해 목적지까지 이르게 하는 것이 종말론적인 표현의 실체이다. 바울은 예수님의 재림 장면을 당시 황제나 통치자의 방문을 연상시키는 방법으로 표현한다.

> 우리가 주의 말씀으로 너희에게 이것을 말하노니 주께서 강림하실 때까지 우리 살아 남아 있는 자도 자는 자보다 결코 앞서지 못하리라 주께서 호령과 천사장의 소리와 하나님의 나팔 소리로 친히 하늘로부터 강림하시리니 그리스도 안에서 죽은 자들이 먼저 일어나고 그 후에 우리 살아 남은 자들도 그들과 함께 구름 속으로 끌어올려 공중에서 주를 영접하게 하시리니 그리하여 우리가 항상 주와 함께 있으리라 (살전 4:15-17)

이때 15절의 **강림**(παρουσία: 파루시아; 참조, 살전 5:23; 살후 2:1, 8)이란 용어 자체가 장엄한 방문을 묘사할 때 사용하므로 당시의 사람들이 이 용어를 접할 때는 황제나 귀족의 출현처럼 극적인 예수의 재림을 충분히 기대할 수 있었다. 데살로니가전서는 갑작스러운 예수님의 재림 장면을 한 편의 동영상같이 묘사하며, 데살로니가후서는 이에 균형을 더해 예수님의 재림 전에 반드시 그 재림의 현상이나 징조가 있다는 것을 보여준다.

> 누가 어떻게 하여도 너희가 미혹되지 말라 먼저 배교하는 일이 있고 저 불법의 사람 곧 멸망의 아들이 나타나기 전에는 그 날이 이르지 아니하리니 그는 대적하는 자라 신이라고 불리는 모든 것과 숭배함을 받는 것에 대항하여 그 위에 자기를 높이고 하나님의 성전에 앉아 자기를 하나님이라고 내세우느니라(살후 2:3-4)

바울은 예수님의 재림은 반드시 있지만, 그 전에 징조가 있으니 그리스도인은 오늘의 삶에 충실하라는 교훈을 전한다. 이러한 징조는 박해 가운데서도 임박한 종말을 기대하면서 굳건한 신앙을 견지할 힘을 준다. 그래서 바울은 종말론의 갈등 상황에서 질서와 규모 없이 신앙생활을 하는 사람들을 향해 "일하기 싫어하거든 먹지도 말게 하라"고 가르친다(살후 3:10). 임박한 종말론에 휩싸여 하던 일을 팽개치고 방종에 빠지거나, 두려움에서 헤어나지 못하는 비정상적인 삶에 대해 경고하는 선언이다. 갑자기 예수님의 재림이 임한다는 종말론은 종말이 있기 전에 징조가 있다는 사실과 균형을 이루어야 한다. 그리스도인이 세상의 종말에 대한 삶의 목표 지점을 갖고 있다고 해도 **임박성**과 **징조**의 균형을 갖춘 종말론을 견지할 때, 현실의 삶을 건강하고 충실하게 살 수 있다.

2. 고난 vs. 감사

빌립보서는 바울과 빌립보교회 사이의 긴밀한 관계를 통해서 감사와 기쁨의 진수를 보여주며 고난의 신학을 전개한다. 빌립보서의 특징 중에 하나가 기쁨이지만, 빌립보서는 바울이 감옥에 갇혀있을 때 기록했다. **고난**과 **감사**가 함께 어울릴 수 없는 개념인 것처럼, **감옥**과 **기쁨**도 병립하기가 적절치 않다. 그런데 바울은 뜻밖에도 빌립보서를 통해서 자신이 처한 환경과는 전혀 다른 기쁨과 감사를 표현한다. 이러한 바울의 신앙은 그리스도를 찬양하는 시에서 그 근원을 찾을 수 있다.

> 그는 근본 하나님의 본체시나 하나님과 동등됨을 취할 것으로 여기지 아니하시고 오히려 자기를 비워 종의 형체를 가지사 사람들과 같이 되셨고 사람의 모양으로 나타나사 자기를 낮추시고 죽기까지 복종하셨으니 곧 십자가에 죽으심이라 이러므로 하나님이 그를 지극히 높여 모든 이름 위에 뛰어난 이름을 주사 하늘에 있는 자들과 땅에 있는 자들과 땅 아래에 있는 자들로 모든 무릎을 예수의 이름에 꿇게 하시고 모든 입으로 예수 그리스도를 주라 시인하여 하나님 아버지께 영광을 돌리게 하셨느니라(2:6-11)

빌립보서가 형성되기 전부터 회자하던 이 찬송시는 그리스도의 부활과 영광에 앞서 그의 수난을 강조하는 내용이다. 그리스도의 수난은 이와 유사한 고난 가운데 있던 바울에게 위로를 주었다. 바울은 자신의 삶을 통해서 현재 고난을 겪는, 고난이 예견되는 그리스도인에게 이를 극복하는 방법을 제시한다. 그래서 감옥에 있던 바울은 "너희는 함께 나를 본받으라"고 권고한다(빌 3:17).

바울은 복음으로 인해 갇힌 감옥에서도 기쁨을 말하며 그의 고난을 감사로 전환하는 위대한 선언을 한다. 자신에 대한 빌립보교회의 후원을 감사하는 바울은 자신의 투옥이 복음을 위한 것이라고 고백하면서, 죽든지 살든지 자신을 통해서 그리스도가 존귀하게 되는 것이 소망임을 밝히며 빌립보서를 통해 감사와 기쁨을 반복한다. 그래서 빌립보서는 **기쁨의 책**이라고 불린다.

주 안에서 항상 기뻐하라 내가 다시 말하노니 기뻐하라 너희 관용을 모든 사람에게 알게 하라 주께서 가까우시니라 아무 것도 염려하지 말고 다만 모든 일에 기도와 간구로, 너희 구할 것을 감사함으로 하나님께 아뢰라 그리하면 모든 지각에 뛰어난 하나님의 평강이 그리스도 예수 안에서 너희 마음과 생각을 지키시리라(4:4-7)

바울은 자신이 처했던 상황들을 열거한다(빌 4:12, "나는 비천에 처할 줄도 알고 풍부에 처할 줄도 알아 모든 일 곧 배부름과 배고픔과 풍부와 궁핍에도 처할 줄 아는 일체의 비결을 배웠노라"). 그러나 바울은 환경의 지배를 받지 않고 "자족하기를 배웠노라"고 고백하면서 그리스도인이 역경을 극복하는 일에 대한 모본을 보인다(11절). 그리스도인의 삶은 이 땅에서 고난을 겪은 예수 그리스도의 삶을 본받는 것이고, 바울처럼 복음을 위해 당하는 고난을 감사와 기쁨으로 수용하며 결국에는 배교의 위험까지 직면할 정도의 박해와 핍박마저도 이겨 나가는 것이다. 이 감사와 기쁨은 삶에서 맞닥뜨리는 다양한 환경을 극복할 수 있는 능력을 갖추게 하며 거룩한 성도의 삶을 살도록 만든다. 그래서 바울은 "내게 능력 주시는 자 안에서 내가 모든 것을 할 수 있느니라"고 고백한다(13절).

3. 그리스도, 큰 대제사장

선포된 복음은 교회를 형성하고, 정착된 교회는 그 지체인 그리스도인들의 거룩함을 생활 속에서 요구한다. 이때 그리스도인의 삶의 축과 지향점은 **그리스도론**과 **종말론**이다. 종말론은 그리스도론을 중심으로 펼쳐진다. 그러므로 환난과 배교의 상황에 놓인 그리스도인에게 예수 그리스도가 누구인지에 대한 제시는 신앙을 견지하게 하는 큰 동력이다. 히브리서는 예수 그리스도가 누구이며, 그의 역할이 어떻게 지속하는지를 밝힌다. 이를 위해서 히브리서는 구약성경의 제의 개념을 활용해서 예수 그리스도의 십자가의 사건을 설명한다(10:12). 히브리서의 주요 내용은, 예수님이 구원의 창시자이고, 신실한 대제사장이고, 제사와 제물이시라는 것을 구약을 비교점으로 삼아 이원론의 구조로 설명한다. 물론 히브리서가 구약성경을 비교의 대상으로 삼지만, 구약성경의 내용을 천상의 것의 모형이라는 전제로 전개한다.

> 그들이 섬기는 것은 하늘에 있는 것의 모형과 그림자라 모세가 장막을 지으려 할 때에 지시하심을 얻음과 같으니 이르시되 삼가 모든 것을 산에서 네게 보이던 본을 따라 지으라 하셨느니라(8:5)

> 그러므로 하늘에 있는 것들의 모형은 이런 것들로써 정결하게 할 필요가 있었으나 하늘에 있는 그것들은 이런 것들보다 더 좋은 제물로 할지니라 그리스도께서는 참 것의 그림자인 손으로 만든 성소에 들어가지 아니하시고 바로 그 하늘에 들어가사 이제 우리를 위하여 하나님 앞에 나타나시고(9:23-24)

다른 성경과 달리 히브리서의 명확한 수신자와 저자가 누구인지 알 수 없지만, 그 내용에서 구약적인 배경에 속한 사람들이 수신자라는 것을 파악할 수 있다. 구약의 배경에 비추어 제시되는 예수 그리스도는 유대적 배경을 가진 그리스도인들에게 매우 효과적으로 예수님이 누구인가를 알려준다.

구조

히브리서의 예수 그리스도에 대한 소개와 해석은 매우 독특하다. 히브리서는 설교 형식으로 교훈을 주면서 부분적인 내용을 균형 있는 전체 구조 속에서 일정하게 전개한다. 히브리서의 신학이 어떻게 전개되고 발전하는지를 예수 그리스도와 구약의 제의 개념을 비교하면서 파악할 수 있다. 구원의 창시자인 예수를 출발점으로, 그 예수가 큰 대제사장이며 영원한 제사이기 때문에 이 예수를 중심으로 현실의 삶에서 확고부동한 신앙을 유지하라는 흐름이 전개된다. 아래와 같은 구조이다.

서언/ 1:1-4

└→구원자이신 예수 그리스도/ 1:5-2:18

└→신실한 대제사장이신 예수 그리스도/ 3:1-9:10

└→영원한 희생제물이신 예수 그리스도/ 9:11-10:18

└→현실과 적용(확고한 신앙생활을 권면)/ 10:19-13:17

└→결론/ 13:18-25

그리스도

승천하신 그리스도는 구약의 선지자들보다, 천사들보다, 모세보다, 멜기세덱보다, 어떤 제사장보다도 뛰어난 큰 대제사장이시다.

> 그러므로 우리에게 큰 대제사장이 계시니 승천하신 이 곧 하나님의 아들 예수시라 우리가 믿는 도리를 굳게 잡을지어다(히 4:14)

그리스도인들은 유대교와의 조화가 아니라 전혀 새로운 공동체로 그 정체성을 확보해 나간다. 히브리서는 천상의 세계와 이 땅의 세계를 비교하는 것 같이 보인다. 그렇지만 그 내면은 천상의 것들이 그리스도를 통해서 현실화되었기 때문에 지나간 구약성경뿐만 아니라 다가올 미래마저도 그리스도 안에서 누리는 현재의 은총 속에 담겨있다고 밝힌다.

> 그러므로 형제들아 우리가 예수의 피를 힘입어 성소에 들어갈 담력을 얻었나니, 그 길은 우리를 위하여 휘장 가운데 열어 놓으신 새롭고 살 길이요 휘장은 곧 그의 육체니라… 또 약속하신 이는 미쁘시니 우리가 믿는 도리의 소망을 움직이지 말며 굳게 잡고 서로 돌아보아 사랑과 선행을 격려하며 모이기를 폐하는 어떤 사람들의 습관과 같이 하지 말고 오직 권하여 그 날이 가까움을 볼수록 더욱 그리하자… 너희에게 인내가 필요함은 너희가 하나님의 뜻을 행한 후에 약속하신 것을 받기 위함이라… 잠시 잠깐 후면 오실 이가 오시리니 지체하지 아니하시리라(10:19-39)

믿음

모세보다도 뛰어나신 예수, 대제사장이나 어떤 제사나 제물보다도 뛰어나신 예수가 그리스도이시기 때문에 어떤 환경에서도 그리스도인은 유대교로 돌아가지 말고 예수님에 대한 믿음을 유지해야 한다는 점을 히브리서가 가르친다. 배교의 위험을 심각하게 경고하는 6장 4-8절과 10장 26-31절을 중심으로 한 내용은 구원의 영속성에 대한 논란을 불러오는 구절이다. 그러나 이어지는 구절들(6:9-12; 10:32-39)에서 보완하듯이, 이 구절에 내포된 의미는 구원의 보증에 대한 역설적 변론이다. 강력한 배교에 대한 경고는 배교의 위험이 심각했다는 것을 방증하며, 이에 대해 히브리서는 배교의 결과를 비유적으로 표현하면서 확고부동한 신앙을 가지도록 격려한다.

변절과 배교의 위험에 있는 사람들에게 믿음의 대상인 그리스도야말로 끝까지 따라가야 할 주님이시다. 그래서 히브리서 11장은 믿음에 대한 정의보다는 구체적인 믿음의 사례들을 제시한다. 비유적으로, 믿음은 명사

(Noun)가 아니라 동사(Verb)이다(하나님은 명사가 아니라 동사이다!). 믿음은 하나님의 존재성 인정보다는 하나님의 행위 속에 들어가는 것이다. 천상의 것을 현재화하는 예수님과의 관계를 설정하는 것이 믿음이다. 히브리서는 이 믿음에 대한 사례를 제시한다. 즉, 믿음은 개념화시킬 수 있는 것이 아니라 실천이기 때문에 히브리서는 이에 대한 실천 사례들을 보여주는 것이다.

> 믿음은 바라는 것들의 실상이요 보이지 않는 것들의 증거니 선진들이 이로써 증거를 얻었느니라… 믿음으로 아벨은… 믿음으로 에녹은… 믿음으로 노아는… 믿음으로 아브라함은… 믿음으로 사라 자신도… 믿음으로 이삭은… 믿음으로 야곱은… 믿음으로 요셉은… 믿음으로 모세가 났을 때에 그 부모가… 믿음으로 모세는… 믿음으로 기생 라합은… 내가 무슨 말을 더 하리요 기드온, 바락, 삼손, 입다, 다윗 및 사무엘과 선지자들의 일을 말하려면 내게 시간이 부족하리로다(11:1-40)

히브리서는 구약성경을 복음으로 재해석한다. 구약성경의 내용을 배경과 토대로 삼아 현재 완성된 실체를 보여준다. 지상의 세사, 제물, 성소와는 비교되지 않는 새 언약이 그리스도를 통해서 성취되었다. 새 언약의 큰 대제사장이신 그리스도에 대한 믿음으로 박해와 핍박의 상황에서도 굳건하게 신앙을 지킬 수 있다는 것을 히브리서가 보여준다.

4. 행함 vs. 믿음

야고보서는 일반적으로 예수님의 형제 야고보가 기록한 것으로 전해진다(막 6:3; 행 1:14; 21:7; 갈 1:19). 야고보서는 흩어져 있는 열두 지파에게 보낸 서신이다(1:1, "하나님과 주 예수 그리스도의 종 야고보는 흩어져 있는 열두 지파에게 문안하노라").

디아스포라, 누구인가?

1장 1절의 디아스포라(διασπορά: 흩어진 사람들)는 특별히 유대인만을 지칭하기보다는 유대인과 이방인 모두를 지칭하는 개념이다. 그런데 이들이 누구인지에 대해서는 유대인을 중심으로 판단하는 두 가지 입장도 있다. 이스라엘 지역에서 동족인 유대인들에게 핍박을 받는 유대계 그리스도인이거나 아니면 이스라엘 지역 밖에 거주하던 유대계 그리스도인이라는 입장으로서 율법과 관련한 구절을 근거로 삼기도 한다(1:25; 2:8-13). 이에 더하여, 야고보서에는 이방인 그리스도인에게 통상적으로 전해지던 경고가 빠져있다는 점을 제시하기도 한다(우상숭배와 육체의 일 등. 비교, 고전 6:9-11; 갈 5:19-21). 이러한 주장은 어느 정도 타당성을 가질 수 있다.

그러나 다른 한편으로는, 이러한 율법과 관련한 내용이 포함되고, 이방인과 관련한 내용이 누락된 것은 야고보서의 성격과 관련하고 있다는 것을 주목해야 한다. 야고보서의 기록 목적에 의해 포함과 누락이 결정된다. 야고보서는 헬라의 이원론적인 구조로 믿음과 행함을 논하면서 그리스도인의 실천적인 삶을 가르치는 특성을 가지기 때문에 율법의 내용도 포함하지만, 동시에 이를 뛰어넘는 내용도 포함한다. 야고보서에 포함된 율법의 내용도 구약의 제의나 하나님과의 관계성에 대한 것이라기보다는 보편적인 일상생활의 실천에 관한 교훈이다. 유대교의 율법이나 헬라-로마 문화의 이원론적인 형식과 내용의 사용은 전달 방식의 다변화이며, 이는 수신자의 다양성을 반영한다. 그래서 야고보서의 가르침은 특정한 유대인이라기보다는 유대교, 헬라-로마 문화, 로마 정치의 체제에서 살아가는 새로운 이스라엘 백성(1:1. 비교, 갈 6:16)인 그리스도인에게 전해진다고 할 수 있다.

지푸라기 서신인가?

야고보서는 마르틴 루터(Martin Luther)로부터 '지푸라기 서신'이라고 평가받기도 했다. 이러한 주장과 같이 야고보서는 외형적으로 언뜻 보면 믿음으로 구원받는 것을 반대하는 것 같은 인상을 준다. 특히 복음의 핵심인 **예수 그리스도**라는 말은 두 번밖에 사용되지 않고, 이신칭의(以信稱義)와는 다른 것 같은 내용이 2장에서 등장한다(14-26절).

그러나 야고보서의 내용은 근본적으로 로마서의 율법이 아닌 믿음을 통한 구원의 가르침과 모순되지 않는다. 야고보서는 이원론적인 상황에서 관념의 생활이 아니라 믿음과 행함이 통합된 신앙생활을 제시하다. 즉, 관념의 신학보다는 실천의 삶을 가르친다. 야고보서는 한 가지 주제를 발전시키거나 논리적으로 내용을 선개하기보다는 단편적인 권고나 가르침을 자주 사용한다. 특히, 야고보서에는 권고적인 2인칭 명령형이 많이 등장한다. 이로 인해서 야고보서는 구약의 잠언이나 전도서와 비교되기도 한다. 그렇지만 야고보서는 이러한 특정한 구약성경의 형태와는 다르다. 야고보서는 1장에서 언급한 주제들(2-27절)을 계속 부연 설명한다(2:1-5:6). 2장 이후에 등장하는 권면의 내용은 논리 전개상 일관성 없는 것처럼 보이지만, 이러한 주제들은 일상생활에서 발생하는 보편적이며 공통적인 생활을 반영하는 가르침이다.

야고보서의 상황은 사회적인 격차가 교회 공동체의 문제를 발생시키는 것을 반영한다. 교회 공동체에서는 사회적인 격차가 신앙생활의 위험요소가 되었던 것으로 보인다. 야고보서는 당시 그리스도인의 신앙의 울타리와 같은 예수님의 재림과 심판이라는 구조(5:7-11)로 그리스도인 공동체의 삶에 대한 교훈을 주는 것이다. 야고보서는 일상생활에서 그리스도인 공동체를 건강하게 유지시키는 견고한 밧줄이다.

로마서의 믿음 vs. 야고보서의 믿음

로마서는 오직 믿음을 통한 구원을 강조한다. 그런데 야고보서는 "사람이 행함으로 의롭다하심을 받고 믿음으로만은 아니니라"고 말한다(2:24). 이 교훈이 로마서의 가르침과 모순되는 것으로 간혹 오해받기도 한다. 그러나 야고보서의 가르침은 로마서와 모순되지 않고 오히려 로마서에서 제시하는 칭의와 성화의 삶을 강화한다.

로마서의 믿음과 야고보서의 믿음은 비록 같은 단어일지라도 그 배경과 의미가 다르다. 지금은 한 권의 성경 속에 포함된 로마서와 야고보서이지만, 그러나 신약성경이 27권으로 정립되는 정경화 이전에는 각기 다른 상황 속의 성경이었다. 따라서 야고보서와 로마서에서 비록 같은 단어가 사용된다고 해도 수반되는 개념까지 일치하는 것은 아니다. 로마서는 **율법**과 비교되는 개념으로 **믿음**이란 용어를 사용한다. 유대인의 의식문서에 쓴 율법이나, 이방인의 본성(양심)에 쓴 율법은 더 이상 구원의 통로가 될 수 없으며, 아브라함의 사례에서 나타나는 믿음이 인종과 계층을 초월해서 하나님께 의롭다 함을 받는 통로이다. 그러나 야고보서에서 사용된 믿음은 로마서의 믿음과는 구별된다. 야고보서의 배경은 헬라-로마 문화의 이원론이다.

이 문화는 사람의 본질을 영과 육으로 구분하는데, 믿음을 관념의 한 부분이며 추상적인 요소로 간주한다. 야고보서는 믿음을 관념화한 헬라-로마 문화의 사상을 활용해서 믿음을 행함과 분리한 상태로 믿음과 행함을 설명한다. 그러므로 야고보서의 믿음을 로마서의 믿음과 수평으로 비교하는 대신에 그 용어의 배경을 고려하면서 이해할 필요가 있다.

야고보서의 믿음은 로마서의 믿음이 내포하는 개념의 일부이며, 로마서의 **믿음**은 야고보서의 **행함**과 **믿음**을 모두 포함한다. 야고보서는 관념적인 신앙생활이 아니라 행동을 수반하는 로마서와 같은 믿음을 강조한다. 바꾸어 말하면, 로마서는 **하나님의 은혜**라는 관점에서 믿음을 설명하며, 야고보서는 **사람의 실천**이라는 측면에서 믿음을 설명한다. 로마서에서 칭의의 결과는 성화의 시작이며, 성화의 시작은 칭의의 결과이다. 로마서는 칭의와 성화 사이의 공백이나, 혹은 칭의와 성화를 선택적인 관계로 보지 않는다. 이러한 맥락에서 야고보서도 그리스도인의 신앙은 믿음과 행함이 분리되지 않아야 함을 강조하면서 아브라함의 사례를 제시한다.

> 우리 조상 아브라함이 그 아들 이삭을 제단에 바칠 때에 행함으로 의롭다 하심을 받은 것이 아니냐 네가 보거니와 믿음이 그의 행함과 함께 일하고 행함으로 믿음이 온전하게 되었느니라(2:21-22)

야고보서는 그리스도인이 **행함의 믿음**과 **믿음의 행함**을 가지고 닥치는 시험과 환난을 인내하면서 이겨야 한다고 가르친다. 그렇다면 무엇을 바라보고 인내해야 할까? 하늘로 올라가신 그리스도는 반드시 다시 오시기 때문에 그리스도인은 인내할 소망이 있다는 것이다. 이 인내는 신앙의 실천,

즉 **행함과 함께하는 믿음의 생활**이다. 그렇기 때문에 야고보서는 헬라-로마 문화의 이원론적인 삶이 아니라 전인격적인 신앙의 삶을 요구한다. 이 신앙으로 그리스도인들은 그리스도의 강림을 기다리면서 어떠한 고난과 역경에서도 인내할 수 있다.

> 그러므로 형제들아 주께서 강림하시기까지 길이 참으라 보라 농부가 땅에서 나는 귀한 열매를 바라고 길이 참아 이른 비와 늦은 비를 기다리나니 너희도 길이 참고 마음을 굳건하게 하라 주의 강림이 가까우니라 형제들아 서로 원망하지 말라 그리하여야 심판을 면하리라 보라 심판주가 문 밖에 서 계시니라 형제들아 주의 이름으로 말한 선지자들을 고난과 오래 참음의 본으로 삼으라(5:7-10)

5. 환난, 핍박, 거짓 가르침

예수 그리스도의 재림의 지연 상황에서 그리스도인에 대한 박해가 증가하고, 설상가상으로 거짓 가르침으로 그리스도인을 미혹하는 위기가 닥친다. 이러한 박해와 위기는 구속사의 맥락에서 그리스도인에게 어떤 의미가 있을까? 그리스도인은 어떤 힘으로, 어떤 목표점을 가지고 이러한 고난과 유혹을 이기고 나갈 수 있을까? 베드로전서, 베드로후서, 요한일서, 요한이서, 요한삼서, 유다서는 한결같이 환난과 위기의 시대를 해석하면서 핍박과 거짓 가르침 등에 대해 그리스도인이 어떻게 대처하며 거룩하게 살아야 하는지를 가르친다.

베드로전서의 수신자는 모든 이방인과 유대인 그리스도인이다(1:1. 비교, 약 1:1). 베드로전서는 박해나 핍박 속의 그리스도인에게 힘을 준다. 베드로전서는 일상적인 훈계들(2:11-4:6), 구체적인 상황 속의 명령들(4:7-5:11),

고난과 다가올 심판(4:7-5:11)을 제시한다. 일상의 생활에서 발생하는 박해는 때로는 변절의 유혹까지 불러일으킨다. 특히, 로마 황제 숭배는 정치적인 충성심을 반영하기 때문에 유대인이나 그리스도인에게는 심각한 갈등을 주는 도전이었다. 황제 숭배가 종교적인 제의의 성격보다는 정치 행위로 인식되던 상황에서 황제 숭배를 종교 행위로 인식하고 이를 거부하는 것은 로마에 대한 저항으로 오해될 수 있었다. 당시 로마는 세속의 권세나 하나님과 대립하는 세력을 상징하던 바벨론에 비교될 정도로 강대한 힘을 떨치고 있었다(5:13). 그리스도인은 로마의 황제 숭배 강요와 여러 고난 속에서도 굳게 서야 하는 상황이었다.

그렇다면 그리스도인들은 박해와 고난의 상황에서 어떻게 그리스도인다운 삶을 살 수 있을까? 그리스도인은 **택하신 족속이요 왕 같은 제사장들이요 거룩한 나라**이기 때문에 박해 가운데서 뿐만 아니라 선한 일에도 굳게 설 수 있다(벧전 2:9, 11-20). 그리스도인은 지연되는 것 같은 주님의 재림 상황과 가중되는 세상의 박해와 고난 가운데서도, 주께는 하루가 천년 같고 천년이 하루 같다는 사실에 근거해서 인내하며 승리해야 한다(벧후 3:8-13). 무엇보다도 베드로전서의 임박한 종말론(4:7)은 현재의 고난을 물리치게 만드는 힘을 가진다. 특히, 베드로전서는 **재림** 대신에 그리스도의 **나타나심**이란 표현으로 그리스도의 다시 오심을 세밀하게 묘사한다(1:7, 13; 4:13). 그리스도인은 나타나실 예수 그리스도에 대한 대망으로 박해와 핍박 가운데서도 굳게 서며 선한 행실을 지속할 수 있다. 베드로전서는 모든 박해와 고난 속에서도 그리스도인이 승리할 수 있다는 것을 선포한다.

베드로후서는 유다서와 유사한 내용을 가지고 있어서 서로 비교되며, 그 내용의 연계성이나 성격은 종종 논쟁을 불러일으킨다. 베드로후서의 내용은 무엇일까? 베드로후서에는 육체의 쾌락을 즐기던 당시의 문화에 물든 사람들의 상황과 생생한 종말의 모습이 소개된다(2:1-22; 3:8-13). 이러한 배경에서 베드로후서는 교회에 스며들어 그리스도인을 미혹하는 거짓 가르침에 대한 대응 방법을 가르치면서 건전한 종말과 재림에 대한 기대를 요구한다. 종말의 지연은 하나님의 목적인 "아무도 멸망하지 아니하고 다 회개하기에 이르기를 원하시는" 성취를 위한 과정이라고 설명한다(3:8-9).

베드로후서와 깊은 연관성을 가진 성경은 유다서이다. 유다서와 베드로후서와의 유사성은 내용 비교를 통해서 명백히 드러난다(유 9절: 벧후 2:11; 유 12-13절: 벧후 2:4, 17). 이러한 연관성으로 두 서신의 의미는 상호 보완성을 가진다. 또한 유다서는 외경을 많이 인용한다(유 6절, 13-15절: 에녹서; 유 9절: 모세승천기). 유다서는 외경의 인용으로 정경성에 대한 도전을 받기도 하지만, 그러나 실제적으로는 초월적인 사건들에 대한 정보를 주기도 한다. 유다서는 짧은 서신임에도 불구하고 교회에 침투하는 거짓 가르침과 윤리적 방종, 영적 우월주의에 대처하는 소중한 가르침을 제공한다(8절, 12절, 17절, 19절). 이러한 유다서는 교회가 정착될 때 나타나는 문제와 이에 대처하는 근본적인 방법을 보여준다.

그리스도인은 외부로 드러나는 박해와 더불어 은밀하게 내부로 침투하는 이단과 거짓 가르침에 대해서도 현혹되지 말아야 한다(이단에 대한 경고: 요일 2:4; 요이 7; 유 4절; 적그리스도의 출현: 요일 2:18, 22; 4:3). 교회는 거짓 가르침에 단호하게 대응해야 하며, 공동체의 건강성 유지를 위해 구성원 간의 교제와 사랑을 실천해야 한다. 이 사랑은 박해자들에 대한 사랑보다도 외부의 박해와 내부의 사상 침투로 분열과 갈등을 겪는 공동체의 결속을 가르치는 사랑이라고 할 수 있다(2:1-17; 3:13-14; 4:5-6; 5:19).

> 사랑하는 자들아 영을 다 믿지 말고 오직 영들이 하나님께 속하였나 분별하라… 사랑하는 자들아 하나님이 이같이 우리를 사랑하셨은즉 우리도 서로 사랑하는 것이 마땅하도다 어느 때나 하나님을 본 사람이 없으되 만일 우리가 서로 사랑하면 하나님이 우리 안에 거하시고 그의 사랑이 우리 안에 온전히 이루어지느니라… 우리가 사랑함은 그가 먼저 우리를 사랑하셨음이라… 보는 바 그 형제를 사랑하지 아니하는 자는 보지 못하는바 하나님을 사랑할 수 없느니라 우리가 이 계명을 주께 받았나니 하나님을 사랑하는 자는 또한 그 형제를 사랑할지니라(요일 4:1-21)

요한일서의 내용과 문체는 요한복음과 유사한 것으로 주목받는다(1:1, 2; 3:16; 4:2. 비교, 요 1:1, 14). 요한복음에 영지주의 사상에 대응하는 내용이 반영되어 있듯이, 요한서신에서도 초대교회에 침투하는 영지주의와 종교혼합주의와 거짓 가르침에 대한 대응이 반영되어 있다. 이와 같은 사상의 침투에 요한서신이 대응하는 것이다(2:4, 2:18, 22; 4:3; 요이 7절).

요한일서는 교회 공동체가 지상의 예수와 시기적으로 멀어져가는 상황에서 미래적인 종말론을 통해서 현재의 바른 신앙을 유지하도록 만들기도 한다(2:28; 3:2; 4:17). 종말론은 그리스도인의 신앙을 형성하고, 유지하는 근본 구조로 초대교회 안에서 역할을 수행했다. 요한일서는 내부와 외부의 위협에서도 교회의 본질과 사명에 충실해야 하는 공동체의 모습을 제시한다.

요한이서는 한 장으로 이루어진 짧은 서신이다. 요한이서는 거짓 가르침에 대항하여 진리에 바로 서기를 권고한다. 요한이서는 요한일서의 배경과 같은 상황을 반영하며(7절), 영지주의와 거짓 가르침에 대한 대응뿐 아니라 이를 유포하는 자들에 대해서도 단호하게 대응할 것을 요구한다. 이러한 가르침은 현대교회가 어떻게 이단에 대처해야 하는지를 가르치는 중요한 지침이다.

> 지나쳐 그리스도의 교훈 안에 거하지 아니하는 자는 다 하나님을 모시지 못하되 교훈 안에 거하는 그 사람은 아버지와 아들을 모시느니라 누구든지 이 교훈을 가지지 않고 너희에게 나아가거든 그를 집에 들이지도 말고 인사도 하지 말라 그에게 인사하는 자는 그 악한 일에 참여하는 자임이라(9-11절)

요한삼서는 요한이서와 같이 매우 짧은 내용으로 구성되었으며, 개인적인 내용을 포함한다. 비록 이 서신이 개인적인 내용을 담고 있다고 해도, 그 중심에는 복음을 전하는 자에 대한 내용이다. 이 서신은 대조적인 인물로 등장하는 가이오와 디오드레베의 행동을 통해서 진리 안에 머무는 기쁨(3, 4절)과 복음 전하는 자에 대한 협력의 교훈과 비협력의 경고를 전한다(7-8, 10-11절). 이러한 가르침은 이 시대에도 그리스도인의 복음전파에 대한 사명과, 복음을 전하는 자들에 대한 섬김의 교훈을 준다. 긍정의 가이오와 부정의 디오드레베는 상징성을 가진 인물로 대표되어 이들의 행위가 지금의 우리에게도 교훈을 전하는 것이다.

> 이는 그들이 주의 이름을 위하여 나가서 이방인에게 아무 것도 받지 아니함이라. 그러므로 우리가 이같은 자들을 영접하는 것이 마땅하니 이는 우리로 진리를 위하여 함께 일하는 자가 되게 하려 함이라(7-8절).

그러므로 내가 가면 그 행한 일을 잊지 아니하리라 그가 악한 말로 우리를 비방하고 도 오히려 부족하여 형제들을 맞아들이지도 아니하고 맞아들이고자 하는 자를 금하여 교회에서 내쫓는도다 사랑하는 자여 악한 것을 본받지 말고 선한 것을 본받으라 선을 행하는 자는 하나님께 속하고 악을 행하는 자는 하나님을 뵈옵지 못하였느니라(10-11절)

6. 악은 패망하고 주님은 승리하신다!

예수 그리스도의 재림을 기다리며 신앙생활을 하던 그리스도인들은 자신이 처한 상황을 이해할 수 없었다. 기다리던 예수 그리스도의 재림 대신에 박해와 핍박은 점점 강해지며, 악은 횡행하고, 순교가 발생하면서 재림에 대한 희망은 절망으로 바뀔 수도 있었다. 예수님은 왜 승리자로 속히 오시지 않을까? 예수님은 공중의 권세를 잡은 자들과의 전쟁에서 혹시라도 패배하지는 않았을까? 언제까지 주변의 악을 관용하며 재림하지 않으실까? 정말로 예수 그리스도는 승리의 주님으로 재림하실까? 주님은 정한 때에 이 세상의 악을 정복하러 오시는가? 이러한 혼란과 핍박과 고난 속의 그리스도인들에게 그래도 예수 그리스도의 재림은 한 줄기 희망이고, 인내의 동인이며, 소망의 근원이었다. 바로 요한계시록이 이러한 소망과 인내를 보여주는 **하늘의 문**이다.

요한계시록과 묵시문학

신약성경의 제일 마지막에 배열된 요한계시록은 그 장르와 내용에서 매우 독특하다. 특히 묵시문학(Apocalyptic Literature)의 배경에서 기록된 요한계시록은 많은 상징의 사용으로 인해 다른 성경과는 다른 해석을 요구한다. 묵시문학은 무엇인가? 요한계시록에 대한 이해를 위해서 묵시문학의 주요 특징을 개략적으로 살펴보겠다.

묵시문학은 구약과 신약의 중간시대에 유행하던 하나의 문학 형태이다. 예언이 멈추면서 묵시가 등장한다. 묵시문학의 중요한 특징은 그림처럼 무엇인가 보여준다는 점이다. 예언이 말로 선포되는 계시라면, 묵시는 계시를 그림 언어로 표현한다. 그림 언어로 표현하는 묵시의 성격상 많은 상징이 사용된다. 이 상징은 요한계시록이 기록되던 당시의 사람들에게는 친숙했으나 시간과 공간적으로 다른 시대의 사람들에게는 매우 생소한 표현이다. 이로 인해 후대의 사람들에게 요한계시록의 상징과 문자의 구분이 모호해지기도 한다. 이러한 특징이 요한계시록에 대한 해석을 어렵게 만드는 이유이다.

그렇다면, 요한계시록은 후대의 그리스도인이 이해하기 어려운 성경인가? 그렇지 않다. 요한계시록은 이미 밝히 드러난 계시이다. 묵시문학의 특징에 대한 이해가 요한계시록의 이해를 돕는다. 그림 언어인 묵시문학의 상징에 대한 이해는 역시 그림처럼 보여주는 요한계시록을 이해하는 지름길이다.

우리에게 요한계시록은?

요한은 자신이 받은 계시를 풀어놓는다고 1장 1절에서 밝힌다.

> 예수 그리스도의 계시라 이는 하나님이 그에게 주사 반드시 속히 일어날 일들을 그 종들에게 보이시려고 그의 천사를 그 종 요한에게 보내어 알게 하신 것이라

이 구절은 요한이 예수 그리스도로부터 받은 계시의 성격을 나타낸다. 요한계시록은 요한의 설명과 같이 비밀에 싸인 신비스러운 내용이 아니다. 오늘의 우리는 요한계시록의 문자적인 내용과 상징적인 표현에 대한 이해를 통해서 요한계시록의 메시지를 충분히 파악할 수 있다.

요한계시록의 핵심적인 메시지는 무엇인가? 요한계시록은 미래의 일들을 시간으로 계산하고, 시대를 구분해서 점진적으로 이루어지는 세상 종말의 때를 보여주는가? 우리가 종말의 때를 계산할 수 있고, 징조를 통해서 종말의 때를 가늠할 수 있을까? 요한계시록은 종말이 있다는 사실 전달보다 그 진행 과정을 전하는가? 그렇지 않다면 요한계시록이 보여주는 생생한 종말의 모습과 그 현상들의 본질적인 의미는 무엇일까?

요한계시록은 신약성경의 복음이 땅 끝까지 선포되도록 강력한 추진력을 제공한다. **이웃**이나 **땅 끝**의 범위가 제한된 개념을 가지고 있던 초대교회 당시에 요한계시록은 특정한 지역이나 민족이 아니라 우주적인 대 격변을 제시하면서 복음의 대상 범위를 무한대로 확장한다. 세상 종말의 영역이 미치는 모든 범위까지 복음이 전파되어야 한다. 요한계시록은 이 복음이 전 세계적으로 전파되어야 하는 당위성을 우주적인 종말의 모습을 통해 분명하게 제공하면서, 동시에 세상의 마지막은 패배가 아니라 그리스도와 그리스도인들의 승리로 귀결된다는 강력한 메시지를 던진다.

역사란 현재와 과거의 대화라고 말하기도 한다(E. H. Carr). 또는 일반적으로 역사(과거)는 현재를 비추어주는 거울이라고도 한다. 그러나 신약성경의 역사관은 이와는 전혀 다르다. 특별히 요한계시록의 역사관이 이를 대변한다. 신약성경의 역사관은 미래를 통해서 현재를 보여주는 것으로서, 확정된 미래를 토대로 오늘을 해석한다. 확실한 미래를 통해서 불확실한 현재를 비추어 보는 것이다. 그리스도인의 미래는 정해져 있고, 이렇게 정해진 종국의 미래를 목적으로 삼는 삶이 그리스도인의 삶이다. 따라서 신약성경의 역사는 **확정된 미래와 현재와의 대화**이며, **미래가 현재를 비추어 주는 거울**이라고 할 수 있다.

구조

요한계시록의 전체 구조에 대한 이해는 그 내용에 대한 이해로 연결된다. 요한계시록을 크게 세 부분으로 구분할 수 있다. 계시와 환상(1-5장), 환난과 전쟁(6-16장), 심판과 구원(17-22장)이다. 이를 세분화하면, 계시와 환상에서는 천상의 하나님과 구속자 예수가 등장하며, 환난과 전쟁에서는 일곱 인, 일곱 나팔, 일곱 대접이 등장하고, 심판과 구원에서는 새 하늘과 새 땅이 등장한다. 교회의 관점에서 구분하면, 이 세 부분은 지상의 교회, 환난의 교회(박해와 핍박), 천상의 교회로 나눌 수도 있다.

요한계시록의 내용은 처음에는 넓었다가 갈수록 점점 좁아지는 **나선형 구조**와 같이 새 하늘과 새 땅에 초점이 집중되어 전개된다. 다음 그림의 B와 같이 요한계시록의 내용이 순차적으로 기록되었다. 이 그림을 세워서 위에서, 또는 아래에서 보면 A와 같이 보인다. B와 같이 책으로 기록되었기 때문에 평면적으로 진행되는 것처럼 보이지만, 실제로 요한이 본 환상은 A와 같은 하늘의 시각을 지상의 시각으로 바꾸어 우리에게 전달하는 것이다. 즉, 입체적인 장면의 그림 A를 문자로 표현하면서 선적인 순서 B로 배열한 것이다.

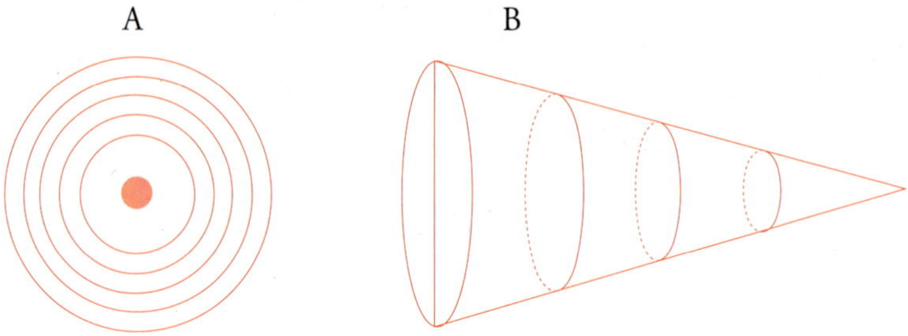

얽히고 설킨 문자와 상징

요한계시록의 특징 중에 하나는 예수님의 재림을 묘사하는 데살로니가전서와 같이 상징과 실체를 절묘하게 섞어 종말의 장면을 표현한 것이다. 이 비유적인 상징과 문자적인 실체의 결합을 통해서 요한계시록은 결정된 최후의 승리로 현실의 문제를 타개하는 영적인 힘을 제공한다. 이러한 요한계시록의 특징을 충분히 이해하지 못할 경우에는 문자적인 의미를 상징으로, 상징적인 의미를 문자적인 의미로 잘못 판단하여 그릇된 해석을 할 수 있다. 이단의 특징 중에 하나가 상징을 문자로, 문자를 상징으로 받아들여 자의적인 성서해석과 함께 이미 기독교역사에서 오류로 판명된 해석 방법(예컨대, 알레고리적인 비유해석)을 마치 전혀 새로운 해석방법인 것처럼 소개하는 것이다.

요한계시록이라고 하면 **천년왕국**, **666**, **144,000명**, **아마겟돈**, **무저갱**, **용**, **바벨론** 등을 먼저 떠올릴 수 있고, 미래를 선적인 시간으로 계산하는 경향을 보일 수 있다. 그러나 이러한 요소들은 요한계시록의 주류 내용이 아니다. 그중에 144,000명에 대한 해석을 통해 이단들이 기승을 부리기도 한다. 이들은 144,000명이 실제 숫자인지 아니면 상징적인 숫자인지에 대해 문자와 상징의 경계선을 넘나들며 비뚤어진 해석으로 사람들을 미혹시킨다.

144,000명, 누구인가?

144,000명이란 수가 문자적인 범위를 지칭하는지 아니면 단지 상징인지에 대한 논쟁이 종종 발생한다. 구원받은 자의 구체적인 숫자를 의미하는지 아니면 상징으로 어떤 범위를 말하는지, 만일 상징이라면 무엇을 의미하는지에 대한 문제이다. 이 숫자에 대한 내용은 요한계시록 7장과 14장에 등장한다.

> 내가 인침을 받은 자의 수를 들으니 이스라엘 자손의 각 지파 중에서 인침을 받은 자들이 십사만 사천이니(7:4)

> 또 내가 보니 보라 어린 양이 시온 산에 섰고 그와 함께 십사만 사천이 서 있는데 그들의 이마에는 어린 양의 이름과 그 아버지의 이름을 쓴 것이 있더라(14:1)

요한계시록 7장은 구체적으로 십사만 사천 명이 누구인지를 이스라엘의 열두 지파와 관련하여 제시한다. 따라서 먼저 이 열두 지파에 대한 이해가 필요하다. 열두 지파의 배열은 이 열두 지파와 십사만 사천 명이 상징으로 사용되었음을 알 수 있게 한다. 요한계시록 7장의 열두 지파 순서는 창세기의 야곱의 아들에 근거한 열두 지파 순서와 다르다(비교, 창 35:23-26; 49:1-28; 대상 2:1-2). 창세기에는 제일 처음에 르우벤이 등장하지만, 요한계시록에는 유다가 등장하며, 창세기에 등장하는 단이 요한계시록에는 야곱의 손자(요셉의 아들)인 므낫세로 대치된다. 요한계시록 7장에서 유다가 제일 먼저 등장하는 것은 요한계시록 5장에서 특별히 지칭하는 유다 지파를 연상시킨다.

> 장로 중의 한 사람이 내게 말하되 울지 말라 유대 지파의 사자 다윗의 뿌리가 이겼으니 그 두루마리와 그 일곱 인을 떼시리라 하더라(5절)

요한계시록 5장과 같이 7장은 어린 양 예수 그리스도의 승리를 다윗의 뿌리를 통해 설명하면서 창세기의 순서를 다르게 정리한다. 이러한 이름의 배열순서와 생략(각 성경 기자의 신학을 의미하는 **차례**. 참조, 눅 1:3)을 볼 때 요한계시록의 열두 지파는 단순히 문자적인 의미 부여가 아니라는 것을 알 수 있다. 또한, 민수기에 따르면 그 당시 계수할 때 스무 살 이상의 숫자가 육십만이 넘었다(1:46; 26:51). 따라서 민수기의 문자적인 숫자와 다르게 요한계시록이 열두 지파를 십사만 사천 명으로 규정한 것은 이 열두 지파와 십사만 사천 명이 단지 문자적인 숫자 제시가 아니라 상징으로 사용된 것을 보여준다. 이러한 결과를 통해서 볼 때, 요한계시록 7장 전반부에 등장하는 **십사만 사천 명**(1-8절)과 비교되는 7장 후반부의 **셀 수 없는 큰 무리**(9-17절)는 서로 다른 집단을 의미하지 않음을 알 수 있다. 요한계시록 7장의 전반부가 민족적인 배경에서 무한한 수를 설명한다면, 후반부는 전 세계적인 배경을 가지고 이를 부연한다고 할 수 있다.

요한계시록 7장과 관련한 이해를 돕기 위해 14장의 십사만 사천 명에 대해 구체적으로 살펴보겠다. 요한계시록 14장의 십사만 사천 명은 어린 양의 이름과 그 아버지의 이름을 이마에 쓴 숫자를 말하지만, 이들이 특정한 집단이나 혹은 민족이라고는 설명하지 않는다.

> 이 사람들은 여자와 더불어 더럽히지 아니하고 순결한 자라 어린양이 어디로 인도하든지 따라가는 자며 사람 가운데에서 속량함을 받아 처음 익은 열매로 하나님과 어린 양에게 속한 자들이니(4절)

이와 더불어 소개되는 "짐승과 그의 우상에게 경배하고 이마에나 손에 표를 받은" 사람들도 역시 특정한 집단이나 민족이 아니다(9절, 11절). 특히 요한계시록 7장 4절에서 인침을 받은 수를 제시하면서 **이스라엘의 자손**이란 표현을 하지만, 같은 내용인 3절에서는 **하나님의 종**이라고 표현한다. 하나님의 종이란 표현은 민족 개념을 뛰어넘는다(19:5; 22:6). 다시 말해서, 이스라엘 민족을 지칭하는 듯한 표현은 실제 이스라엘 민족이 아니라 새로운 이스라엘을 상징하는 것이다.

요한계시록의 숫자 상징 사용도 고려해야 한다. 요한계시록은 묵시문학의 배경에서 기록되었는데, 이 묵시문학의 특징 중에 하나는 상징의 사용이다. 숫자도 상징을 담고 있다. 예를 들어 3은 신의 숫자, 4는 땅의 숫자, 7은 완전 숫자, 12(3×4)는 집단의 수이며 1,000은 무한대를 의미한다. 그래서 상징적으로 구약의 12지파(백성)×신약의 12지파(백성)×1,000(무한대)은 144,000이 된다(12,000명도 12×1,000의 결과이다). 구약의 열두 지파와 신약의 열두 지파는 모든 백성을 상징하는 표현으로서 이 둘의 조합은 하나님이 선택한 모든 백성이라는 의미를 담는 하나의 장치이다. 열두 지파의 십사만 사천 명은 **무한**하면서도 동시에 **어떤 범위의 온전한 숫자**를 상징하는 것이다.

그렇다면, 요한은 당시의 사람들에게 땅 끝까지 복음이 전파된 결과로 형성된 하나님의 백성의 온전한 수를 어떻게 이해시켰을까? 일반적으로 어떤 집단에 포함되는 수는 그 형편에 따라 제한적일 수밖에 없다. 그러나 하나님의 백성의 대상 범위는 무제한이다. 그런데 그 범위는 그리스도인이라는 제한성을 가지고 있다. 이처럼 셀 수 없이 많으면서도 제한적이라는 두 가지 의미를 동시에 포함하는 상징을 숫자로 표현할 수 있다. 바로 십사만 사천이다. 이러한 십사만 사천은 우리 시대에 정확한 범위를 지정하는 산술적인 숫자 개념과는 다르다. 십사만 사천은 셀 수 없이 많으면서도 구원받은 제한된(선택된) 사람들의 범위를 상징한다. 따라서 십사만 사천 명(계 7:1-8)은 땅의 관점에서, 셀 수 없이 많은 무리(9-17절)는 하늘의 관점에서 하나님의 백성의 온전한 수를 상징하는 같은 사실에 대한 다른 표현이다. 십사만 사천 명은 민족적, 인종적, 문화적, 계층적인 구별이나 장벽을 초월하는 구원의 개념을 그 속에 내포하면서 **그리스도인이라는 제한된 범위**와 **그 범위 안의 수는 제한이 없다**는 두 가지 사실을 반영한 표현이다. 이러한 표현과 관점은 로마서의 신학과도 일치한다. 로마서는 모든 민족을 지칭하는 이방인과 유대인이라는 도식을 사용하여 칭의의 대상에 모든 민족(사람)을 포함하면서도, 그러나 성화의 단계에서는 그 구원의 제한된 범위를 밝힌다(8:29-30).

로마서에서 제시하는 제한성은 성화 단계에서 구원을 돌아본 결과적인 표현인 동시에 하나님께 대한 감사와 찬양의 고백이다. 이러한 로마서의 신학과 같은 맥락에서 요한계시록의 십사만 사천 명은 그리스도인의 구원에 대한 확증을 표현하는 수단이며 그 구원의 지속성과 낙관적인 결과에 대한 선포이다. 요한계시록은 **144,000**이라는 상징을 통해서 핍박과 박해 상황에 있는 모든 그리스도인에게 **변함없는 하나님의 절대적인 선택**과 **변치 않는 그리스도인들의 굳건한 믿음**을 동시에 강조하면서 승리를 보증한다.

바벨론과 용, 상징인가 문자인가?

요한계시록의 내용을 단지 문자로만 이해할 때 그리스도인은 혼란스러울 수 있다. 그렇다고 모든 내용이 문자적인 의미가 배제된 상징이라고만 볼 수도 없다. 문자와 상징의 결합을 통해서 전달하는 교훈이 우리가 취해야 할 핵심이다. 바벨론은 실제로 현재 이라크의 유프라테스 강줄기에 위치했었다. 그렇다면 요한계시록 17장과 18장에 등장하는 바벨론은 연대기적으로 고대의 바벨론 제국을 지칭하는가? 요한계시록이 기록될 당시에 바벨론이 존재했다는 말인가? 물론 그렇지 않다. 그러나 바벨론 제국의 명성은 그때까지도 전해진다. 바벨론은 로마를 상징하며 세속적인 도시를 의미한다. 과거 지나간 인물이나 도시들을 이용해서 교훈을 주는 것이 요한계시록의 배경이 되는 묵시문학의 특징이다. 따라서 요한계시록은 당시의 그리스도인이 겪는 박해와 핍박 상황을 반영하면서 로마 제국과 과거 바벨론의 이미지가 겹치도록 한다. 불멸의 존재 같던 바벨론 제국이 망했다면 요한계시록이 기록되던 시대에 그리스도인을 박해하던 로마도 반드시 망할 것이다. 이러한 상징을 통해서 요한계시록은 악의 멸망을 예고하며 그리스도인의 용기를 북돋는다.

요한계시록 12장에 등장하는 **용**도 실재하지 않는 상징이다. 동양(특히 중국)에서는 용이 악귀를 물리치는 긍정의 힘으로 사용된다. 그래서 동양 문화권의 사람이 용에 대한 요한계시록의 내용을 접하면 처음에 다소 혼란스러울 수 있다. 요한계시록의 용은 의인화된 악의 표현으로서 악의 세력을 상징하기 때문이다. 이처럼 요한계시록은 바벨론이나 용처럼 때로는 실재하지 않는 상상의 이미지(상징)를 문자와 결합해 의미를 전달한다.

땅 끝까지!

요한계시록은 하나님께서 일정한 목표지점으로 역사를 이끄시며 모든 악을 물리치시기 때문에 생활 속의 어떤 박해나 환난이라도 우리가 충분히 극복할 수 있다는 확증을 그림이나 영상처럼 보여준다. 그래서 요한계시록은 일곱 인봉, 일곱 나팔, 일곱 대접 등 여러 방법으로 악을 물리치고 승리하는 주님의 모습을 반복해서 묘사한다. 비유적인 상징과 문자적인 실재의 조합과 균형을 통해서 세상 종말의 그림을 그리는 요한계시록은, 땅 끝까지의 개념을 시간과 공간의 제한을 뛰어넘는 무한대로 확장하면서 영적인 교훈을 모든 세대에게 전한다.

요한계시록은 복음전파의 과정에서 이 복음전파의 최종적인 모습을 보여줌으로써 이 복음이 온 세계에 미치는 승리의 소식임을 일깨워 준다. 지구를 돌아서 땅 끝까지 가면, 결국 내가 서 있는 지점으로 되돌아온다. 땅 끝까지 가는 사명(행 1:8)은 '지금 여기'에서 이루어진다. 확정된 미래를 보여주면서 그리스도인에게 힘을 주는 요한계시록은 우주적인 종말의 렌즈로 **지금 여기에** 있는 바로 **나**에게 초점을 맞추고 있는 복음이다. 하나님 나라는 하나님의 통치와 주권이 미치는 모든 영역이며, 모든 그리스도인을 수용할 만큼 넉넉하다. 하나님 나라는 사람의 시공간 개념으로 제한되는 좁은 곳이 아니며, **새 하늘과 새 땅**을 통해서 완결된다. 요한계시록의 가르침은 분명하다. 악은 패망하고 주님은 승리하신다! "아멘, 주 예수여 오시옵소서"(22:20). 이를 지향하는 공동체가 교회이며, 이 소망을 실천하는 삶이 그리스도인의 사명이다.

11장

신약성경, 다문화 세계를 바라보다

11장

신약성경, 다문화 세계를 바라보다

신약성경은 한순간, 갑자기, 통째로 형성되지 않았다. 이스라엘을 중심으로 볼 때 로마가 세계를 평정하고 헬라–로마 문화가 영향을 끼치던 당시에 각기 다른 상황에서 신약성경 27권이 기록되었다. 각 성경의 기록 배경과 목적은 다를 수밖에 없다. 비록 지금의 그리스도인은 신약성경을 한 손에 들고 한 눈에 볼 수 있지만, 각기 다른 27권이 이렇게 한 묶음으로 형성된 것은 대략 400년의 세월이 흐른 뒤였다. 어느 한순간이 아니라 성경이 형성되는 기간 전체 동안 성령의 감동으로 말씀이 기록되고, 성경으로 형성되고, 모든 세대를 통해서 전승된 것이다. 한 권의 신약성경이 다문화 사회를 살아가는 지금의 우리에게 또 다른 상황화를 통해 27권으로 다가온다.

1. 다문화 사회를 해석하는 신약성경

신약성경은 다문화의 산물이다. 예수님 당시는 제사 중심에서 말씀 중심으로, 성전에서 율법으로 신앙생활의 축이 이동하던 상황이었다. 바울 서신은 디아스포라 유대인들의 상황을 반영하며, 교회가 설립된 각 지역은 다문화의 배경을 기초로 형성된 사회였다. 이 구조에서 바울은 다양한 상황과 문화를 효율적으로 활용하여 복음을 전했다. 그는 복음을 신학화시켰을 뿐만 아니라, 이 복음을 상황화시키는 데 탁월한 솜씨를 발휘한 장인이다. 바울의 사고의 유연성과 탄력성은 율법에 대한 고집스러운 그의 과거 모습과는 전혀 다른 형태를 보인다. 일반서신도 바울 서신과 같은 형태를 반영한다. 요한계시록도 세상의 종말을 보여주려는 이론에서 출발하지 않고 당시의 절박한 상황을 반영하며 기록되었다. 복음이 어떻게 다문화, 다신교, 종교혼합주의 등과 같은 장벽을 뚫고 나갈 수 있었을까? 이를 이해하는 것은, 지금도 동일하게 펼쳐있는 다문화와 종교다원주의 시대에 신약성경의 복음을 전파하는 중요한 방법을 체득하는 것이다. 이에 대해서는 사도행전과 로마서가 중요한 비결을 제시한다.

무엇보다도 사도행전의 **성령**은 문화와 사상의 충돌을 극복할 수 있게 하는 동력이다. 바울이 그를 견고하게 둘러싼 율법의 울타리를 벗어날 수 있던 힘은 성령체험이며, 복음이 이스라엘 지역 문화권을 벗어나 헬라-로마 문화권으로 확장되도록 만든 힘도 성령의 능력이었다. 그래서 사도행전은 복음전파와 교회 설립의 과정을 보여주면서도 유달리 성령의 사역을 강조한다. 바울은 복음이 선포되어야 할 영역을 정립시켰다. 로마서는 인종이나 문화적인 구분으로 복음의 범위를 정하지 않고, 모든 민족이 그 범위에 들어 있다는 것을 유대인과 이방인이라는 도식으로 제시하면서, 다문화 사회에서 살아가는 그리스도인의 위치와 사명을 일깨운다. 복음이 선포되는 지역에서는 복음과 토착문화, 복음과 전통사상, 복음과 샤머니즘, 복음과 혼합종교, 복음과 율법, 복음과 세상 권력의 대립과 긴장이 표출되며, 신약성경은 복음이 어떻게 이를 극복해나가며 확장되는지를 반영한다. 기록된 사건으로 읽을 때는 단순하게 보이던 상황이 다양성과 통일성을 토대로 바라볼 때는 치열한 영적 전쟁이었다는 것을 알 수 있다. 예수는 그리스도이시다는 선포가 지리적으로 이스라엘 지역을 벗어나 헬라-로마 문화 사회에서 확장되며 정착된 교회의 모습을 갖추는 과정은 손쉽게 풀 수 있는 실타래가 아니다. 얽히고설킨 것 같은 실뭉당이가 종국에는 아름다운 옷을 생산하듯이 신약세계의 형성은 다양성과 통일성의 얼개 속에서 형성되어 지금의 우리에게도 영향을 끼치고 있다. 다문화 세계에서 형성된 신약성경은 이 시대의 다문화 사회를 비춰주는 형형색색의 조명이다.

2. 다문화 사회와 소통하는 신약성경

지구 위의 인간 언어는 대략 7천 개라고 하며, 이는 창세기 11장에 나오는 바벨탑의 벽돌 수만큼이나 다양하다. 현재 인류를 대략 70억 명이라고 가정할 때 평균 백만 명당 한 개씩의 언어를 소유한 셈이다. 이러한 다양성에도 불구하고, 21세기 인류는 시간적으로, 공간적으로 언어와 문화의 장벽을 넘어 서로 밀접한 관련을 가지는 시대 속에 살고 있다. 교통의 발달과 더불어 빠른 통신 수단 및 인터넷 보급과 활용은 일방적으로 정보를 전달하거나 취득하여 문화를 보편화시키는 세계화(Globalization)와 가장 지역적인 것이 세계적인 것이 될 수 있다는 지역화(Localization)를 넘어 양방향 정보 시대인 세방화(Glocalization: Globalization + Localization)의 흐름을 겪게 하였다. 이제 우리 시대는 이마저도 뛰어넘어 보다 다양하고도 세밀한 삶의 접촉을 느끼게 하는 다문화 사회를 체험하고 있다. 혹자는 다문화(Multi+cultural) 개념은 일반적으로 주류 문화의 우월성에 기초한다고 하여 교차문화(Cross+cultural)나 또는 문화 간의 교류(Inter+cultural)라는 개념이 우선해야 한다고 말하기도 한다. 그러나 어떤 문화이든지 다수에 의한 문화가 존재하는 현실에서 교차문화나 문화 간의 교류는 다문화 사회 속의 공존을 실천하는 수단이라고 할 수 있다.

미래학자인 앨빈 토플러(Alvin Toffler)의 「미래의 충격」(*Future Shock*)은 결국 문화 충격(Culture Shock)이라고 압축하여 설명할 수 있다. 일반적으로 문화 충격은 이전의 고착된 방법으로 돌아가게 하는 본성적 습관이나 유혹을 강하게 수반하기도 한다. 비록 다양한 **문화** 간의 접촉이 때로는 충격이라고 할지라도, 이제 그러한 관계나 개념은 우리의 삶에서 언제나 직면할 수 있는 현실이 되고 있다. 게다가 'multi'라는 개념과 수단, 그리고 그 적용은 이 시대의 한 유행이 되어 우리의 삶 속에 깊숙이 자리 잡아가고 있다.

우리는 생활 속에서 **세대 차이**라는 말을 종종 들을 수 있다. 그런데 이 세대 간의 차이는 이제 단순히 일정한 집단과 집단 간의 구별을 의미하기보다는 가정 안에서도, 직장생활에서도, 심지어 같은 세대인 친구 간에도 존재한다. 바꾸어 말하면, 세대 간의 차이는 단순히 나이별로 규정할 수 있는 것이 아니라 문화의 차이라고 할 수 있다. 과거와 다른 현재의 지구촌 다문화 정보사회에서 하나의 문화(culture)는 결국 하나의 상황(context)이며, 이제 다문화(multi-culture)는 다양한 상황(multi-context)과 어느 정도 동일시된다고 할 수 있다. 각각의 문화가 공존하면서 공생의 관계를 이루는 것이다. 우리는 내가 속한 문화와 상대적인 **타**(他) 문화가 아닌 상호 공존해야 하는 **다**(多) 문화의 사회 속에 사는 것이다. **타 문화**라고 할 때, 이는 자신이 속한 문화를 기준점으로 간주하는 것이기 때문에 결국 다른 문화에 대한 편견을 수반할 위험이 있다.

다문화의 현실에서 복음 전파와 그리스도인의 삶을 위해 **소통**(communication)이 필요하다. 다른 문화를 접촉하든지, 혹은 같은 문화권 안에서 교류한다고 할지라도 핵심적인 요소는 소통이다. 이 소통은 이웃과의 관계를 유지시킬 뿐 아니라 복음을 유연하고도 탄력적으로 전달하는 수단과 방법이다. 단조롭고 고착된 방법으로는 다른 문화나 삶에 접근하거나 더불어 살아가기가 어려울 수밖에 없으므로, 상호 이해를 바탕으로 한 전달과 접근 방법인 소통의 유연성이 절실하게 요구되는 것이다.

예수님의 초자연적인 이적들, 귀신축출, 질병 치유 등의 기적들도 이러한 소통의 방편이었다. 당시의 상황에서 특히 신체의 질병 치유는 해당 개인들에게 절박한 문제이면서도 동시에 이목을 집중시키는 보편적인 공통 관심사였기 때문에 이러한 치유는 가장 적절하고도 효율적인 복음의 소통 수단이었다. 상황(culture & context)에 따른 유연하고도 탄력적인 소통이 다문화 시대에는 더욱 절실하게 필요하다. 신약성경이 형성된 다문화의 상황을 이해할 때, 한 시대에 고착된 것처럼 보이는 신약성경의 내용을 현재와 같은 다문화 사회에서도 효율적으로 소통시킬 수 있는 것이다.

3. 다문화 사회를 비추는 신약성경

신약성경은 항상 변함없이 우리에게 진리로 다가온다. 그런데 이 하나님의 말씀 전달을 위한 표현 방법과 개념은 특정한 시대 상황에서 고착된, 즉 신약성경이 기록되던 당시에 통용되던 전제와 방식이다. 그런데도 어떻게 해서 이러한 신약성경의 가르침이 모든 사람에게 소통되고 또 적용될 수 있을까? 이는 신약성경이 독특하게 내포하고 있는 다양성과 통일성이라는 요소 때문이다. 신약성경의 주요한 부분을 구성하는 네 복음서가 각기 다르게 존재하며 정경으로 받아들여진 것도 각 성경의 다양성을 전제로 하기 때문이며, 이러한 다양성은 **신약성경**이라는 틀 안에서 통일성을 유지한다. 따라서 신약성서 시대와 시간과 공간적으로 각기 다른 삶의 토대 속에 뿌리내리고 있는 우리 시대의 사람들이 신약성경에 접근하기 위해서는 이 성경의 형성과 전달 방식에 대한 흐름을 알아야 한다.

신약성경을 읽다 보면 때로는 일관되지 않고 모순처럼 보이는 내용이 있다. 이는 신약성경의 다양성 때문이며, 이 다양성은 통일성 속에 수렴된다. 신약성경의 다양성과 통일성은 성경의 입체성과 다문화 배경에 기초했다. 신약성경의 이러한 특징이 시대를 초월해서 모든 지역의 모든 사람에게 적용할 수 있는 말씀이 되게 한다. 따라서 다문화의 구조에서 살아가는 현실에서 이 말씀들을 구체적으로 적용하기 위해서는, 먼저 신약성경의 다양한 관점들을 이해하고, 이 관점들이 어떻게 신약성경의 광맥을 형성하는지를 알 필요가 있다. 이러한 이해가 기초를 이룰 때, 신약성경은 화석화된 고전이 아니라 지금도 다양한 상황에서 유연하고도 탄력적으로 적용할 수 있는 말씀이 되며, 다문화 사회를 살아가는 우리의 삶을 비추어 줄 것이다.

바울이 헬라-로마 문화권에 복음을 전하면서 다양한 용어들을 사용한 전례는 이 시대에 복음을 어떻게 전하며, 이 복음을 생활 속에서 어떻게 적용해야 하는지에 대한 모본을 제공한다. 바울은 구원의 복음을 전하는 수단으로 당시 세계에서 통용되던 용어를 채택해서 이 용어 속에 복음을 담아 전파했다. 물론 어떤 한 가지 용어가 그러한 개념을 완벽하게 전할 수 없기 때문에 상호 보완적인 용어와 개념이 지속적으로 채택되었다. 그래서 신약성경 이후의 세대를 위해서는 또 다른 용어와 개념의 선택이 필요하다. 이는 신약성경의 상황화와 비교되는 적용의 상황화이다.

양자됨, 변신

바울이 실천한 구체적인 사례 제시는 신약성경 형성 이전과 이후의 상황화에 대한 이해를 도울 것이다. 바울은 구원의 복음과 관련하여 **양자됨**이란 용어를 사용한다(롬 8:15, 23; 9:4; 갈 4:4-7; 엡 1:5).

> 너희는 다시 무서워하는 종의 영을 받지 아니하고 양자의 영을 받았으므로 우리가 아빠 아버지라고 부르짖느니라(롬 8:15)

> 그뿐 아니라 또한 우리 곧 성령의 처음 익은 열매를 받은 우리까지도 속으로 탄식하여 양자 될 것 곧 우리 몸의 속량을 기다리느니라(23절)

> 그들은 이스라엘 사람이라 그들에게는 양자됨과 영광과 언약들과 율법을 세우신 것과 예배와 약속들이 있고(9:4)

아브라함의 경우에서 알 수 있듯이 히브리적인 개념에서 이 양자됨은 생각할 수도 없다. 그러나 헬라-로마 문화권에서 이 양자됨은 기쁨과 환희를 수반하는 개념을 내포한다. 그리스도인들이 한 번쯤은 감상했을 영화 〈벤허〉(*Ben Hur*)에서 예루살렘의 부호인 유다 벤허가 억울한 누명을 쓰고 노예

신분으로 전락한다. 그 후 우여곡절 끝에 로마 장군 아리우스의 **양자**가 되어 새로운 권한과 신분을 가지고 유대로 돌아온 장면은 매우 인상적이다. 노예 신분에서, 비천한 신분에서 그 신분을 벗어나 새로운 지위에 오르는 양자됨은 그 당시 구원의 복음을 담기에 적절한 용어였다. 예수를 주님으로 영접하는 것은 바로 하나님의 양자가 되는 것과 같다는 선언은, 이 복음을 듣는 사람들이 그 복음의 성격을 쉽게 이해할 수 있는 수단이었다. 그런데 양자됨이 친부모를 떠나는 아픔을 수반하는 개념을 담고 있는 환경에서 예수를 그리스도로 영접하면 양자가 된다고 선포할 때 그 의미는 어떻게 받아들여질까? 바울이 이 용어를 사용할 때 주었던 기쁨과 환희를 전달할 수 있을까?

이러한 양자됨과 비교하여 새로운 힘과 능력을 부여하는 현대적인 용어가 있다. 바로 **변신**이다. 같은 시대에 살고 있지만, 세대 간에도 다른 개념을 수반하는 용어이다. 어린아이들의 장난감 가운데 변신 로봇이 있다. 많이 변신할수록 더 많은 능력을 보유한 로봇이다. 변신하지 않는 로봇은 힘도, 능력도 부족하고 어린아이들이 선호하지도 않는다. 어린아이에게 변신은 새로운 차원의 힘을 얻는 긍정의 개념을 내포하지만, 일제의 식민지 생활과 6·25전쟁의 참상 등을 경험하거나 그 영향권에서 이념의 갈등을 겪었던 세대들은 이 변신에 대해 부정적이다. **예수 그리스도를 믿는 것은 변신하는 것이다**라고 말할 때, 어린이들과 어른들의 반응은 전혀 다른 결과로 나타날 것이다.

다양한 세계, 다양한 용어

신약성경의 형성 사례는 우리 시대에도 새로운 용어와 개념을 적절하게 선택해서 복음을 전파하게 하는 본보기이다. 신약성경은 회개, 거듭남, 구속, 용서, 칭의, 선택, 개종, 화목 등 당시 세계에 적합한 다양한 용어 사용으로 구원의 복음이 전파된 것을 보여준다. 어떤 한 가지 용어도 완벽하게 복음을 담아 전달할 수 없다. 이러한 신약성경의 사례가 이 시대에도 다양한 용어 사용에 대한 정당성을 부여한다. 따라서 시간적으로, 지리적으로 신약시대와 전혀 다른 시대에는 새로운 용어와 개념을 선택해서 복음을 전달할 매개체로 활용해야 한다.

다문화의 환경에서 형성된 신약세계의 다양성과 통일성에 대한 탐구는 한 권의 신약성경을 27개의 관점으로 보게 하여 같은 시대의 다문화 사회에서 살아가는 **지금 여기에 있는** 그리스도인들의 삶을 풍성하게 만든다. 신약성경이 형성된 다문화 사회는 신약성경이 바라보는 다문화 세계를 투영한다. 신약성경은 다문화의 보고이며, 다문화 사회를 비추어 주는 거울이다. 다양성과 통일성의 배경에서 형성된 신약성경은 통일성과 다양성으로 형성된 현재의 다문화 세계를 바라보는 통찰을 우리에게 제시한다. 이 통찰은 신약성경에서 고착된 어휘와 개념들을 이 시대에 적합하게 풀어서 전파하게 만드는 동력이다. 신약성경의 상황화는 그 상황화된 전달 수단을 이 시대에 적합하게 다시 상황화하도록 지금 여기에 있는 우리에게 요구한다.

올레길을 마치며

다양성과 통일성의 보고인 신약성경의 올레길을 함께 거닐었다. 굽이굽이 여러 갈래 길을 체험하고 나면 비로소 길이 보인다. 그렇다. 그 길이다. 역사로 표출된 구속사의 길, 한 개인의 삶 속에 피어난 길, 바로 우리의 길이다(요 14:6).

예수께서 이르시되 내가 곧 길이요 진리요 생명이니 나로 말미암지 않고는 아버지께로 올 자가 없느니라

Jesus answered, 'I am the way and the truth and the life. No one comes to the Father except through me'

λέγει αὐτῷ ὁ Ἰησοῦς· ἐγώ εἰμι ἡ ὁδὸς καὶ ἡ ἀλήθεια καὶ ἡ ζωή· οὐδεὶς ἔρχεται πρὸς τὸν πατέρα εἰ μὴ δι' ἐμοῦ

그 길, 성령님과 함께 걷는 신약성경 올레길은 우리의 알파와 오메가이다. 하나님의 감동으로 기록된 성경은 보혜사 성령께서 오늘도 조명하신다(요 14:26).

보혜사 곧 아버지께서 내 이름으로 보내실 성령 그가 너희에게 모든 것을 가르치고 내가 너희에게 말한 모든 것을 생각나게 하리라

But the Counselor, the Holy Spirit, whom the Father will send in my name, will teach you all things and will remind you of everything I have said to you

ὁ δὲ παράκλητος, τὸ πνεῦμα τὸ ἅγιον, ὃ πέμψει ὁ πατὴρ ἐν τῷ ὀνόματί μου, ἐκεῖνος ὑμᾶς διδάξει πάντα καὶ ὑπομνήσει ὑμᾶς πάντα ἃ εἶπον ὑμῖν

오직 예수, 오직 믿음, 오직 성경!